文學叢刊之三十

臺灣小說發展史

古繼堂 著

文史哲出版社 印行

國家圖書館出版品預行編目資料

臺灣小說發展史 / 古繼堂著. -- 初版. -- 臺北市：文史哲，民85 印刷
面； 公分. -- (文學叢刊；30)
ISBN 957-547-104-0 (平裝)

1. 中國小說 - 歷史批評 - 現代(1900-)

820.9708 81000935

㉚ 文學叢刊

臺灣小說發展史

著者：古繼堂
出版者：文史哲出版社
登記證字號：行政院新聞局局版臺業字五三三七號
發行人：彭正雄
發行所：文史哲出版社
印刷者：文史哲出版社
台北市羅斯福路一段七十二巷四號
郵撥〇五一二八八一二彭正雄帳戶
電話：三五一一〇二八
實價新台幣六四〇元
中華民國八十五年十月初版三刷

ISBN 957-547-104-0

臺灣小說發展史

目次

臺灣小說發展史

緒論

一、中國小說的悠久傳統是臺灣小說孕育的土壤

小說的外延和內涵在歷史的演變中不斷發展；它的創作和理論系統，隨著人們認識的發展和深入趨於完善，經歷了孕育、萌芽、發展、成熟和提高等階段。小說創作和小說理論，雖然是兩個不同的思維系統，但它們在發展的路途上卻是互促互補的。一般來說，小說理論的發展較小說創作的發展爲緩慢，總是小說創作的車輪輾過之後，小說的理論系統的熒光屏上才顯示出軌迹。

中國小說的發展，自先秦《莊子、外物》篇提出：「飾小說以干縣令，其於大達亦達矣。」的觀念至今，已有兩千多年的歷史。但莊子所說的小說還不是今天我們所說的文學意義上的小說。雖然班固的《漢書・藝文志・諸子略》中，桓譚的《漢志》中，都列有小說篇目，但那時的所謂小說只不過是「小說者流，蓋出於稗官，街談巷語，道聽途說者之所造也。」相當於如今的閑言碎語和小道消息，是不登大雅之堂一類的東西。到了魏晉南北朝時期，小說才算剛剛地找到了自己的家門。六朝的志怪

小說，雖然有事皆錄，缺乏提鍊加工，但已有故事情節，有鬼、神、人的活動，向小說的邊界大大跨進了一步。魏晉的寫人小說《世說新語》，有的篇章中已有對人物形象和性格的刻畫和描寫。魏晉南北朝時期的志怪和志人小說，可算是中國小說的眞正萌芽。

中國的古典小說發展到唐人傳奇，趨於成熟。其主要標誌爲：不僅寫實，而且虛構；不僅寫神鬼，而且主要刻畫人物；不僅有結構龐大的故事構架，而且有生動細膩的生活情節；不僅描繪人物形象，而且突出的刻畫性格；不僅是爲了歌頌和諷諭，而且是爲了欣賞。唐人傳奇中的許多作品，都具備了現代小說的基本特徵。有的作品的人物刻畫，達到了相當高妙之境。例如蔣防的《霍小玉傳》，描寫唐朝妓女霍小玉與李益的戀愛故事。李益對霍小玉始戀終棄，背反前盟另娶高門。黃彬客爲被遺棄的霍小玉打抱不平，拉李益去見霍小玉，對他進行羞辱。霍小玉大罵李益負心，並激憤而死。作者在描寫這齣壯烈的愛情悲劇中，出色地刻畫了霍小玉這位有膽有識，不卑不亢，頭腦清醒，觀察深入的下層女子的個性。霍小玉當初對李益的愛有較清醒的認識，她知道這位花花公子對自己不過是一時的招花惹蝶，不會眞正把愛情獻給自己這樣的歌妓。所以正當李益向她獻殷勤時，她就對李益講：「一生歡愛，願畢此期。然後妙選高門，以諧秦晉，亦未爲晚。妾便捨棄人世，剪髮披緇，夙昔之願，於此足矣。」話雖如此，但人往高處走，水往低處流，霍小玉仍然幻想著不可能的可能，希望上帝保佑能與李益白頭偕老。因而才「贏臥空閨」苦苦地等待。但是，擔心的事終於發生。當她的希望徹底破滅後，她既不屈服於權勢，也不怪命運不好，而是挺身站起，向李益發起猛烈進攻：「我爲女子，薄命如斯，君是丈夫，負心若此……銜恨黃泉，皆君所致」。用現在的話說就是，我是活活被你逼死的，你必須對我的死負責。不僅如此，她還要討還血債，對仇人進行報復：「我死之後，必為厲鬼，使君妻妾，終日不安。」翻譯成現代漢語就是，我死之後變成惡鬼，也要攪你全家不能安寧。後來，果如所言。作者對霍小玉描寫的最精彩場面是霍小玉之死，「乃引左手握生臂，擲杯於地，長慟號哭數聲而絕。」「霍小玉一隻手揪住仇人的膀子，一隻手憤怒地摔杯於地，大哭大叫當場暴死。如此悲壯動人的形象描繪，在《霍小玉傳》之前，恐怕還是絕無僅有。霍小玉愛情悲劇的描寫和悲劇性格的刻畫，在一千多年以前的唐朝，實是難能可貴的。以《霍小玉傳》為例，可以看出唐人傳奇在中國古典小說創作上達到的水平和成就。魯迅先生在《中國小說史略》中說：「小說亦如詩，至唐代而一變，雖尚不離於搜奇記逸，然敍述宛轉，文辭華艷，與六朝之粗陳梗概者較，演進之迹甚明，而尤顯者乃在是時則有意為小說。」有意為小說，乃是一種有目的的文藝創作活動。按魯迅先生的見解，中國的古典小說到了唐朝，已進入了自覺的創作階段。

古典小說到了宋朝的話本，元、明的擬話本，是中國「小說史上的一大變遷」。描寫題材的擴大，小說語言的成熟，作品中主人公之趨於社會下層，都和前大不相同。中國古典小說的黃金時代，是元、明、清長篇小說的繁榮。《金瓶梅》、《水滸傳》、《三國演義》、《西遊記》、《儒林外史》等的問世，把中國小說由涓涓細流推入了洶湧澎湃的大江，作家的筆出神入化，在貴族、平民，天上、人間，文人、學士，戰場、考場……之間自由揮舞，飛旋自如。作家的視野再不拘泥於一人一事，一時一地，而是將觸覺宏觀地探入滾滾的歷史長河，捕捉和把握長距離的歷史軌迹和風雲際會，描述那驚天地泣鬼神的歷史大潮。不管是分久必合合久必分的《三國演義》，還是官逼民反的《水滸傳》，都是以史詩的氣派繪製的史詩般的巨構；不管是描述亂局混戰的《三國演義》，還是描寫草莽英雄的《水滸傳》，都反映了中國一個時期的歷史輪廓，有較高的歷史眞實性。他們所達到的思想和藝術成就，歷代均有公論。單就人物刻畫看，在世界文學史上亦是奇迹。中國古典小說到了《紅樓夢》，達到了極致。它是中國兩千多年小說發展的最高峰。它像一個百寶箱，任何人都可以從中獲得自己所需要的寶貝；它像一面多稜鏡，很多人都可以從中照出自己的面孔；它像一片廣袤的文學沃土，很多文學的幼苗在那沃土中叢生。和小說創作伴行的小說理論到了清朝，也由零碎趨向系統；由混沌趨向清晰。並且，有的學者還注意到了，從宏觀方面來研究和概括中國小說發展的歷史和規律。例如晚清的披髮生在《「紅淚影」序》中說：「中國小說之發達與劇曲同，皆循天演之軌線，由渾而之畫，由質而之文，由簡單而之複雜。……中古時斯風未暢，所謂小說，大抵筆記、札記類耳。魏晉間，雖有傳體，而寥落如晨星。迨李唐有天下，長篇小說始盛行於時。……趙宋諸帝，多嗜稗官家言，……於是傳記之體稍微，章回之體肇興。草創權輿，規模已備。……夫小說與戲曲，實爲文明之代表物，皆發達於趙宋之代，斯亦世變之一奇矣。厥後作者浸多，流布漸廣。元有《水滸傳》、《西遊記》，明有《金瓶梅》、《隔簾花影》、《三國演義》，本朝有《紅樓夢》、《花月痕》、《海上花》、《兒女英雄傳》、《七俠五義傳》，名作如林，幾以附庸蔚爲大觀，豈非一循乎天演之自然哉？」披髮生以極精練的筆墨在極短的文字概括了中國兩千多年的小說史，概括出了「循天演之軌線，由渾而畫，由質而文，由簡單而複雜」的中國小說發展規律。梁啓超是晚清的政治家和改革家，他注重小說的主題功能，主張小說爲政治，爲改革服務，因而他論小說，主要是從政治和改革角度爲小說規定性質和任務。他在

《小說與群治之關係》中說：「欲新一國之民，不可不先新一國之小說。故欲新道德，必新小說；欲新宗教，必新小說；欲新法治，必新小說……何以故！小說有不可思議之力支配人道故。」這種小說萬能的觀點，雖然不太符合實際，但作爲改革家和政治家的梁啓超，欲把小說作工具，來促其政治改革之成功的迫切心境，卻是可以理解的。從中國古典小說發展的歷史看，自古就有兩種傾向：一種是從藝術角度要求小說，一種是從政治角度要求小說；自古就有兩種創作方法：一種是揭示現實生活，描寫當代人物的現實主義，一種是描寫幻想，以神仙鬼狐來象徵人間的浪漫主義；自古就有多種題裁：如愛情、武俠、現實、歷史等。臺灣的小說充分繼承和發展了中國幾千年的小說傳統，而中國幾千年豐富的小說傳統和創作技巧，又是臺灣小說孕育的沃壤。有的故事傳說還直接爲臺灣作家提供了素材。

二、臺灣小說與大陸小說的異同

上述中國小說產生、發展和成熟的歷史，是臺灣和大陸現代小說的共同根基。因此，如果說臺灣的現代小說和大陸的現代小說，是同胞兄弟和姊妹，是生長在同一個主根上的樹，是同一個花莖上的並蒂蓮，都是恰到好處的。臺灣的現代小說和大陸的現代小說，不僅產生在同一個文化結構，文化氣氛中，而且是同一個民族的文化積澱，用同一種民族語言作載體；不僅產生於同一個歷史背景，均是五四運動的產兒，而且擔負著反帝反封建的同一史命。臺灣著名作家葉石濤在他的《臺灣文學史綱》序中，開宗明義地說：「從遙遠的年代開始，臺灣由於地緣的關係，在文學和社會形態上，承續的主要是來自中原漢民族的傳統。明末，沈光文來到臺灣開始播種舊文學，歷經兩百多年的培育，到了清末，臺灣的舊文學才眞正開花結果，作品的水準達到跟大陸舊文學並駕齊驅的程度。」還說：「臺灣的新文學運動，也曾受到五四文學革命的刺激。日據下的臺灣新文學作家大多數也和大陸作家一樣，用白話文寫作，保持了濃厚的民族風格。」我們援引葉石濤的話，只在於論證臺灣文學和大陸文學的血緣、地緣、親緣、史緣關係，並無他意。至於臺灣的舊文學和大陸的舊文學，我們認爲是一體的，沒有必要加以區分。臺灣的現代小說和大陸的現代小說，不僅血緣、地緣、史緣和產生的背景與史命相同，而且，它們的發展規迹，創作方法，敍述觀點以及作家的創作心態，大體也是相同的。臺灣著名的新文學小說家，例如：賴和、吳濁流、鍾理和、林海音等，不僅到大陸受到大陸小說的薰染，而且鍾理和、林海音都長期生活在大陸，他們的創作又都是在大陸上起步和成熟的。鍾理和在大陸出版了他生前唯一的一本書，中短篇小說集《夾竹桃》；林海音的全部著作幾乎都是描寫海峽兩岸生活的。

愛國反帝；反對階級壓迫，爭取貧民生存；反對封建統治，爭取戀愛婚姻自由的生活事件和人物，成了兩岸作家作品的內涵。即使一九四九年以後的許多臺灣作品，還橫跨海峽兩岸，高架在波濤洶湧的海峽之上。瓊瑤的愛情小說，被一些人斥之爲「逃避文學」，即使這樣的「逃避文學」也無法逃避海峽兩岸骨肉相連的這一事實。《幾度夕陽紅》中的四川沙坪壩之花李夢竹和她的丈夫楊明達，情人何慕天等，如今都在臺灣的社會中奮鬥，《烟雨濛濛》中早年橫行大半個中國的大軍閥陸振華，如今長眠在臺灣的土地上。白先勇《臺北人》中的所有人物，原來都顯赫於大陸。同一個國家和民族，自然情感和血脈相通。即使刺刀和海浪再殘忍，也無法割斷這種血肉關係；即使把臺灣作家和大陸作家密封在各自的天地裏，他們創作出的小說，也必定有共同的民族的血脈和意識。

那麼海峽兩岸的小說是否就完全一樣呢？否。不同地域的小說，有不同地域的鄉土色彩。例如，中原作家群落、湖南作家群落、上海作家群落、北京作家群落、山西作家群落等。他們的小說各有自己的地方特色和鄉土風味。北京作家群落中從蘇叔陽等繼承和發展老舍先生的京味小說，把筆觸深入到深深的小胡同，方方的四合院，喧鬧的茶館，讓那些老爺子們、大媽、大嫂們用北京方言，吵鬧北京人的事，聽起來既中聽又過癮。山西以馬鋒、西戎等爲代表發展起來的山葯蛋派，也頗有韻味。大陸各省之間的小說還各有特色，各不相同，何況臺灣、大陸隔著一道海峽，又多年處於阻隔狀態，而且社會制度和意識形態不同，兩者的小說怎麼可能完全相同呢？應該說臺灣小說和大陸小說有著明顯的區別。如果加以歸納，略有這樣幾點：其一，多年來在爲政治服務的口號下，大陸的小說比臺灣的小說政治氣味濃烈，小說創作和政治風潮有著同步的迹象，基本上是歌頌型的。臺灣的鄉土小說雖然也具有鮮明而強烈的主題意識，尤其是近年來興起的政治小說，但它們一概表現批判形態，其銳利鋒芒的指向彷彿是不變的。大陸文革前和文革中的小說基本上表現一種歌頌意識，文革後的傷痕文學和反思文學雖然也表現出強烈的批判意識，但那只是一種痛苦經驗的概括，是塵埃落定後的痛定思痛。同樣是批判意識，其表現方法和時空都不相同。其二，臺灣有鮮明的鄉土派和現代派之分，而大陸小說近年來雖然旗號不少，但並沒有形成各自的藝術流派，均是在現實主義的範圍內，各自在內容和形式上表現出一些小花招。有的作家雖然吸收了較多的現代派表現手法，甚至把魔幻現實主義引進自己的作品，但孤軍奮戰難以形成在小說王國中佔有一席之地的藝術流派。而臺灣的鄉土派和現代派卻是壁壘分明。其三，在吸收外來文學經驗方面，臺灣小說比大陸早二十年。白先勇、陳若曦等對西方文學中的表現方法吸收是非常成功的，鄉土派中陳映眞、黃春明、王禎和及更年輕一代的黃凡、王幼華、吳錦發等，在中外文學經驗的結合方面，都有可觀的表現，大陸許多中青年作家都難以企及。其四，臺灣的青年女作家特別興旺，屈指可數的成績卓著者就有：袁瓊瓊、廖輝英、蕭颯、李昂、蘇偉貞、蕭麗紅、朱天心、朱天文等等。大陸近年來雖然也崛起了一批青年女作家，如張抗抗、王安憶、鐵凝、張辛欣等，但陣容上彷彿比臺灣弱。由於臺灣青年女作家的大批崛起，引來了臺灣婚姻愛情小說的繁榮，這方面的題材近年來有較深廣的開拓。例如，探討現代都市婦女情感和心態的，探討社會轉型期婦女出路的，探討生活優裕以後性生活變態的，探討現代家庭中婆媳關係的，探討臺灣和大陸籍婚姻關係的等等。婚姻愛情題材，在臺灣的小說中得到了酣暢淋漓的表現。大陸這方面題材的開拓較臺灣弱。其五，對作品的社會效果關照方面，總的看來，大陸作家比較臺灣作家要愼重和嚴肅。但像黃春明那樣對自己的作品進行跟踪觀察，不斷暗地裏聽取讀者反映的作家，恐怕海峽兩岸都是不多見的。

三、臺灣小說的品種和發展趨勢

小說家族是一個整體，但一個家族中又可分出不少族系，小說的族系怎樣畫分呢？有按篇幅長短和規模大小分爲大河小說、長篇小說、中篇小說、短篇小說、極短篇小說；按題材分，可分爲愛情婚姻小說、武俠小說、歷史小說、神魔小說、戰爭小說、政治小說、商業小說、農業小說、科幻小說；按表現方法分，可分爲現實主義小說、現代派小說、新古典派小說、魔幻現實主義小說、錄影小說等；按照語言文字的通俗程度和讀者對象分，可分爲嚴肅小說、大衆小說、流行小說等。上述各類小說，臺灣小說家族中一應俱全。由於社會性質的關係，臺灣小說家族中產生了許多特殊現象。比如，在婚姻愛情小說中，又形成了不少各自獨立的支系。即：未婚媽媽小說、同性戀小說、妓女小說、通俗的言情小說、較嚴肅的愛情小說、非愛情小說的愛情描寫等等。假如我們把臺灣的各類小說作一點粗略的分析，便可發現，臺灣小說群體的組織結構和表現形式和詩人群落大不相同。臺灣的詩人群落基本上是以詩社和同名詩刊為核心，形成一個個集體。臺灣的小說家雖然也有不少圍繞著出版社和刊物相聚集。例如：《臺灣文藝》同仁、《文季》同仁、《文學界》同仁、朱西寧的《三三集刊》、林海音的純文學出版社、已停刊的白先勇的《現代文學》、平鑫濤和瓊瑤夫婦的皇冠出版社、郭楓的新地出版社等，都吸引了一批作家。但這些刊物和出版社周圍的作家們卻是鬆散和自由的，他們只有利害得失的吸引，而沒有組織的約束；他們只有信譽而無責任，他們常常變化而不穩定。不像詩人對於詩社詩刊那樣有較穩固的相屬性。因而作家移位不像詩人移位那樣需要「策反」，甚至引起強烈「地震」。臺灣小說家群落表現的形式比較複雜，除了上述以刊物和出版社為中心聚集之外，還表現為家族群體：比如朱西寧文學家族群體、林海音文學家族群體；流派群體，比如鄉土派作家群、現代派作家群；題材群體：比如通俗言情小說、武俠小說、科幻小說；職業群體：比如，軍中作家群，地方作家群，官方作家群，民間作家群等。在這些群體形式中，流派群體和題材群體比較適應文學自身發展的規律和需要。這兩個群體形式和臺灣小說的題材開掘的深廣程度，有直接關係。

五十年代去臺灣的一批小說家，如潘人木、彭歌、王藍、司馬中原、朱西寧、段彩華等，他們因失落懷舊而嘆息，於是便以反共題材形成一種八股文學，這批作家也因這一題材形成群落，不過這種文學潮流，不是因藝術結合，而是因政治相聚集。

六十年代初，以白先勇爲代表的現代派青年作家群的崛起，是從文學題材上突破的。他們首先打破和否定了五十年代反共題材的文學潮流。採取散點輻射的形式，將創作題材大大擴開。白先勇將筆觸探向對歷史的反思，寫出了《臺北人》的堅實之作；歐陽子將視野刺入社會轉型期青年男女那種畸形的心理深處，叩擊出他們在西化潮流衝擊下心壁上的一聲聲回響。這批現代派青年作家的小說，並不都是積極的和優秀的，但他們結束了五十年代臺灣小說的沉悶局面，改變了反共八股題材獨霸的天下，爲臺灣小說打開了一扇透露新鮮空氣的窗口，把臺灣小說由封閉型轉向開放型，立了一功。

進入七十年代，一批臺灣省籍的鄉土派青年作家，如陳映眞、黃春明、王禎和、王拓、楊青矗、季季、曾心儀、宋澤萊、洪醒夫等。在臺灣文學開放的氣氛下應時應運而起。他們也是從小說的題材上打開門戶，把現代派題材的向外散點輻射，變成向內集中衝擊。他們努力開拓鄉土題材，把反映臺灣最底層勞動者和中、小知識分子的痛苦呻吟和改變處境的渴望，把臺灣西化給臺灣人民帶來的不幸和災難，作爲自己描寫的目標，一下喚起了臺灣社會的廣泛共鳴，占據了臺灣小說的主流地位。經過「鄉土文學論戰」，迎來了鄉土小說的更大勃起，和臺灣文學的向民族、向鄉土的全面回歸。

進入八十年代之後，臺灣小說趨於多元化，一大批青年女作家的崛起和女文學評論家的面世，把臺灣女性文學推向了一個新的境界。也爲臺灣小說開擴了新的視野。她們一再探索的是臺灣婦女的命運和出路。女作家呂秀蓮的《這三個女人》苦心孤詣地以三個女人三條道路，三種結果，用活的榜樣爲臺灣姐妹們指點人生之路；女作家李昂爲了剷除婦女獨立道路上的巨大障礙，竟讓青年婦女林市舉起屠刀猛的一砍，將大丈夫主義殺死；女作家朱秀娟用長篇小說《女強人》向世界宣告，婦女在當代社會生活中再不是玩物，再不是男人的附屬品，她們再不走相夫教子碌碌一生的舊式婦女的老路；她們也再不遵循吃人的社會爲婦女規定的以色相和性爲釣餌在人生的夾縫中苟延殘喘。她們不僅能把握自己的命運，成爲獨立的人，而且能夠戰勝種種挫折成爲世界上有影響的女企業家，成爲商場上舉足輕重的總經理。

從臺灣小說五十年代到八十年代的四個群體的四次崛起看，小說的發展和社會的變遷有著直接關係。五十年代國民黨政府剛剛遷到臺灣，失落之痛正是反共八股小說產生的氣候和土壤；六十年代臺灣開始對外開放，大力吸收外資，發展加工出口業和旅遊業，西方思潮湧進臺灣，臺灣人口流向西方，在這種思潮和人口的交差對流中，臺灣的現代派小說有了崛起的機緣。六十年代臺灣的西化思潮一方面形成了臺灣開放型的自由氣氛，但資本主義的掠奪和西方文化的浸襲，一方面嚴重傷害了農民的利益，使很多農業家庭失去了土地和勞力，另一方面嚴重褻瀆了中華的文化傳統。於是以臺灣籍青年知識分子爲主體的鄉土派作家群便以呼喚民族意識和鄉土意識，以小人物代言人的身分崛起。到了八十年代，隨著婦女地位的提高和臺灣社會分工的變化，男人主理工，做生意開工廠賺錢，女人主文，管理家政經營社會慈善事業，於是青年女作家、女評論家便大顯身手。隨著信息時代的到來，臺灣出現了小說和錄影、錄音相結合的現象，這預示著文學在新形勢下將更多、更緊密的和現代化的科技手段相結合的趨勢。從觀念上來看，現代科學的迅猛發展，人際交流的進一步頻繁，必將打破過去的小集團、地域、宗親等封閉型的意識殘餘，因而小說中的小集團、地域、宗親等意識將會逐步淡化，乃至消失。文學和小說創作將走向更開濶、更自由、更五彩繽紛的境界。在這條道路上，臺灣小說自然不會後人。

四、撰寫本書的一些思考

六十多年的臺灣小說史，走過了一條非常曲折坎坷的可歌可泣之路。在中國現代小說的總格局下，它是否像我國如今的許多經濟特區一樣，那裡也是一個文學和小說的特區。應該說，它是一種文學特區，因爲它是不同社會制度下，不同意識形態下的文學。正是由於它的特殊，因而它的文學和小說都具有不同於大陸文學和小說的特殊經驗，這種特殊的文學和小說經驗，構成中國文學和小說的特殊部分，如果少了它，中國的文學和小說就不完整，就會呈現一種殘缺形態。如今，臺灣和大陸文學和小說頻繁的互相交流及瓊瑤、三毛、高陽等人的作品屢屢在大陸上掀起熱潮，阿城、汪曾琪諸人的作品在臺灣自行風靡的事實說明，同一個民族，同一個國家而不同社會制度和意識形態下的作品，有著特殊的啓發和借鑑作用。因而不管是爲了完整地總結中國的小說經驗，小說歷史，還是爲了當今海峽兩岸小說的溝通和借鑑，系統地寫出海峽兩岸的文學史、小說史、新詩史都是非常必要的。

撰寫《臺灣小說發展史》和撰寫《臺灣新詩發展史》一樣，有許多雖然棘手但卻不能迴避的問題擺在面前。比如對鄉土派和現代派的評價；對一系列文學現象的概括和說明；對臺灣衆多作家的分級評價，有的要單獨列章，有的單獨設節，有的卻只能在文學概況中一帶而過；對文學社團和小說刊物的概括評價；對一大批臺灣海外作家的定位分析，到底哪一些仍算臺灣作家，哪一些已不屬於臺灣作家等問題，都必須愼重的作出回答。本人撰寫這本書和撰寫《臺灣新詩發展史》一樣，將不帶任何框限，從文學出發，從小說出發，從每位作家的成就出發，從每一文學現象在當時的作用和影響出發，給予實事求是，公正不偏的概括和評斷。決不因政治因素和文學趣味的好惡使手中的文學天平傾斜。但是文學的常識提醒人們，任何一部理論著作都必定貫穿作者的主體意識；任何一種儘管客觀公允的評價中，都不會不打上作者理想和主張的烙印。所以本人的這部著作也必然是經過本人思想和藝術界尺的丈量，其主觀色彩是不可能避免，也避免不得的。純客觀的評論是任何一個評論家都作不到的。所以評論家期待的不是所有的手都鼓掌，所有的人都喝彩，有一半喝彩，一半斥責也就不錯了。尤其是對臺灣某些作家的評論，似有牽一髮動全身的效應。比如對瓊瑤作品的評價，將會觸發那些與瓊瑤作品毫不相關的人們的悸動，比如對臺灣文壇上最受爭議的作家王文興、李昂等人的評價，將會觸發曾經相當激烈，但卻已經平息了的論爭思緒。對於這種不可避免的現象，本人只好一方面虛心的聽取不同見解，一方面冷靜地面對挑戰。

小說的思想性和藝術性是不能截然分開的。我是一個思想和藝術兩個至上論者，像臺灣詩人非馬所說：「比寫實更寫實，比現代更現代」。思想和藝術兩個至上並不違背事物的內在規律，而且完全符合事物的客觀事實。因爲思想和藝術雖然附著在一個作品上，但它們代表著事物的不同特性、不同側面、不同的質。它們有各自的體現方式和型態，它們均是在和別的事物比較中顯出高下，並不是在自身的相較中判斷高低。一部描寫反對崇洋媚外主題的小說，它的思想容量大小和強弱，是在和同類題材主題作品的比較中得出的。同樣的，這部作品藝術水平的高下也是和其他作品的比較中顯現的。

即使批評家看過作品並不馬上與其他作品相比較，就能很快產生思想和藝術高下的看法。但那也是經過長期積累、腦子裏儲存了許多例子積澱形成的判斷標準起作用的原因。並不是當時閱讀的那篇作品自身相比較的結果，因爲主體只能和客體產生的比較效應。雖然，這樣的現象是有的，某篇小說在某種歷史環境中，思想內容曾影響了許多人，但藝術上卻並不很成熟。這是思想和藝術的不平衡現象。遇到這種情況，思想和藝術評價的不平衡現象也會出現，但這種現象不會比比皆是。思想和藝術在一部作品中，就像思想和風度在一個人體上一樣，既可要求他表現出第一流的風度，也可要求他具有第一流的思想。

第一編　臺灣小說的萌芽期

第一章　臺灣小說誕生的背景

第一節　臺灣小說誕生的歷史背景

臺灣居住著兩種民族，一是土著民族，即今天的高山族，一是漢族，即大陸移民。中國有文字記載最早的移民是漢朝的三國時期，即西元二三〇年，三國吳黃龍二年。據陳壽的《三國志》孫權傳載：「吳主孫權遣將軍衞溫、諸葛直率軍萬人至夷洲（今臺灣）。三國時吳人沈瑩著《臨海水土志》說：「夷洲……土地無雪霜，草木不死，四面是山，衆山夷所居。……此夷各號爲王，分畫土地人民，各自別異。人皆髡頭穿耳，女人不穿耳。作居室，種荊爲蕃鄣。土地饒沃，既生五穀，又多魚肉。……能作細布，亦作斑布，刻畫其內，有文章以爲飾好也。其地亦出銅鐵，惟用鹿觡矛以戰鬥耳。磨礪青石以作矢、鏃、刀、斧、鐶貫、珠瑠。」這一記載表明，一方面臺灣的土著民當時手工業已相當發達，刺繡、紡織都相當精美；另一方面還保持原始社會後期的生產方式。書中還描述了高山族同胞好格鬥的標悍性格。三國自今已一千五百多年的歷史，但如今臺灣的山地山胞仍然處於吳人沈瑩所描繪的境界。可見在封閉型的社會狀態下，歷史行進之緩慢。中國最早在臺灣設置行政區劃是一二二五年，即南宋寶慶元年。那時臺灣劃歸福建省泉州管轄。據趙汝適著《諸蕃志》記載：「泉（州）有海島，曰彭湖（即澎湖，隸晉江縣。）」一六二〇年即明萬曆年間，明朝政府在公文上正式使用「臺灣」之名。一六六二年，即清康熙元年，鄭成功收復臺灣。鄭成功致侵臺荷蘭總督揆一的《諭降書》云：「臺灣者中國之土地也，久爲貴國所據。今余既來索，則地當歸我，珍瑤不急之物，悉聽爾歸。若摯事不聽，可揭紅旗請戰，余亦立馬以觀，毋游移而不決也。生死之權，在余掌中，見機而作，不俟終日。唯摯事圖之！」鄭成功驅荷定臺後，在臺灣設置一府（承天府，今臺南市）兩縣（天興、萬年，即嘉義、鳳山），另設安撫司於澎湖。因鄭成功是福建省泉州安平鎮人，便改熱蘭遮堡爲安平鎮。一八八五年，臺灣脫離福建省，成爲臺灣省。一八八八年，即清光緒十四年，重劃臺灣行政區，設三府一州三廳十一縣。改前臺灣府爲臺南府，移臺灣府至今日的臺中市。一八九四年，即清光緒二十年臺灣省會移至臺北市。一八九五年，甲午戰爭失敗，該年四月十七日清朝直隸總督兼北洋大臣李鴻章在東京與日本總理大臣伊藤博文簽訂馬關條約，將臺灣、澎湖割讓給日本。消息傳開，舉國憤怒。臺灣更是天昏地暗，全省頓哭。臺北群衆鳴鑼罷市，萬民請願，寧死不屬寇。地方愛國名流丘逢甲等寫血書上陳清廷：「割地議和，全臺震駭！……臣等桑梓之地，義與存亡。願與撫臣誓死守御。設戰而不勝，請俟臣等死後，再言割地。」臺灣民衆發表檄文聲討賣國賊李鴻章等：「臺民與李鴻章、孫毓文（刑部尙書）、徐用儀（吏部侍郎）不共戴天。無論其本身，其子孫，其伯叔兄弟子侄，遇之船車於道中，客棧脔署之內，我臺民出一丁，各懷手槍一杆，快刀一柄，登時悉數殲除，以謝天地祖宗……以爲天下萬世無廉耻賣國固位得罪天地祖宗之驚戒。」五月二十五日，爲抗擊日寇入侵，丘逢甲等出面議創「臺灣民主國」。公布《自主宣言》，《宣言》說：「日本要索臺灣，竟有割臺之款。事出意外，聞信之日，紳民憤恨，哭聲震天……今已無天可吁，無人肯援，臺民惟有自主，推擁賢者，權攝臺政；事平之後，當再請命中朝，作何辦理。倘日本具有天良，不忍相強，臺民亦願顧全和局，與以利益。惟臺灣土地政令非他人所能干預。設以干戈從事，臺民惟集萬衆御之，願人人戰死而失臺，決不願拱手而讓臺……」可惜，寡不敵衆，「臺灣民主國」僅存在十餘天就告失敗。六月八日日寇入侵臺北，抗法名將，黑旗軍領袖「臺灣民主大將軍」，劉永福與臺灣官民歃血立盟向世人宣告：不要錢、不要官、不要命，甘苦相共，戳力同心，共守危疆。並發布抗日告示，與日本入侵者進行了殊死搏鬥。使日軍受到沉重打擊。將侵臺日軍主力近衞師團第二旅團旅團長能久中將擊成重傷後死於臺南。使日本侵略計劃受阻。但因物資嚴重缺乏，劉永福多次內渡求援，清廷下令嚴禁資臺，「抗日軍民餉械糧秣俱絕，枵腹迎戰，凭血肉之驅與敵死搏。」黑旗軍官兵死傷累累，終於失敗。日軍用了五個月的時間，傷亡兵力三萬人，才將臺灣占據。日本占據臺灣初期，臺灣同胞紛紛舉行大小武裝起義，使入侵者如坐火山。在七年武裝抗日的時間裏，臺灣同胞自發組織起義的就達百餘次，正像臺灣農民武裝抗日領袖之一簡大獅英勇就義時所說：「自臺灣歸日，大小官員內渡一空，無一人敢出首創義舉，唯我一介小民，猶能聚衆萬餘，血戰百次，自謂無負於清。……願生爲大清之民，死爲大清之鬼。」武裝抗日年代，臺灣重要的武裝起義，如一九〇七年新竹的北埔起義；一九一二年南投的林圮埔起義；一九一三年的苗栗起義；一九一五年的臺南西來庵起義。其中苗栗起義，是在辛亥革命的直接影響下，由　孫中山先生的同盟會派往臺灣的會員羅福星領導的。在臺灣建立了革命組織——中國革命黨臺灣支部，在臺北、基隆、臺南、桃園等地發展組織成員達九萬五千餘人。失敗後，千人被捕，二十餘人遭殺害。羅福星就義時年僅二十九歲。一九一五年七月由抗日志士余清芳、江定和羅俊領導的西來庵武裝起義，震驚中外。他們以臺南縣的西來庵爲根據地，以「吃菜教」爲掩護，建立抗日組織，培訓骨幹，組織起義。他們向全體臺灣同胞發布告示，號召他們：「奮勇爭先，盡忠報國，恢復臺灣」。參加者十分踴躍，遍及臺灣北、中、南全島。但因機密洩露，數千人臨時舉義，直逼噍巴年日警察支廳，血戰數晝夜。日寇利用此事殺害了數萬無辜群衆。余清芳等大批抗日義士被處死刑。此事又稱「噍巴年事件」。臺灣總督府法院檢查官上內恒三郎所著《臺灣刑事司法政策論》中稱：「西來庵事件」被判刑的一千九百餘人中，「死刑者過千人，爲世界裁判史上未曾有之大事件。」可見日寇在臺灣犯下的滔天罪行。「西來庵事件」之後，臺灣同胞的武裝抗日被鎭壓了下去。從此臺灣由武裝抗日，轉入了非武裝抗日時期。非武裝抗日的基本特點，是在合法的形式下，以文化和文學作爲基本武器和手段，對敵人進行揭露與打擊，對人民進行鼓勵和撫慰。一九一一年四月下旬，梁啓超訪臺，與臺灣名流交談。他分析了臺灣的政治形勢，認爲武裝抗日犧牲慘重而獲勝希望甚微。他建議林獻堂等將武裝鬥爭轉入非武裝鬥爭，廣結日本進步人士，爭取臺灣自治，爭取人權。臺灣的非武裝抗日以臺灣的青年知識分子，尤其是在日本的臺灣留學生爲先導。一九二〇年前後在東京和大陸的臺灣留學生互相聲援，共赴國難，共同組織了「聲應會」。在五四運動的直接影響下臺灣留日學生又組織了「新民會」並仿照《新青年》在東京創辦《臺灣青年》發起「臺灣青年會」。之後又把《臺灣青年》改刊爲《臺灣》、《臺灣民報》和

《臺灣新民報》。他們把抗日活動逐步由日本轉向臺灣島內。《臺灣民報》於一九二七年八月由日本東京遷到臺灣印刷發行。一九二一年由林獻堂和蔣渭水等領導的資產階級民族主義文化啓蒙團體「臺灣文化協會」在臺北成立。這是臺灣新文化史上一個十分重要的，具有抗日民族色彩的文化社團。在它的影響下，臺灣各地的文化社團紛紛建立。與此同時，旅居大陸的臺灣青年知識分子，在北京、福建、廣州、南京等地紛紛建立「臺灣同學會」、「臺灣同鄉會」等。北京的「北京臺灣青年會」還聘請蔡元培、梁啓超、胡適等爲名譽會員。臺灣的新文學，臺灣的小說，就是在這種由武裝抗日轉入非武裝抗日，在政治、文化抗日日趨高漲的形勢下，在歷史和時代的呼喚聲中，在人民和土地的渴盼和期望中，作爲人民的心聲，抗日的武器，時代的寵兒，在歷史的大潮中誕生了。因而從它誕生的那一天起，便承載著神聖而偉大的歷史和文學史命。

第二節　臺灣小說誕生的文學背景

緒論中講過，臺灣除少數原住民，基本上是個移民島。一千九百餘萬居民中的百分之九十八左右爲不同歷史時期的大陸移民。因而臺灣文化，無疑是中國文化的不可分割的一部分；臺灣文學是中國文學不可分割的一支脈。由於臺灣是個移民島，而移民要麼是在大陸生活貧困，無以爲繼，而到臺灣去尋找生活出路的。這一部分人基本上都是文盲；要麼是吃糧官兵，他們大都是被官方徵調或抓派來臺的農民，一般也都與文化無緣；要麼是商販大賈，他們是來臺做生意發財的，一般文化水準不高。

大陸往臺灣的移民中只有少數代表官方的士大夫知識分子有文化，但卻是「飛鴿牌」。他們要麼是來臺灣遊山玩水的，待滿足和厭倦後，便返回故鄉；要麼是被派遣而無可奈何來臺的，待熬滿了任期便從這荒蠻之地溜之大吉。因而臺灣的文化和文學在一個相當長時間內，幾乎是士大夫的專利。基本上沒有和下層的勞動人民結緣。而文學樣式也都和它們的作者身分相稱，大體停留在詩詞和遊記兩個方面。當然也有少量的相當於報告文學和小說之間的寫實作品。文化和文學被士大夫長期壟斷的另一個弊端是，和泥土結合，進而鄉土化的進程極慢極慢。即使到了清朝末期，臺灣的舊文學比較發達的時期，也只是從老一代的士大夫手裏轉入新一代的士大夫手裏；也僅僅表現爲舊詩詞的繁榮。據楊雲萍的《臺灣歷史上的人物》一書記載，臺灣的第一位詩人是沈光文。他是明朝遺老，因不願作清朝的順民，一六六二年乘颱風漂泊去臺灣。他原是明朝的太僕寺卿，到臺灣後又受到鄭成功的禮遇，與季麒光等十三人組織臺灣第一個詩社——「東吟詩社」。他的詩友季麒光稱讚說：「從來臺灣無人也，斯庵來開始有人矣；臺灣無文也，斯庵來始而有文矣！」臺灣的第一本散文集是《稗海紀遊》。它的作者是臺灣的第一個散文作家郁永河。郁永河是清朝康熙年間的福建省地方官員，受命到臺灣採硫黃製炸藥，於一六九七年渡海去臺，在臺灣奉行公務和遊覽中有所感觸，寫下了遊記散文《稗海紀遊》，記述和描繪了臺灣的河川風光和風土人情。葉石濤給這部散文以很高的評價。臺灣的第一本兼有報告文學和寫實小說兩種功能，介於這兩種文體之間的作品是《臺灣外紀》，其作者爲江日昇。這部作品詳細記述和描寫了鄭成功家族，即鄭成功之父鄭之龍以下四代興衰絕續的事跡。葉石濤對這本書有這樣的評價：《臺灣外紀》不能視爲正史。由於江日昇過分潤色史實，往往有失眞之處。然而，以明鄭的傳記文獻而言，首尾一貫，頗有價值。其實，《臺灣外紀》爲一本歷史小說兼有報導文學之體裁，其文學精神和寫作風格，應該說爲臺灣文學樹立了一個風範。」①

由於臺灣舊文學的根基比較薄弱，尤其是敍述型的小說，在臺灣舊文學中還沒有誕生。因而臺灣沒有古典小說的歷史，一部現代小說史，就是臺灣小說的全部歷史。這種情況，一方面使臺灣的小說在面世時沒有一個除舊布新，舊的掙扎，新的陣痛的過程，因而它少了一些舊的羈絆和阻力。在它的誕生初期，沒有呈現那種半白半文的過渡階段。另一方面，使得臺灣小說勢必誕生在中國小說的母腹和襁褓中。如果說臺灣的舊體詩詞有了不少臺灣土生土長的，臺灣士大夫階層的詩人，那麼，那時臺灣卻沒一個小說家；如果說臺灣的散文，已經積累了一定的創作經驗，盡管基本上都是遊記式散文，那麼，臺灣的小說卻完全是一片荒蕪的處女地。此外，臺灣小說的誕生和臺灣當時的社會背景有著直接關係。其一，因爲是在日本帝國主義的奴役下，在小說的表現形式上受到嚴酷的限制，因而臺灣的第一篇小說是用日文寫成的。其二，由於人民的集體意識受到嚴重壓抑和摧殘，因而小說的誕生是以咆哮和吶喊的聲音向世界報到的。臺灣第一篇小說的內容和五四新思想應和，這說明臺灣小說不僅誕生在中國小說傳統的母體內，而且受到五四新文學的深刻影響。

附註：

① 《臺灣文學史綱》第五頁。

第二章　臺灣小說的搖籃——《臺灣民報》

第一節　《臺灣民報》的誕生

《臺灣民報》是隨著臺灣總的抗日形勢的發展和方式的轉變，即由武裝抗日轉入非武裝抗日，在非武裝抗日團體紛紛建立，人民需要大聲說話的情況下誕生的。一九一九年，大陸發生了震撼世界，關係著中華民族命運，標誌著中國社會性質變革的五四運動。當時武裝鬥爭被殘酷的鎭壓下去，成千成萬的臺灣同胞在日本人的刺刀下，倒在血泊中。臺灣同胞正處於痛苦、徬徨、苦悶和反思中，五四運動的號角將他們喚醒。於是以喚起全體臺灣同胞民族意識的覺醒，製造輿論爭取國際同情，大聲吶喊求得祖國人民的援助和支持爲內容的，以文化、文學爲主要武器和方式的非武裝抗日運動蓬勃興起。繼一九一九年秋天大陸留日學生馬伯援、吳有容、劉木琳和臺灣留日學生蔡惠如、林呈祿、蔡培火等在日本東京共同發起組織「聲應會」之後，一九二〇年，蔡惠如、林獻堂等又在東京發起成立了「新民會」。《臺灣民報》的前身《臺灣青年》便作爲「新民會」的機關刊物，於間年七月十六日在東京誕生了。創刊號上發表了創刊宣言，作爲卷頭語的宣言寫道：

「空前而且可能是絕後的世界大戰亂，已經成爲過去的歷史了。幾千萬的生靈，爲了戰亂而流血，爲了戰亂而化爲枯骨，何等的慘絕！還有比這種不幸來得更大嗎？

從這種絕大的不幸當中，能得保全性命的全人類，業已由既往的惰眠覺醒了。覺醒了討厭黑暗，追慕光明；覺醒了反抗橫暴，服從正義；覺醒了擯除利己的，排他的，獨尊的野蠻生活，企圖共存的，犧牲的文化運動。你看！國際聯盟的成立，民族自決的尊重，男女同權的實現，勞資協調的運動等，沒有一項不是大覺醒賜於的結果。臺灣的青年呀！高砂島的健兒呀！還可以不奮起嗎？不理解這大運動的眞義，不跟這大運動共鳴的人，這種人做人的價值，簡直等於零。況且作一個國民的價値……

吾人深思熟慮的結果，終於這樣覺醒了。即廣泛地側耳聽取內外的言論，應該攝取的，則細大不漏的攝取，作爲自己的營養分。而且把所養得的力量，盡情向外放注。這正是吾人的理想，也是吾人所邁進的目標。我所敬愛的青年同胞們！一起站起來！一起前進吧！」

這正是追求光明，追求自由，反對強暴，討伐黑暗的聲音。作者志在啓發和開掘被壓抑和蒙悶在黑暗中人們的覺悟和意志。以發起一個普遍的民衆運動，使新思想，新觀念播種，開花。《臺灣青年》共出版發行了十八期，到一九二二年二月十五日四卷二號止，改刊爲《臺灣》雜誌。《臺灣青年》是個綜合性的刊物，發表的關於文學方面的文章只有四篇。即：陳炘的《文學與職務》，甘文芳的《實社會與文學》，日本人小野村林藏宗的《現代文藝的趨勢》，陳瑞明的《日用文鼓吹論》。

可能是爲了擴大作者和讀者面，使該刊物眞正能代表臺灣各個階層，各個年齡結構居民的共同要求和呼聲，使之眞正成爲全臺灣人民新文化運動和抗日民族運動的喉舌，《臺灣青年》一九二二年改刊爲《臺灣》雜誌。爲了打大版面，增加內容，更快，更好的配合臺灣的抗日民族運動，《臺灣》

雜誌於一九二三年四月增刊《臺灣民報》，作爲「臺灣文化協會」的機關刊物。一九二三年十月，《臺灣》雜誌廢刊，《臺灣民報》由增刊變爲正式報紙，並由半月刊改爲旬刊，此爲《臺灣民報》誕生的經過。《臺灣》雜誌是臺灣小說孕育和誕生的母腹，十九期刊物共發表了三篇小說。第一篇是追風用日文寫的《她要往何處去——致苦惱的年輕姊妹》，發表於一九二二年《臺灣》雜誌第三年的四～七號上。第二篇是無知的《神秘的自制島》發表於一九二三年《臺灣》雜誌第四年的第三號上。第三篇是柳裳君的《犬羊禍》，發表於一九二三年第四年的第七號上。由此可證，《臺灣民報》爲臺灣小說誕生的眞正搖籃。《臺灣》雜誌除了完成臺灣小說的降生任務之外，還發表了一些在臺灣文學史上相當有影響的文學論著。例如：黃呈聰的《論普及白話文的新使命》，黃朝琴的《漢文改革論》等。

第二節　《臺灣民報》的發展和成長

爲了適應臺灣新的抗日形勢之需，由新興的臺灣資產階級民族主義知識分子林獻堂、蔣渭水等發起組織的「臺灣文化協會」，於一九二一年十月在臺北市成立。主要成員有林獻堂、蔣渭水、蔣培火、王敏川、洪元皇、林幼春、陳逢源、楊肇嘉、連溫卿、李應章、林茂生、謝春木等。他們全是臺灣資產階級民主啓蒙時期的活躍人物。他們中不少人當時就是臺灣的留日學生，是臺灣「新民會」等組織的發起者和組織者。「臺灣新民會」的會長林獻堂，後來又成了「臺灣文化協會」的會長。因此「臺灣文化協會」的成立，正是「臺灣新民會」的發展。既然如此，由「臺灣新民會」的會刊《臺灣》演變而來的《臺灣民報》，無疑就成了「臺灣文化協會」的喉舌。《臺灣民報》原在日本東京創辦和印行，爲了更好的配合臺灣島內的抗日鬥爭，眞正擔當起臺灣新文化和新文學運動搖籃的職責，及時反映臺灣島內的情況，於一九二七年七月由東京遷到臺北。《臺灣民報》自一九二三年四月十五日創刊號起，便全部採用白話文，並闢文藝專欄。從《臺灣民報》創刊，直到一九三二年，臺灣始有數家文藝刊物發行。因而在這八年期間，臺灣所有的文學作品和文學論著幾乎全部都發表在該報的文藝專欄上。

《臺灣民報》的誕生之日，正是祖國新文學運動蓬勃發展之時，也正是祖國新文學運動中幾個著名的文學社團：文學研究會、創造社和太陽社先後成立的時期。因而祖國的新文學運動對《臺灣民報》有重大影響。《臺灣民報》創刊初期，便轉載了胡適的《終身大事》、《李超傳》及他翻譯的法國都德的作品《最後一課》和魯迅的《故鄉》、《狂人日記》、《阿Q傳》，冰心的《超人》。《臺灣民報》承擔了臺灣新文學發展的重任，關係到臺灣白話文運動和臺灣新舊文學的論戰，均是在該報上發起和展開；張我軍的一系列爲臺灣新文學奠基性的論著，都發表在該報上。《臺灣民報》還發表了一些介紹祖國文學的論著，例如：在上海讀書的臺灣青年許乃昌以秀胡的筆名寫的《中國新文學運動的過去現在將來》、蘇維霖（薌雨）的《二十年來的中國文學及文學革命的略述》等。《臺灣民報》上發表的小說有：趙世經的《賢內助》、施文杞的《臺娘悲史》、懶雲的《鬥熱鬧》、《一杆稱仔》等。

據統計，《臺灣民報》自一九二七年八月一日遷臺至一九三二年四月十五日改爲《臺灣新民報》的整個五年期間，共發表臺灣作家創作的小說有七十餘篇，其中較有影響的作品除上述幾篇之外，還有懶雲

（即賴和）的《不如意的過年》、守愚的《凶年不免於死亡》、《瘋女》、《誰害了她》、《一群失業的人》，秋洞的《奪標》等。《臺灣民報》自一九三〇年八月二日起增闢「曙光」新詩專欄，新詩的發表量劇增。

《臺灣民報》改爲《臺灣新民報》之後，一直刊行到一九四一年二月，被迫更名的《興南新聞》，一九四四年三月合併爲《臺灣新生報》，共經歷了四十餘年的坎坷歲月。《臺灣民報》對臺灣抗日民族運動和新文學運動的偉大貢獻，不屬本書論述的範疇，僅從小說角度來看《臺灣民報》的功績，是否可歸納爲以下幾點：其一，它是臺灣小說誕生的搖籃和襁褓；其二，經過新舊文學論戰，爲臺灣小說的誕生和成長掃清了道路；其三，經過白話文論戰和臺灣話文論戰，爲臺灣小說確立了語言規範，打通了表達的路徑；其四，三十年代之前是臺灣小說唯一的發表陣地，在艱難的環境中爲臺灣培養了一批有才幹的小說作家；其五，它發表了胡適、魯迅、郁達夫等人的不少作品，溝通了海峽兩岸小說的交流；其六，介紹了祖國的文學經驗。

第三章　白話文運動和新舊文學論爭

第一節　臺灣的白話文運動

臺灣的新文學運動和大陸的新文學運動一樣，從一開始就是伴隨著新文化運動，作爲新文化運動的極重要的一翼展開的。臺灣新文學史家陳少廷說：「臺灣新文學運動原來是臺灣新文化運動的一部分。」①臺灣青年文學評論家高天生也說：「由於這種特殊的歷史背景，日據下臺灣新文學運動，一開始即是文化啓蒙運動的一環，它不僅是文學創作活動，同時還兼具文化改革、社會改造和民族自覺等運動的多種特質。」②由於這一原因，臺灣新文學運動伊始，就從新文化運動的中心課題之一的白話文運動發難。新文學運動的目的，在於創造從內容到形式都全新的文學，不僅要表現新生活，新思想，而且要用新技巧，新語言作載體。這些新內容、新形式之創造，尤以語言爲當務之急。不解決語言問題就無法和人民相溝通，就談不上將新思想傳輸給他們，贏得他們的擁護和支持；更不可能將新文學運動變成廣泛的群衆運動；進而也就無從實現更大的目標和理想，完成民族獨立、民主自由等歷史使命。因而新文學運動開始於白話文運動是歷史和文學之必然。《臺灣民報》是臺灣白話文運動的前沿陣地。《臺灣青年》時期，即一九二二年的元月，就發表了陳瑞明的《日用文鼓吹論》，作者悉數力陳文言文的弊端。他認爲，文言文不能充分表達思想；文言文既難學又不易普及，是形成文化阻滯的重要因素；墨守古文阻礙進取精神，是造成國民元氣沮喪之源。因而，「改革文學，以除此弊，俾可啓民智。」這篇倡導白話文的文章用文言文來表達，證明作者是心有餘而力不足。該報在《臺灣》雜誌期，即一九二三年元月又發表了從大陸旅行歸臺的黃呈聰的《論普及白話文的新史命》和黃朝琴的《漢文改革論》，這兩篇文章被譽爲《臺灣文學革命的先聲》。黃呈聰的文章以他在大陸親眼看到的大陸白話文運動的情況和體驗來論述臺灣必須進行白話文改革。他說：「臺灣文化之所以不進步的原因，就是因爲沒有一種普及的文體，可以使民衆看書、看報、寫信、寫書。民衆不曉得世界的事情，社會的黑暗面，民衆變成愚昧，社會就不會進步。因此，普及白話文是很要緊的工作，是一個新的使命。」，「白話文是文化普及的急先鋒，因此自今而後，我們要用這種最快速的方法來普及文化……因臺灣的同胞學過漢文的人很多，並且喜愛看中國的白話小說，只要把這種精神引導去閱讀中國新出版的各種科學及思想的書籍，便可以增長我們的見識。」③黃朝琴的《漢文改革論》一文的特點是在力陳了漢文改革之必要和迫切之後，倡導以我作起，爲普及白話文運動盡責。他提出了這樣幾種普及白話文的方法：一、對同胞不寫日文信；二、以後寫信全都用白話文；三、用白話文發表議論；四、自願擔任白話文講習的教師等。這兩篇文章成爲臺灣新文化和新文學運動的重要文獻，它們對臺灣新文化和新文學運動產生了重大影響；它們擺正了臺灣新文化和新文學運動和祖國新文化和新文學運動結合的方向；爲臺灣新文化和新文學運動及詩和小說的發展解決了最重要的方法——語言表達問題。

《臺灣民報》從萌芽期就力倡白話運動，直到後來的發展和成熟期都矢志不移。當它由《臺灣》改爲《臺灣民報》時，更在增刊預告中公開宣示：「用平易的漢文，或是用通俗白話，介紹世界的事情，批評時事，報導學界動態，內外經濟，提倡文藝，指導社會，連絡家庭與學校等，……與本誌並行，啓發臺灣文化。」④

臺灣的白話文運動雖然沒有經過激烈的交鋒和論爭，但其開展的過程中也並非那麼平靜。因爲提倡白話文和反對文言文，改造臺灣語三者是連在一起的。張我軍在他的重要文學論著《新文學運動的意義》中明確地把「白話文學的建設，臺灣語言的改造」兩者連在一起。這種一提倡，二反對，三改造的使命，必然遇到阻力和抗拒。稍後的「臺灣話語論爭」便是這一運動的繼續。

臺灣的白話文運動的巨大功績不僅在於它完成了文學語言的革新，而且在於它把臺灣新文學創作納入了整個中國新文學的格局中；不僅是解決了臺灣新文學的表達工具，而且加濃了臺灣文學的民族色彩，抗拒了入侵者的異化和誘惑；不僅在於文學自身的發展意義，而且在於爲臺灣的整個抗日民族運動鍛鍊了一支新文化的生力軍和一批無畏的勇士。

第二節　臺灣的新舊文學論爭

任何事物的發展過程中，新和舊的互相排斥、論爭、勝利和滅亡，都是不可避免的。沒有這種論爭，就沒有發展，沒有前進，也就沒有世界。文學自然在這個總的規律制約之下。臺灣新舊文學的論爭和大陸新舊文學論爭一樣，自它誕生的那一天起，在它的全部生命途程中，是不會熄滅，也不會停止的。只是表現出高一陣低一陣，時現時隱罷了。我們這裡論述的並不是臺灣新舊文學論爭的全部歷史，只是想就臺灣新文學誕生初期，對臺灣小說的誕生和發展有著重要意義的新舊文學論戰的片段作些敍述罷了。發生在臺灣新文學誕生初期的新舊文學論戰，概括起來有以下幾個特點：

其一，臺灣新舊文學論戰是臺灣文學內部規律使然。

由於臺灣抗日期間由武裝的抗爭轉入非武裝的抗爭，這種形勢急切地呼喚著文學作爲論爭的工具奔赴抗日民族鬥爭的主戰場，完成時代交付給它的使命。這種使命舊文學那種吟風弄月的擊缽吟是絕對擔負不了的，唯有新文學才能完成。這既是臺灣新文學產生的歷史背景，也是臺灣新舊文學發生論爭的主要原因。臺灣新文學誕生初期的新舊文學論爭發生於一九二三年前後，持續了近十年之久，經歷了多次交鋒。一九二三年前後正值臺灣新文學誕生和發展的年代，但文壇卻被百餘個舊詩社所把持，它們遍布臺灣全島，舊詩人們控制著臺灣《日日新報》、《臺灣新聞報》、《臺南新報》等陣地，發表大量的酬唱應和與吟風弄月之作，無病呻吟，痲痺人們的鬥志。雙方爲爭奪陣地，進行生死較量新文學以在北京讀書的張我軍爲首，向舊詩人們發起猛烈攻擊。他先後在《臺灣民報》上發表了《致臺灣青年的一封信》、《糟糕的臺灣文學界》、《爲臺灣文學界一哭》、《請合力拆下這座敗草叢中的破舊殿堂》、《絕無僅有的擊缽吟的意義》等喜笑怒罵，戰鬥力極強的文章，對臺灣舊文學進行了致命的打擊，論戰形成高潮。舊文學陣營出場的有舊詩壇祭酒連雅堂和悶葫蘆生、鄭軍我、蕉麓、赤崁王生、黃彬客、一吟友等。新文學陣營列出的陣容有張我軍、蔡孝乾、前非、懶雲（賴和）等。《從論戰始，新文學陣營就居於進攻的優勢地位。論戰的結果，以新文學陣營的勝利和舊文學陣營的覆滅而告終。臺灣新舊文學的論爭是臺灣新文學的成長和發展所必須，這論爭的結果證實，新生事物是不可戰勝的，舊事物無論表面多麼強大，但它們必將和舊世界一起壽終正寢。

其二，臺灣新、舊文學論爭在祖國新舊文學論爭的直接影響下發生。臺灣新舊文學論爭開始之日，正是五四運動發生後的第五年。當時以魯迅先生爲首的文化新軍發起的「打倒孔家店」的冲擊波，強烈地震撼著臺灣新知識分子們的心靈。尤其是在北京讀書的臺灣青年，受到巨大震動，因而他們也以魯迅的精神去攻擊臺灣的舊文學。確切地說，臺灣的新、舊文學論爭就是從北京發起的。一九二四年，正在北京讀書的臺灣青年張我軍，向臺灣舊文壇發了第一炮。他從北京寄往臺灣的《致臺灣青年的一封信》，發表在《臺灣民報》第二卷第七期。該信說臺灣舊文壇，爲先人保存臭味，只在糞堆裏滾來滾去，滾到千年百年，也只是滾一身糞。張我軍的一系列戰鬥檄文式的文章，均是在北京寫好寄往臺灣的。張我軍文章的喜笑怒罵之風和大陸文化新軍的文章如出一轍。

其三，臺灣新舊文學論戰的主戰場是在詩歌陣地上。

臺灣幾乎沒有舊小說，當時阻礙臺灣新文學發展的是臺灣百餘個舊詩社，千百個舊詩人，加之臺灣新文學誕生初期也以新詩爲主，因而就決定了臺灣新舊文學論戰的內容主要是新、舊詩和新、舊詩人的交鋒。不過主流之中也有支流，在這次論戰中也涉及到了小說。新文學陣營中的張梗在《臺灣民報》第三卷十七至二十三期發表了《討論舊小說的改革運動》一文。張文指出：「舊小說已經窮途末日了。隔一衣帶水的中國，早已有許多學者出來提倡改革，使中國的小說面目一新，已非昔日可比了。唯獨臺灣，我們依然還在承襲由老祖宗流傳下來的方法。不，我這樣說，還是有些過獎呢！平心而論，臺灣那裡有小說可言呢？不過是那些從中國流傳下來的施公案、彭公案罷了。我想我們臺灣人自視爲文明人，又想立於二十世紀的世界上，爲什麼竟不講求小說的發達呢？……」⑤

其四，一面破壞一面建設。

臺灣新文學陣營在猛烈攻擊舊文壇，打破舊文壇的秩序的同時，他們也注意到了自身的理論和表達技巧的建設。張我軍的一系列新詩論述都是臺灣新詩理論建設中奠基性的文獻。尤其是《絕無僅有的擊缽吟的意義》和《詩體的解放》等文章，提出了情感，即內容對詩的極端重要性；提出了人生現在創作中的重要意義；提出了新詩人應該重視表達技巧等文藝創作中的帶有根本性的問題，並且進行了正確的論述。張我軍的《新文學運動的意義》一文，是新文學建設的瑰寶。他在這篇文章中說：「自去冬我引了文學革命軍到臺灣以來，在起初的三、四個月間，雖然也引起了很大的反動，但那不過是幾個舊文學的殘壘的小卒出來罵陣的罷了，由此可以知道，臺灣的舊派文學不值得一駁或一笑。於是我們第二步是建設了。胡先生（胡適）說，他們（舊文學）所以還能存在國中，正因爲現在還沒有一種眞有價值，眞有生氣，眞可算作文學的新文學起來代替他們的位置。有了這種眞文學和活文學，那些假文學和死文學自然就會消滅了。所以我們希望提倡文學革命的人，對於那些腐敗文學，個個都該存一個彼可取而代之的心理，個個都該從建設一方面努力，要在三、五十年內替中國創造出一派新中國的活文學。」張我軍從大陸新文學運動中學到了一面革命，一面建設的寶貴經驗，並把這種經驗及時貫徹到臺灣的新文學運動中，而且身體力行創作了臺灣新詩發展史上的第一部詩集《亂都之戀》。張我軍的這種遠見卓識和脚踏實地的精神，成了臺灣新文學的光輝榜樣和精神指南。

附註：

①《臺灣新文學運動簡史》第7頁。

②《臺灣文學的過去與未來》第59頁。

③《臺灣新文學運動簡史》第13頁。

④《臺灣新文學運動簡史》第17頁。

⑤《臺灣新文學運動簡史》第27—28頁。

第四章　臺灣小說的誕生

第一節　臺灣的第一篇小說《她要往何處——給苦惱的姊妹們》及其作者追風

由於日本帝國主義的入侵和占領，使臺灣的第一組詩和第一篇小說，都是用日文寫成的；由於臺灣新文學初期的作家和詩人基本上都既寫詩也寫小說，所以臺灣的第一組詩：《詩的模仿》和第一篇小說：《她要往何處去——給苦惱的姊妹們》同出於一個作家追風之手。追風一人同時為臺灣的新詩和小說打下第一塊基石，開出第一眼泉水；踏出第一截小路，拓出第一塊處女地，不管作品質量如何，其貢獻和功績都是卓越和不朽的。儘管臺灣的新詩和小說後來都發展成了洶湧澎湃，滾滾千里的大江，但那源頭最早冒出的第一滴泉水，也不會失去其偉大的意義；儘管臺灣的詩壇和文壇如今都出現了世界著名的詩人和小說家，但那創作第一首詩和第一篇小說的人，也仍然閃耀著不滅的光輝。所以追風的名字應該永垂臺灣文學、新詩和小說發展的青史。

追風，原名謝春木，一九〇二年生，臺灣省彰化縣二林人。日本東京高等師範學校畢業。是臺灣早期的資產階級民族主義啓蒙運動的骨幹人物之一。一九二七年曾與蔣渭水、蔣培火等人在臺灣組織臺灣民衆黨，曾任《臺灣民報》主筆。臺灣光復後赴日，後下落不明。他創作的臺灣第一篇小說《她要往何處去——給苦惱的姊妹們》，完稿於一九二二年五月二十一日至二十三日，發表於《臺灣民報》的前身《臺灣》雜誌一九二二年七至十月出版的第三年第四號至第七號上。

這篇小說以第三人稱的有限全知觀點，敍述了一個較爲複雜的愛情故事，表現了較強的反封建主題。臺灣姑娘阿蓮與臺灣留日學生淸風相愛，但淸風的家長卻背著淸風通過媒妁之言爲淸風另找了一個臺灣姑娘桂花，桂花單方面深深地愛著淸風，而桂花的表哥，也是留日學生的草池卻暗地裏對桂花懷有好感。正當阿蓮幻想著與淸風結婚後夫妻抱著胖娃在湖上泛舟之時，獲知淸風和桂花訂婚之事；正當桂花陶醉在用綺夢爲淸風編織著毛衣，淸風在日本穿上身的夢幻時，卻收到了淸風寄來的解除婚約的請求信。最後桂花與表哥雙雙東渡日本留學。作品突出的批判了不合理的社會制度和封建包辦婚姻給青年婚姻男女造成的不幸和痛苦。例如桂花接到淸風請求解除婚約的信，在表哥和母親的勸導下想通後對表哥說：「謝謝你。我不再怨誰了。這不是阿母的罪，也不是淸風的，都是社會制度不好，都是專制家庭的罪。我只是犧牲者之一而已。正如表哥所說，整個臺灣不知有多少人爲這個制度而哭著。如今我都明白過來了。我要爲這些人奮鬥，勇敢地奮鬥下去。」①作爲臺灣小說史上的處女作。這篇作品十分注意人物性格的刻劃。阿蓮和桂花同是追求著美好愛情的少女，她們一個遇到了心上人與別的姑娘有婚約，一個遇上了心上人要和自己解除婚約，處境和遭遇有著共同之處。但是她們的處事態度卻不相同。當阿蓮與淸風在浩月當空下看到了桂花的苦悶情態時，她打內心裏產生了同情。於是對淸風說：「看到那寂寞的樣子，我眞受不了。求求你，跟桂花結婚吧。桂花太可憐啦。」而當桂花接到了淸風解除婚姻的信時，卻是「她的面孔漸漸轉靑，讀完就暈倒了。」從這種描寫中可以淸楚地看出，這兩個少女心胸的差別。這篇作品還注意到了對人物心靈的揭示。作品開頭對阿蓮在居室中暗暗思念淸風從日本回來時那種心靈的悸動和桂花給淸風打毛衣時的心理活動都相當眞實。作品雖然是日語翻譯成中文的，但語言的運用還是有一定特色。例如，作者敍述語言中「她此刻坐房間裏的椅子上，正在用一場綺夢編織著淸風的內衣」既表現了桂花當時幸福朦朧的心境，又暗示了這夢境般的幸福的悲劇後果。當然作爲臺灣小說史上的處女作，不可避免地存在著藝術上的瑕疵。比如作者借用主人翁之口宣洩自己政治主張的色彩過濃，有時顯得過於生硬。例如作者借桂花之口說：「像現在這一刻，整個臺灣必定有幾個在痛哭流涕的。所以我們要以先知先覺自認，代替她們想出救贖的辦法才好，這也是我們的義務。我們必須爲臺灣的婦女點燃起改革的火焰。時機到了。讓我們爲被虐待的臺灣婦女，努力讀書吧！」顯然，這裡充滿說教意味。此外作品中也有鬆散和枝蔓之處。儘管《她要往何處去——給苦惱的姊妹們》還存在著許多不足，但作爲一部小說史的處女作，我們還是要爲它的成功而歡呼。

第二節　臺灣小說萌芽期的其他作家和作品

臺灣小說的萌芽期，除了追風的第一篇小說《她要往何處去——給苦惱的姊妹們》外，還有四篇作品：無知的《神秘的自制島》、柳裳君的《犬羊禍》、施文杞的《臺娘悲史》和鷺江TS的《家庭怨》。

無知的《神秘的自制島》，是以第一人稱，用寓言的形式寫成的很精鍊的作品。小說中的主人翁——我，一天喝了幾杯薄酒，便暈暈進入醉鄉，來到了這個神秘的自制島。這個島上的居民，一個個項上都帶著枷，但卻毫無痛苦之色，而且頗引以自豪。主人公在疑惑不解中，遇到了自製島上的紳士，以高傲的態度向主人公講述了島民們項上那枷的特殊功能和島民們能有此種待遇，來之不易，得之榮幸。這位紳士道：「這個法物變化無窮，其中的奧妙，連我也未能盡悉。但略舉數端，已稱是世界上獨一無二之寶。第一呢，是使人飢了不想食飯，寒了不想穿衣。第二呢，是使人勞不知疲，辱不知恥。第三呢，是使人不必要什麼新學問，不得感受新思潮……」但也奇怪，臣民們都一個個帶著這玩藝，而傳授此寶的數萬名黃巾力士法師們卻都不帶這枷，據說是上帝的獨賜之物。這個神秘的自製島不在天上，不在仙界，就是臺灣。那數萬名黃巾力士法師也並不是玉皇大帝派來的天兵天將，而是日本入侵者。作品中有這樣幾句話：「我們經歷了二十餘年的訓練，祖師才賜了這個護身的法物，向來的祖師雖也曾賜過法物，但還是木製的，不甚堅牢，現在這位祖師，道力通天，才把木製的盡變成金屬的，這不是萬劫不壞的法物麼？」該作品面世時，日本已占領臺灣二十多年，統治極其嚴酷，所以把木製法物變成鐵製法物的祖師正是日本鬼子。作者以寓言的方式一方面揭露了日本帝國主義殘暴鎮壓臺灣人民的罪行，另一方面以怒其不掙的心情善意地嘲諷了島民們的愚昧和不覺悟，主題思想十分突出。作者署名「無知」更增加了作品的反諷意味。小說以寓言表達，可能是爲了避禍，稍障敵人眼目。

施文杞用中文創作的寓言小說《臺娘悲史》，也是一篇政治性小說，作品描寫橫暴的日猛看上了美麗的臺娘，非要將臺娘納妾，就威逼臺娘的父親大華就範。日猛施用了各種陰謀毒計，最後終於將臺娘搞到了手。於是聰明美麗的臺娘便「不幸墜入了暗無天日的人間地獄裏，受萬般苦楚，整日痛傷心，都是無可告人。唉！臺娘之不幸！作者的淚痕。」柳裳君的中文小說《犬羊禍》採用章回體的形式以諷刺的筆調刻劃了臺灣紳士的漢奸嘴臉。不過，據說這篇小說依據的素材資料不實，影響了作品的眞實性。

臺灣小說萌芽期的作品，大都是政治性諷刺小說，或政治性很強的作品，其鋒芒一般也都是指向臺灣人民的壓迫者、奴役者——日本帝國主義的。這些作品與當時的抗日形勢和民族解放運動緊密配合，對啓發民智和呼喚臺胞的覺醒，有一定作用。

臺灣萌芽期的小說，雖然還不免帶著剛剛脫殼時的稚嫩和青澀，藝術上還比較粗糙，但卻也有初生之犢不怕虎的朝氣；雖然有的作品還沿用舊章回小說的形式，語言上也還殘存著舊小說的某些痕迹，但其呈現的內容和主題卻是全新的；雖然作品只有五篇，數量不算多，但卻已形成一個小小的發難作家的群落；雖然作爲藝術品還有待雕琢，但作爲源頭，它卻是奔騰萬里的江河之母。

附註：

①《一杆稱仔》（光復前臺灣文學全集）第28頁。

第二編　臺灣小說的初步發展期

第一章　社會和文學概況

臺灣小說的萌芽期，是以各種可能的方法和手段呼喚民衆的覺醒，引導他們投入以抗日爲中心的民族解放運動。但到了一九二五年前後，革命陣營內部除了一致對外的民族矛盾外，階級矛盾即資產階級、地主階級和農民的矛盾顯露了出來。一九二一年十月成立的以林獻堂爲首的臺灣文化協會未能顧及農民的利益，內部代表資產階級和地主階級利益的右翼和傾向於農民利益的左翼發生分裂。一九二七年進行了改組，領導權由代表左翼勢力的連溫卿控制。由於日本占領者對臺灣農民的盤剝和壓榨日益加劇，臺灣地主階級對農民的剝削也有增無減，臺灣農民日益赤貧化。他們如乾柴烈火，胸中醞釀著突起的風暴。一九二五年十月二十二日，彰化縣二林的蔗農，爆發了抗議日本「製糖會社」殘酷盤剝的起義。起義農民與日本警察發生了衝突。日本帝國主義派出百餘警察進行鎭壓，被捕者達十餘人，被稱爲「二林事件」。著名作家賴和當天便寫詩給予聲援。詩的題目是《覺悟的犧牲——寄二林戰友》，詩中寫道：

「覺悟下的犧牲，

覺悟地提供了犧牲，

唉！這是多麼難能！
他們誠實地接受，
使這不用報酬的犧牲，
轉得有多大的光榮。」

這次農民起義雖然付出了代價，但也結出了果實，產生了由農民領導的，以農民爲主體的抗日組織：「臺灣農民組合」。一九二六年六月在鳳山召開了「臺灣農民組合」籌備委員會，同年十二月，臺灣農民組合舉行第一屆大會，建立和建全領導機構，公推黃信國爲委員長，著名作家楊逵當選爲中央委員。這一年的七月，蔣渭水等人宣告脫離「臺灣文化協會」另組「臺灣民衆黨」，作爲臺灣新興資產階級左翼利益的代表，躋身於臺灣政治舞臺。這個時期是臺灣各種勢力重新分化和組合的活躍期。經過前一段的革命實踐，各種政治勢力之間原來隱伏的矛盾逐漸暴露，而新的矛盾又不斷產生，因而這種分化和重新組合是必然現象。這個時期臺灣的新文學運動，在《臺灣民報》的推動下，也有了很大的發展。一九二五年三月由楊雲萍和江夢筆創辦了臺灣第一個白話文文藝雜誌《人人》創刊。雖然，它只印行了兩期而夭折，但它是臺灣文學天宇上升起的第一顆刊物的星，它的閃光爲後來的臺灣文學刊物照亮了道路。這個刊物壽命雖短，但卻發表了臺灣新文學初期的重要作品，創刊號發表了楊雲萍的小說《罪與罰》，第二期發表了張我軍的新詩《亂都之戀》。《臺灣民報》一九二三年四月十五日闢文藝專欄，開始大量發表文學作品，臺灣小說的創作，很快進入旺期。數量上和質量上，均非萌芽期能比。這個時期登上臺灣文壇的小說作家有：賴和、楊守愚、楊雲萍、一村、秋生、夢華、蔡愁洞、張我軍、翔、虛谷、朱點人、林克夫等。這個時期出現的重要小說作品有：賴和的《鬥熱鬧》、《一杆秤仔》，張我軍的《彩票》、《白太太的哀史》，楊守愚的《獵兔》、《凶年不免於死亡》、《瘋女》、《誰害了她》、《一群失業的人》，楊雲萍的《光臨》、《兄弟》、《黃昏的蔗園》，愁洞的《奪標》，虛谷的《無處伸寃》，朱點人的《島都》等等。

這個時期的作品突出地體現了臺灣文學反帝、反封建的思想主題；表現了日本帝國主義殘酷壓迫下農民的痛苦生活；臺灣同胞與日本占領者不可調和的矛盾；農民受到封建地主的殘酷剝削，以及資本家對工人的殘酷剝削所引記的勞動者和剝削者之間的階級矛盾；封建舊禮教束縛下的青年男女追求婚戀自由的鬥爭精神；日本帝國主義給臺灣社會造成的種種不幸和黑暗等。這個時期的小說和萌芽期不同，大量的揭露和鞭笞敵人罪行的作品面世。這顯示臺灣人民與占領者的鬥爭，已由普遍的號召進入了具體的戰鬥階段，進入了用文藝的武器給敵人以殺傷和打擊階段。雖然這些作品還沒有以理想的色彩爲臺灣同胞規劃出鬥爭的遠景和藍圖，但比起萌芽期的作品，無疑是向前大大地發展了一步。尤其是偉大的戰士和作家，臺灣文學的奠基者賴和的出現，標誌著臺灣小說創作進入了一個新階段。

第二章　「臺灣的魯迅」賴和

第一節　偉大的民族主義者

賴和，原名賴河，字懶雲，人稱和仔先，筆名甫三、安都生、灰、走街先。一八九四年四月二十四日出生於臺灣省彰化縣。賴和出生的第二年便是中日甲午戰爭戰敗，臺灣被割讓，因此賴和與臺灣同命運，他一降生便和臺灣一起被迫離開了祖國母親，成了日本的殖民。

賴和的降生雖然不幸，但也正因爲這巨大的災難，將賴和鍛鍊成了偉大的愛國者、文學家和名醫。賴和出生在一個貧窮的百姓家。由於祖父好賭，家道早年敗落，全家過著清貧的生活。一九〇五年，即賴和十六歲那年入臺灣醫學校，連預科共讀了五年，一九一四年畢業，次年結婚，一九一六年在彰化開設賴和醫院。賴和行醫，一方面救死扶傷，一方面資助革命，扶貧濟困。楊雲萍先生在《追憶賴和》一文中說：「他每天所看的病人，都在百人以上，然而，先生的身後，卻留下萬餘元的債務。他的生活是那麼樣的簡樸。據說一張處方，還收不到四十錢」。楊逵先生在《憶賴和先生》一文中說：「有些病人請賴醫師賒下藥錢。但對於看來根本不可能還錢的病人，是連賬都不記的。」一九一七年，五四運動爆發的前夕，賴和渡過海峽來到福建厦門，在厦門博愛醫院當了兩年醫生，雖然工作上不得志，但思想上卻受到了五四風暴的洗禮。他在《歸去來》一詩中寫道：「此行未是平生志，浪說班生似得仙。」後來，賴和返回臺灣，一面行醫，一面創作；一面治療人們的生理疾病，一面參加抗日活動，診治著社會疾病。一九二一年以林獻堂和蔣渭水等爲代表的臺灣資產階級抗日民族啓蒙組織臺灣文化協會成立，賴和成爲該組織的成員，並被選爲理事。一九二五年彰化「二林事件」爆發，賴和當天寫詩聲援。一九二五年三月　孫中山先生逝世，賴和爲其寫下輓聯：「中華革命雖告成功，依然同室操戈，統一雄心傷未達；東亞聯盟不能實現，常使天驕跋扈，九泉遺恨定難消。」在日本帝國主義的殘暴統治下，任何一個革命者都難免繫獄之苦。賴和曾被日本帝國主義逮捕兩次，最後折磨致病而死。第一次是一九二三年十二月，日本人以「治安警察法違犯事件」將賴和、蔣渭水、蔡惠如等四十一人逮捕入獄，次年獲釋。第二次是一九四一年十二月日寇以「思想問題」將他逮捕，在獄中對他進行了百般折磨，使賴和的身心受到嚴重摧殘。賴和在《獄中日記》中對日本人非人的監獄折磨進行了揭露。他寫道：「門鎖上，心裏恐喉渴，不能自由飲水，便溺亦不便利，屢想愈不能眠，血液愈奔集腦際，血（壓）在高起，溺尿多，喉屢覺到乾渴，要懇求屢爲開鎖，恐於其怒，只有強忍。」由於監獄的折磨使賴和患了嚴重的心臟病，次年一月取保獲釋，一九四三年一月便與世長辭。賴和死後，鄉人盈街痛哭，送葬人群絡繹不絕。人們稱他爲「彰化媽祖」——仙醫。患者把他墓地的草當作仙藥採擷治病。賴和一生最爲人們讚譽的是三件事：一是他爲了證明自己是清國臣民，不臣服日寇，堅持不剪辮子。據說賴和直到小學畢業，頭上還留著一條長長的髮辮；二是絕不用日文寫作，一生堅持用中文創作，這在日據時期的臺灣文壇還是不多的；三是任《臺灣民報》文藝欄主編和《南音》雜誌編委時，爲臺灣文壇培養了一批作家，因而被稱爲「臺灣文學之父」。

賴和是個文壇多面手。他旣是詩人，也是小說家，又是散文家。賴和的創作始於二十年代初，從一九二五年到一九二七年，他先後發表了新詩《覺悟的犧牲》和小說《鬥熱鬧》、《一杆秤仔》。他的創作盛期是和臺灣新文學運動的盛期相併行的，集中在三十年代。他的新詩作品感情熾烈，鋒芒犀利，屬於風暴型的作品。其主要詩作有：《流離曲》、《生與死》、《新樂府》、《農民謠》、《滅亡》、《南國哀歌》、《思兒》、《低氣壓的山頂》、《相思歌》、《呆囝仔》等。他的小說作品主要有：《鬥熱鬧》、《一杆秤仔》、《不如意的過年》、《前進》、《蛇先生》、《雕古董》、《棋盤邊》、《辱?!》、《浪漫外紀》、《可憐她死了》、《歸家》、《惹事》、《豐作》、《善訟人的故事》、《一個同志的批信》、《赴了春宴回來》等。

第二節　社會改造運動的「喇叭手」

賴和是個偉大的現實主義作家，他的創作動機十分淸楚，使命感非常強烈。那便是「忠忠實實地替被壓迫民衆去叫喚」，以「民衆的先鋒、社會改造運動的喇叭手」自譽，鼓起最大的勇氣，用自己全身的力氣，去「嘹亮地吹奏激勵民衆前進的進行曲。」賴和生長和創作的年代，正是臺灣民族矛盾高漲，階級矛盾顯露，人民生活在日本帝國主義殘酷的奴役之下和以日本帝國主義爲靠山的大地主、地頭蛇和官商嚴酷地剝削迫害之中。天怨人怒，官逼民反，是當時臺灣社會的主要特徵。而臺灣人民當時面臨的兩種敵人、雙重矛盾，又有主次和主僕之分。日本帝國主義是壓榨和殘害臺灣同胞的罪魁禍首，是臺灣同胞不幸命運和一切災難的總根源。而依附於它的一些官商、地頭蛇，扮演著狗腿和打手的角色。因而當時臺灣人民的反抗，除了打擊主要敵人，日本占領者之外，還要對他們的走狗和打手進行揭露。日本帝國主義當時面對決不屈服的數百萬臺灣同胞，除了以大規模的軍事圍剿來消滅武裝起義之外，對臺灣同胞的日常統治也不得不採用地方武力的形式——警察。因而日本警察便成了直接壓迫和殘害臺灣同胞的罪惡工具，成了臺灣老百姓最爲痛恨和直接打擊的對象。賴和小說對日本帝國主義的反抗，就主要是通過對日本在臺灣的殖民機器——警察的揭露和打擊進行的。他的短篇小說《一杆秤仔》，描寫了忠厚老實的臺灣農民秦得參，因生活非常困苦，借了嫂子一件裝飾品——金花，到當舖當了幾個錢作本，去販賣青菜，生意做的還算不錯。但是，突然一天，一個日本警察來到菜攤前，要買他的菜，秦得參開始要無償送給，而日本警察卻裝模作樣要秦得參過秤，忠厚老實的秦得參，有意將兩斤說成是一斤十四兩，以免日本警察找茬。但秦得參卻沒有想到，日本警察叫他過秤是假，用以障人眼目是眞。當秦得參把兩斤菜說成一斤十四兩時，日本警察不但沒有好感，反而惱羞成怒地說：「秤仔不好罷？兩斤就兩斤，何須打扣？」於是將他借來的秤咔擦一折兩段，並將他帶到警察局以「違犯著度量衡規則」罪監禁三天。秦得參是個鐵骨錚錚的中年漢子，他受不了民族敵人對自己的侮辱，於是乘夜將日本警察殺死，自己也自殺身亡。秦得參與日本警察同歸於盡的反抗方式雖然並不可取，但在當時的特定歷史條件下，爲了洗涮屈辱，報仇雪恨，卻也沒有更佳之法，除非任人擺布。賴和塑造秦得參的形象，當然目的不是號召人們都去和日本占領者同歸於盡，而在反映廣大下層臺灣勞動者不甘受占領者奴役和與敵人誓不兩立的鬥爭精神。賴和的另一個短篇小說《不如意的過年》，雖然也是揭露日本警察殘害臺灣同胞的惡毒罪行，但這篇小說和《一杆秤仔》不同，它採用了一個新的角度和側面，即通過解剖一個日本警察卑鄙骯髒的內心世界，淋漓盡致地暴露了占領者罪惡的醜態。要過年了，臺灣老百姓都在爲活命發愁悲嘆，但日本警察卻在爲沒有存夠五千積蓄而發愁；臺灣同胞都在因受不了日本人的壓榨而切齒，但日本警察卻在爲制服不了百姓而苦惱。作品一開頭就這樣寫道：「查大人這幾日來總有些憤慨。因爲今年的歲暮，照例的御歲暮（年終受賄）乃意外減少，而且又是意外輕薄。在查大人這些原不介意，他的心裏，以爲這是管轄內的人民不怕他，看不起他的結果。眞的如此就有重要的意義了。實在做官而使人民不怕，已經是了不得，那堪又被看不起，簡直做不成官了……」這便是此時此刻這個被稱爲查大人的日本警察醜惡的內心活動。爲了使人民怕他，又能撈到足夠的錢，於是他便要滋事生非了。他取締商人，「一動手就是倒擔頭翻，或是民家門口，早上慢一點掃除，就被告發罰金；又以度量衡規距的保障，折斷幾家店舖的秤仔……」但是查大人盡管橫行霸道，人們卻不表示反抗，因而使查大人沒有借口「不能罹置他們在公務執行妨害的罪名下，可以做戒一下他們的愚蠢。」而苦悶。一天，這位查大人上街抓賭，可是賭徒們卻聞風而逃，查大人只抓住了一個與賭博毫無關係的小孩。小孩被嚇得嚎啕大哭，查大人一耳光把小孩打住了嘴。本來這小孩挨了打就沒事了，只因有膽大的好心人挺身而出爲小孩講情。這位查大人認爲老百姓無權插嘴官司，如就此罷休，會使人感到他的「寬容」是別人講情的結果。於是無辜的小孩就更加倒楣，被帶到警察局去審問。這位「查大人自己，也覺對這兒童有些寃屈，做官的還是官的威嚴要緊，寃屈只好讓他怨恨自己的命運。」賴和通過一系列生動的心理刻劃，把日本警察的蠻橫無恥，既貪婪又殘暴的形象描寫得入木三分。日本警察對臺灣人民犯下的罪行雖然不是日本帝國主義在臺灣犯下罪行的全部，甚至僅僅是一小部分，但是這已經從一個側面，暴露了日本帝國主義的凶殘面目。已經使人們忍無可忍。日本帝國主義和中華民族的民族矛盾已透過這些作品得到了深入揭示。

除了表現占領者和被占領者，奴役者和被奴役者之間的民族矛盾之外，賴和的小說還揭示了臺灣的富人和窮人之間的階級矛盾。小說《可憐她死了》、《惹事》等，是這方面的代表作。例如，《可憐她死了》，描寫臺灣少女阿金因生活所迫，十來歲就被賣到一個工人家裏當童養媳。到了十七歲，正準備結婚，未婚夫卻在一次工潮中被打死，公公也因參加罷工被官方捉去弄死。於是阿金和婆母兩人便陷入了生活的嚴重困境。阿金為了養活孤苦無靠的婆母，甘願將自己的身體長期租給村里的惡霸地主阿力哥為妾。懷孕後被遺棄，精神恍忽墜河而亡，臨死時還牽掛著無依無靠的婆母。《豐作》描寫了臺灣蔗農辛勤的勞動果實被剝奪的事。蔗農添福用了比別人多幾倍的汗水種出了的甘蔗，一心想豐收後要得獎，給兒子娶媳婦，但到頭來卻被欺騙。黑心的蔗糖商——會社，以稱三個人才二十七斤的秤收購甘蔗，使蔗農們辛勞了一年的汗水全都流進他們的腰包。添福，沒有添福，卻添了災難。一場夢幻在剎那間破滅。會社對蔗農明目張膽的坑害，連日本的「警察大人看到所量的結果，自己也好笑起來，三個人共得二十七斤。」由此可見當時代表臺灣地方和日本官方利益的蔗糖商人，對蔗農的剝削和坑害是多麼慘重。賴和懷著對臺灣下層勞動者的極大同情，對坑害農民，食吸他們血汗的地主、官商進行了無情的鞭打和揭露。

賴和的小說，在揭露民族矛盾，痛斥民族敵人，披露剝削者醜惡行徑過程中，表現了高度的愛國情感、高尚的民族情操和悲天憫人的偉大胸襟。他把愛國主義、民族主義和較清醒的階級意識溶合在一起，從而使他的作品呈現出內在的感人的力量。我們在讀他的《一杆秤仔》和《不如意的過年》時，雖然作品中的受害者是秦得參和一個兒童，但我們卻感到是我們整個民族在受辱；我們讀《可憐她死了》和《豐作》諸作品時，欺壓農民的雖然只有阿力和官商組織會社，但我們卻感到壓在農民頭上的是一整個剝削階級的大山。因而作品的感召和呼喚力量也表現出一種整體性，即反抗異民族的占領和奴役，反對剝削階級的殘酷盤剝。

賴和的代表作之一《善頌人的故事》，也清楚地表達了反抗地主階級、壓迫和剝削農民的思想主題。不過這篇小說的重要成就是塑造了一個爲民請命抱打不平有勇有謀的農民英雄，因此我將把這篇小說放在賴和作品的藝術成就中重點論述。

第三節　現實主義小說藝術的功碑

一、卓越的諷刺藝術。諷刺藝術有兩種，一種是針對敵人的，即表現爲解決對抗性的矛盾的方法；一種是針對自己人的，即表現爲解決非對抗性矛盾的方法。對付敵人的諷刺，不僅要眞實而嚴肅，而且深沉而辛辣，一擊而置敵人於死命。像魯迅先生論述的蕭伯納諷刺自己的敵人那樣：「他使他們登場，撕掉了假面具，闊衣裝，終於拉出耳朵，指給大家道，『看哪，這是蛆蟲！』連磋商的功夫，掩飾的法子也不給人一點。這時候，能笑的就只有並無他所指摘的病痛的下等人了。」（《南腔北調集。

「論語一年」》）。賴和雖然還達不到魯迅先生論述的那種諷刺藝術的水平，但其精神卻是一脈相通的。《不如意的過年》這作品題目的選擇，就含有強烈的諷刺意味。日本占領者過年爲什麼不如意呢？因爲他們還嫌對臺灣同胞榨取的不夠，賄金還未達到五千。作品中的查大人，以各種卑劣的手段，妄圖激怒老百姓，使他們反抗，然後好羅以妨害執行公務的罪名進行更大的迫害，並從中撈到經濟上的好處。但是「人們受到他嚴酷地取締，也如從前一樣，很溫馴地服從，不敢有些怨言，絕不能捉到反抗的表示。這足以使查大人失望！」看了這樣的描寫，人們一定爲查大人的醜惡心態憋著一肚鄙棄的笑意。這位查大人惡狠狠地咒罵臺灣的老百姓是「這些狗，不，不如是豬，一群蠢豬！」將查大人的醜態和愚行和這咒罵聲相對比，他的咒罵聲不正是自己的畫像嗎？賴和採取以其人之道還制其人之身的反諷手法，把敵人置於了道義上的死地。

其二、悲喜對比强化藝術效果。例如，《不如意的過年》和《一杆秤仔》均是選擇在過春節和過元旦的節日氣氛下，來表現悲劇的事實。過元旦，尤其是過春節，是中國人最大的喜慶，本該闔家團聚，好吃好樂慶祝一番。但是農民秦得參的一家在這最吉慶的日子裏，卻遇到了最大的悲劇，一家之主的秦得參忙碌了一年，不但沒能將嫂子借給他作當本的——金花贖回，卻因反抗被日本人殘害而身亡。一邊是過年，一邊是喪命；本該如此，卻不能如此；不該如此，卻如此，這就是作家構思的藝術。

其三、樹起了正面形象的功碑。刻畫人物雖然是小說的最基本特徵之一，但是，按照人民的願望和時代的要求，在某種特定的歷史條件下，塑造出某種具有鮮明的時代特徵，代表著歷史方向的先驅者的形象，那就遠遠地超過小說的一般特徵，而成爲作家一種特殊的藝術成就。賴和在臺灣新文學誕生初期，在臺灣的抗日民族運動處於由武裝鬥爭向非武裝鬥爭階段轉變，時代在呼喚文學爲鬥爭實踐樹立非武裝鬥爭的榜樣，並點化出某種理想和出路的時候，他適時地回應了時代的要求，塑造了正面人物，樹立了歷史和藝術的功碑。《善頌人的故事》，是受到普遍重視，被公認爲賴和的代表作品。但這篇小說卻既不是反映臺灣當時的現實鬥爭的，也不是描寫民族矛盾的，只是描寫清朝臺灣地主家裏的一個管賬的林先生，爲被盤剝的農民打抱不平，打贏了一場官司，改變了窮人死後埋葬也要向地主交地皮錢的制度。這樣一篇作品，這樣一個人物，不管從哪個角度看，當然都會受到人民歡迎的。但這篇作品，這個人物之所以受到普遍關注的原因，還不僅在於它的人民性，而且在於這篇表面描寫臺灣歷史上階級鬥爭的作品，實際上暗示了當時臺灣抗日民族鬥爭的某些特質和方向。爲民請命的林先生的鬥爭方法和道路，暗示著臺灣抗日民族鬥爭和祖國緊緊相連，需以祖國爲後盾方能取得勝利的思想。農民家死了人，因交不起地皮錢，不能埋葬，求林先生向地主志舍代爲求情。地主在睡覺，林先生不敢打攪，便作主叫農民先埋人後交錢。僅這事便觸怒了地主，以「謀反」罪名將林先生告官逮捕，於是便暴發了農民起義。「打，打到志舍家裏去！」，「打，打到官衙去！」的口號使官方戰慄，便放了林先生。林先生代表農民來大陸告狀，竟然勝訴，免除了農民的災難。如果把這當作一篇歷史小說，這種描寫似乎是不眞實的。其一，臺灣的衙門不會輕易向數百名赤手空拳呼叫的農民屈服；其二，大陸的清朝州府絕沒有那麼清明，不顧他們下級官衙的面子，不顧歷史形成的陳規，就憑林先生的一張狀紙，便解百姓於倒懸，這似乎是一種神話。因而如果把《善頌人的故事》純粹看作是一篇歷史小說，彷彿沒有太大價値。但是結合臺灣當時的時代背景，我們不妨把作品的時空作點移動，由清朝移到現實；把群衆反抗的對象作點暗換，把清朝的衙門換成日本占領者。林先生代表臺灣同胞到祖國來求援，在祖國援助下臺灣的抗日鬥爭取得了勝利，這樣更符合作家的創作意圖，也更具歷史眞實感。文學作品是允許作此想像和連繫的。完全脫離現實去重現歷史現象的作家是極少的，何況賴和是時代的聲音，人民的呼聲，英勇的民族鬥士。如此，《善訟人的故事》中的林先生，便成了臺灣人民的使者，成了臺灣和祖國心靈的扭帶；如此，這篇作品和這個人物便有了鮮明的時代特徵和意義。

由於賴和對臺灣新文學卓越的，開創性的貢獻，因而他受到了歷代臺灣作家們的一致讚譽。臺灣日據時期的重要作家之一楊守愚說：「如果沒有一位像懶雲（即賴和）氏那樣既有創作上的天才，而且又有對新文學事業的推展抱著熱情和決心的人，來擔當，領導這個時期，並擔任這一艘臺灣新文學的大船的舵手，則相信臺灣的新文學是無由達到若今日的狀態和成就，而且一定還要走多少迂迴，曲折的發展道路吧！因此，我認爲懶雲是臺灣新文藝園地的開墾者，同時也是養育了臺灣小說界以達於成長的媬姆。」①葉石濤和鍾肇政在評介賴和時說：「他替臺灣的新文學豎起了第一面反帝反封建的旗幟，並且啓示了此後臺灣小說所應走的社會寫實的方向，他的寫實意識影響了以後不少的文學創作者，尤其是搖籃期的楊守愚、陳虛谷；他的嘲弄技法影響了蔡愁洞、吳濁流、葉石濤；而他那不屈不撓的抗議精神更影響朱點人、楊逵和呂赫若。可以說，臺灣新文學的扎根應當從賴和肇始，而賴和的崛起才奠定了現代臺灣文學的基礎。」②由上述作家們對賴和的論述，可以看出賴和在臺灣整個新文學史上的地位和影響。

一九七九年明潭出版社出版了《賴和作品全集》。

附註：

①《臺灣文學》「賴和先生悼念特輯」一九四三年四月

②《光復前臺灣文學全集》第一集46頁。

第三章　臺灣小說初步發展期的其他作家和作品

臺灣新文學初期，幾乎所有的作家都是文壇多面手。他們既寫詩也寫小說，也參加論戰寫論說文。比如，張我軍雖然是臺灣第一本新詩集《亂都之戀》的作者，是臺灣新文學運動初期最卓越的文藝理論家，但他同時也是小說家。他的小說作品有《買彩票》、《白太太的哀史》、《誘惑》等。不必諱言，他的小說成就和新詩及理論成就相比，較遜色。他主要是作爲一個理論鬥士和詩人出現在早期的臺灣文壇上的。但是，他的小說創作對臺灣小說初步發展期的作用和影響，也是不可忽視的。他的小說創作具有這樣的特點：其一，他所描寫的是祖國大陸的生活，這和他當時生活在大陸有直接關係。寫大陸生活的小說在臺灣發表，在當時日本人的刺刀封鎖臺灣海峽的情況下，起到了橋樑作用。其二，他主張用國語來改造臺灣方言，以使被日本占領下的臺灣和祖國溝通，便於臺灣獲得祖國援助。爲了實踐這一主張，他用國語白話文創作小說，影響了一批臺灣作家，形成了當時臺灣小說語言的三大流派之一。即，臺灣方言，日本式的白話國語和白話國語。這個時期的重要作家除了我們要在這一章中設單節敍述的楊雲萍、楊守愚、蔡愁洞、朱點人外，還有天游生、涵虛、鄭登山、虛谷、一村、太平洋、鐵濤、劍濤、慕、孤峰、瘦鶴等人，他們的作品也爲初步發展期的臺灣小說增添了色彩。

第一節　楊雲萍

楊雲萍，本名楊友濂，筆名雲萍生等，一九〇六年十月出生，臺北士林人，一九二〇年進臺北中學校。一九二五年三月與江夢筆共同創辦臺灣文學史上第一個白話文學雜誌《人人》。深受祖國五四運動思想的影響，中學畢業後進日本大學修文學，先學英文，後又轉入日本文。十七、八歲開始文學創作，臺灣光復後任臺灣大學歷史系教授。

楊雲萍既是臺灣新文學初期的重要詩人，也是臺灣新文學初期的重要小說家。他創作的小說有：《罪與罰》、《光臨》、《月下》、《弟兄》、《黃昏的蔗園》、《咖哩飯》、《秋菊的半生——謹將這篇呈在二年前愛護〈人人〉雜誌的同志諸兄》、《青年》等。此外他還發表了一半的日文日記體小說《部落日記》，和《春雷譜》等。楊雲萍的小說大都以精短筆墨，散文筆調寫成。《光臨》和賴和的處女作《鬥熱鬧》同時發表在《臺灣新民報》八十六號。這篇小說描寫了保正林通靈巴結日本警部大人的庸俗低級和醜陋心態。林通靈手裏提著魚、肉、鮮菜和米粉，一面走，一面幻想著他見到日本警部大人時的情景。作家以嘲諷的筆觸寫道：「保甲民很多很多的中間，那警部大人威嚴地坐在那兒。……我到了，就向他——大人行禮，他就親蜜地對我反禮，並且說：林通靈，椅、坐、好……那時，很多很多的他人的奇訝，歆羡的眼睛兒……他覺得太光榮了！他覺得這K莊的人民有誰比他較得著信用，較有勢力！心滿意足，他忽然地微笑起來。」在日本法西斯的殘暴統治下，不少人的靈魂都被扭曲。有的巴結敵人是爲了避禍，有的卻是爲了借敵人的威風以欺人。從林通靈那幅自作多情的模樣看，這是一個妄圖借勢欺人的傢伙。但是盡管林通靈準備的再豐盛，巴結的心再殷切，日本警部大人卻不去領情，到頭來也只落個「掃興極了！懊喪極了！」這篇小說以諷刺的手法批判了那些想做奴才而不得的人。作品具有很強的現實意義。《黃昏的蔗園》中，作家描寫了一對有骨氣的青年夫婦文能和桂蕊。他們雖然受到日本占領者的欺凌和盤剝，但卻享受著青春的歡樂，愛情的甜美。文能既是一個樂觀自娛的青年，又是一個與占領者勢不兩立的反抗戰士。歡樂時他眼前浮現著在蔗園勞動間歇與桂蕊那甜美的一幕。他想，「青春——貧的、窮的、賤的也有一時的青春，雖是很短，雖是很微，可是他們時常因有這一時的青春，得有一時忘掉了勞動的痛苦，粗衣淡飯的無聊無味」。他對日本占領者的罪行極爲憤怒，一進籬笆門便吼叫說：「豈有此理，豈有此理！難道我們永遠應該著做牛做馬嗎？不，不，決不！好，看他們能夠耀武揚威到甚麼時候啊！」當時在日本帝國主義者統治那麼嚴酷的情況下，楊雲萍就借主人公文能之口說出了如此具有反抗精神的話，的確顯示了楊雲萍的民族硬骨頭精神和嫉惡如仇不顧一切的勇氣。《秋菊的半生》刻畫了貧苦人家的臺灣少女秋菊被出賣，被四十多歲的郭議員欺凌玩弄，又被郭太太痛打的情景，表達了在異族的奴役下，勞動者沒有活路的思想。

楊雲萍的小說，不僅具有鮮明的思想性，表達了強烈的反抗意識，表達了在異族蹂躪下痛不欲生的下層勞動者憤怒的呼喊，而且十分注意作品的表達藝術。他的小說精短，具有散文美。很多段落只有百餘字，酷似一節流暢的散文詩。例如《秋菊的半生》中的第七節：

「溪水滔滔地流淌著。

眉月靜悄悄地照著下界。

……

她覺得滔滔的流水的可愛——

映著月光的滔滔流水呀！

她喚著滔滔的溪水，漸漸地向著她全身澎湃而來……。

依舊地、靜悄悄地，眉月照著下界。」

這簡直就是詩，顯示了詩人兼小說家運筆的特點。這裡表達了主人公受到嚴重的屈辱之後，精神迷惑，思想恍忽的狀態下產生的思緒，是一種有序性的意識流。這種文體也正適當合意識流動的節奏。

楊雲萍還十分注意作品的構思。爲適應主人公所處的精神狀態，楊雲萍在《秋菊的半生》中採用了神話式的開頭和結尾。作品開頭是「油鍋在熱煌煌地沸騰着……」一群青面獠牙的牛頭青鬼在流着涎水炸吃女體，一邊的鐵籠裏卻囚著十來個待炸的白胖的女體。作品的結尾句仍然是「油鍋在熱煌煌地沸騰着……」這種結構，不僅適應主人公惶惚的精神狀態，而且強化了作品的藝術效果。一群來自異域的青面獠牙的吃人的惡鬼是日本入侵者，被炸被吃的女子是無辜的臺灣同胞。這種用藝術結構的方法來表達象徵，突出作品的深沉主題，是一種大膽的成功的嘗試。

楊雲萍是中、日文具佳的臺灣老作家。他的作品語言是帶有日本味的中國白話語，以楊雲萍爲代表的這種風格的文學語言，也形成了一個流派，爲臺灣當時三大語言流派之一。這種語言的最大特點是在中國的白話文中時常閃現出日本語的詞性搭配方式。

第二節　楊守愚

楊守愚，本名楊松茂，筆名村老、洋、翔、丫生、靜香軒主人等。一九○五年三月九日出生，臺灣省彰化縣人，其父是前清秀才，因此他的中文基礎相當優秀。他從小在家鄉讀書經名師郭克明先生指教。彰化公學校畢業後，就開始舊詩詞創作，參加過彰化的舊詩社——應社。他和賴和是同鄉又是至交，常得到賴和的幫助指點，也給賴和不少幫助。賴和主編民報副刊的稿件不少由楊守愚代筆修改定稿。楊守愚一九三四年參加了「臺灣文藝聯盟」，在日本人禁止中文的險境中開班講授中文，因而常被日本人驅趕。臺灣光復後楊守愚任中學教師，一九五九年去世。楊守愚懷有堅定的民族自信和自尊，一生用中文創作，既寫詩也寫小說，是日據時期臺灣作家中中文作品最多的一位。楊守愚的主要小說有：《十字街頭》、《顛倒死（？）》、《過年》、《一群失業的人》、《嫌疑》、《升租》、《罰》、《斷水之後》、《赤土與鮮血》、《移溪》、《鴛鴦》、《凶年不免於死亡》、《醉》、《誰害了她》、《元宵》、《決裂》、《啊，稿費》、《瑞生》、《一個晚上》、《女丐》、《獵兔》、《瘋女》、《捧了你的香爐》等。

楊守愚是臺灣小說初步發展期的一位重要的作家。由於他與賴和是同鄉至友，他的作品一般都交賴和過目，因而在作品的取材上，主題的呈現上，甚至有些表達方式上都和賴和有異曲同工之妙。某些題材的選採和思想的表達上，他甚至有過於賴和之處。楊守愚小說很重要一個方面的內容是臺灣的地主階級和日本占領者相勾結，對臺灣農民進行剝削、壓迫和殘害。《凶年不免於死亡》，對這種情景進行了深刻細膩的揭露。農民至貧，本來一貧如洗，卻又遇上了凶年，即災年。因無錢交租，至貧去要求地主李永昌減輕點租。地主獲知他無錢交租，就更凶狠地進行逼租。至貧雖然苦苦哀求，甚至跪地求憐，狠心的地主卻越逼越凶，並且引來了日本人將至貧的家洗劫查封。逼至貧賣兒子，又明目張膽地將至貧的妻子搶去。小說寫道：「他更加大發雷霆，怒不可遏。便駡我狡猾、故意抵賴，喪盡天良，這還不大緊，還說限我二十天，要把租還清，過了期，就要正式向法庭告訴，請求差押、競賣，……眞地過了他所限的那一天，便來了個日本人，就是差押官，便把我的一切破爛家私，農具、牛呀、豚呀，以及我所住的那間破草寮，都一一貼起單子來，說什麼是要差押抄封呀，嚇得我魂不附體。」何等地顚倒是非？抄家劫舍的成了正人君子，被抄被害的卻成了「喪盡天良」。那裡還有窮人的活路，這世界是何等黑暗？楊守愚在他的作品中十分清楚的指出，地主之所以如此凶狠，農民之所以如此不幸，並不是局部的問題，而是整個社會黑暗。在《醉》中，作者通過農民的口議論道：「唉！說到現在的世界，想要耕作田地過活，實在比乞丐還苦呀！」在《一群失業的人》中他寫道：「這樣的世間，還成一個什麼世間呢？窮人一輩子都是受凌夷。」殘酷的階級壓迫，在楊守愚的小說中被描寫得非常具體和生動。楊守愚已注意到了，通過不幸者的命運，來展現那人吃人的社會中，人吃人的罪行。小說《誰害了她》，描寫了農家少女阿妍被農場監督阿憨調戲害死的故事。長得非常美麗而老實的農村姑娘阿妍，從小死了娘，父親在生活的逼迫下做工砸斷了腿。剛剛成年的阿妍成了這個苦難的家庭中唯一生活的希望。為了養活殘廢的父親，她被迫到官方的農場當女工。農場的爪牙陳阿憨看到阿妍就流涎水，於是利用職權對阿妍進行百般調戲，阿妍進行了反抗。第一天連工錢都沒要跑回了家，不好意思向父親傾吐實情，次日怎麼也不願再去上工。父親因不知內情卻逼女兒去上工，阿妍懷著羞愧上工後，卻又遭到陳阿憨更明目張膽的戲辱。阿妍驚恐萬狀丟掉手中的農具便跑，陳阿憨拼命地在後面追趕。阿妍眼看難逃虎口便一躍投河而亡。家裏殘廢斷炊的爸爸直到深夜還眼巴巴地望著女兒回來，但卻斷絕了一線生的希望。

如果說描寫地主階級對農民的慘重剝削，地主和日本人相勾結欺壓農民的題材，是當時文學創作中一種非常普遍的題材，那麼直接描繪當時臺灣的革命者進行抗日活動的作品，應該說是一種突破。楊守愚的《決裂》是一篇表現臺灣抗日左翼組織「農民組合」，進行抗日活動的優秀之作。《決裂》通過「農民組合」的領導人之一朱榮因參加抗日活動，引起家庭糾紛，最後和妻子湘雲徹底決裂的故事，表現了朱榮堅定的革命立場和無畏的抗日勇氣。湘雲是大地主的侄女，思想落後、保守而又極愛嫉妒。她口口聲聲稱朱榮心愛的臺灣「農民組合」爲亂黨，威逼朱榮退出抗日活動。當「農民組合」的一個女活動家來和朱榮研究工作時，她又無端地咒罵客人爲「娼婦」，毫無根據地誣說朱榮和那位女活動家有男女關係。她惡狠地咒罵道：「什麼東西不好要，偏把人家的丈夫夥去，啐！下賤的娼婦！」朱榮雖然一再遷就和忍讓，但湘雲卻越走越遠，最後在湘雲叔父的減租問題上，矛盾發展到了難以調和的地步。「哼！你爲甚麼總想同我叔叔作對，串通那不要臉的公娼到我娘家攻家呢？好！竟連親戚也鬧透了。」，「什麼親戚？他想榨取農民，難道叫人家就平白給他榨取嗎？」，「榨取？田是他的，他管不得嗎？」，「田是他的，你說嗎？難道他從娘胎裏帶來的嗎？哼！那一件不是從窮人那裡掠奪去的？哈，甚麼攻家，問他減租，不應該嗎？」，「攻家，是的，那簡直是流氓行為。」，「流氓！你叔叔那樣的惡地主，才配說是流氓呢！……你既然反對我的主義，阻礙我的工作，那我倆當然是誓不兩立了。你的反對行為，在我的眼中，也只是我的一個仇敵……」這一段對話寫得相當深刻，挖出了他們夫妻不和、家庭不睦的因素並不是一般的誤會和小事上的分歧，而是政治立場，階級意識上的重大對立，因而這個家庭是不可挽救了的。作品寫出了他們夫妻決裂的實質。值得稱道的是早在二十年代末和三十年代初，楊守愚就清楚地認識到地主對農民剝削的事實和農民窮困的根源，並形象地加以塑造，實是思想的先驅。

楊守愚作為臺灣新文學初期的小說家，他在作品中表現的主題思想是相當深刻和多面的。歸納起來，最突出的有以下幾點：㈠清楚地表達了臺灣的惡地主和日本占領者相勾結，狼狽為奸壓榨勞動者；㈡明白地指出在日本帝國主義奴役下的臺灣，不是局部不好，而是全部潰爛；因而對它決不能存任何幻想；㈢明確指出統治者規定的法律，對被統治者是無效的，被統者不但不應遵守，而且應該反對。例如在《一群失業的人》中作家寫道：「偷蕃薯算是犯了法呢？」，「什麼鳥法？……法律倒叫人餓死嗎？」，「這還成什麼法律呢？叫人家餓死也不能拿東西來救救命，我們還要它幹嗎？」這種明確地從法律意識，法制體系上反對統治者，進行抗爭，表現了一種更深地覺醒意識；㈣站在被壓迫一邊，將階級觀念引入作品。

作為臺灣新文學初期的小說家，楊守愚的小說也表現了自己的藝術特色。其一，楊守愚的作品和其他同期的作家相比，比較注意作品結構的完整性，他的絕大部分故事都有頭有尾，人物性格的發展脈絡比較清楚。其二，注意作品的情節錯落有致的搭配，比如《決裂》中朱榮和湘雲夫妻關係的破裂，作了情節上的精心安排。作品一開篇，便是因朱榮參加革命活動，而被日本人抄家，引起夫妻糾紛的情景。接着沿朱榮參加「農民組合」活動線索前進，由於他們政治觀念上的分歧，革命越發展，他們的矛盾也就越尖銳，最後因朱榮去減湘雲叔父的租爆發一場舌戰，夫妻關係徹底破裂。作家把革命和家庭矛盾兩股線擰在一起，逆向發展，使建立在不同理想基礎上的夫婦間，對革命的愛愈深，夫妻的情愈淡；對農民的情愈深，對妻子的愛愈淺。在這逆向發展中一步步展示出男主人公堅定的立場和宏大的理想。其三，爲熔鑄作品的主題，進行巧妙的安排和鋪墊。《誰害了她?》這篇小說，作家對女主人公的家庭的安排上，作了精心的設計。阿姸從小死了母親，父親又因工傷成了殘廢，剛剛成年的少女阿姸是這個家唯一的希望之星，唯一的生活靠山。因而這個希望之星的被撲滅，這座生活靠山的被推倒，將是一個家的被埋葬。作家在作品中作了這樣預示性地鋪墊，讓人們想到農場的爪牙陳阿憨害死阿姸，不僅是逼死一條人命，而是毀滅了一個家，斷絕了那位殘廢父親的一切希望。這種精心安排，含蓄地擴大了作品的藝術效果。

第三節　蔡秋桐

蔡秋桐，筆名愁洞、匡人也、秋洞、秋濶、蔡落葉等，一九〇〇年四月生，臺灣省雲林縣元長鄉五槐村人。少時入私塾學習漢文，後入公學校學習日文。他既寫詩也寫小說，作品均用中文寫成。他早年和家鄉北港地區的一批文人共同創辦《曉鐘》文藝刊物（三十年代中期），成爲北港一帶作家群體的核心人物。《曉鐘》雖然只存在了三期，但在早期的臺灣文壇上卻留下了一道光影。蔡秋桐曾先後參加過「臺灣文化協會」、「臺灣文藝聯盟」，是位創作力相當旺盛的作家。他的重要小說有：《保正伯》、《放屎百姓》、《奪錦標》、《新興的悲哀》、《興兄》、《理想鄉》、《媒婆》、《四兩仔土》等。由於蔡秋桐在日據時期當了二十五年的保證，對日本在臺灣所犯的罪行和玩弄的陰謀手段觀察得比較清楚，爲他揭露和鞭撻這些罪行創造了有利條件。蔡秋桐曾經這樣說：「我當時是保證，兼別糖會社原料委員，與製糖會社有來往，與警察也有聯繫，因此小說內容鮮有激烈的反抗意識，只是眞實地記錄一些事情而已。作品的主題，大部分是自己心理的矛盾，全都是本地先生的事，只是名字更換一下而已，其人和事皆是眞實的，並沒有特意地去反抗。」①蔡秋桐說的可能是實情。不過一作家選擇怎樣的素材，怎樣進行修剪，突出怎樣的思想，是一個創作的典型化過程。儘管作家描寫的生活和現實生活相差無幾，但一經作家再現便打上了作家思想的烙印，便是作家創作的作品了，而並不是原來自然狀態的生活素材了。蔡秋桐唯其從生活中取材，又多保持著現實生活的素質，在他作品中表達出的思想主題才更自然、更眞實、更具有說服力。

和同期的小說家比較，蔡秋桐突出地發揮了他諷刺藝術的才能。他的所有小說，幾乎都是運用諷刺手法寫成的，他是臺灣新文學初期集諷刺藝術大成的重要的小說家。蔡秋桐的諷刺藝術特色，不是採以喜笑怒罵，急火攻心之法，而是採用溫吞的文火燉肉之術。即採擷生活中具有諷刺意味的事實，徐徐道來，將諷刺對象的嘴臉暴露在光天化日之下。例如《奪錦標》中，作家刻畫了一個A大人，爲了在「瘧蔟撲滅表揚大會」上奪得錦標，逼迫老百姓們刈竹刺、塡窟仔……鬧得鷄犬不寧。「竹刺沒割到丈半高，罰金；竹節沒修到光滑，罰金；竹根沒掘起來，罰金；窟仔沒塡平，罰金；草囷要搬出莊外，不，罰金……」日本的A大人爲能奪得錦標，把臺灣的老百姓逼得無路可走。這位A大人在病床上發著高燒還嚷著，喊著，手打，脚蹉……大喊：「罰金，罰金……」作品的諷刺力量從這情節的過程中噴射出來；從諷刺對象的醜態惡行中顯露出來。但作者絕不是純客觀的描述，除了把自己的思想溶入情節之外，有時也在關節眼上站出來議論幾句。「爲出風頭，顧地位，就算犧牲一百，八十個放屎百姓，該也不會說是過酷吧？一日之內，告發五十件，既不算稀奇，在A大人更視爲常事，不，還可以說是升官發財的捷徑呢！」在另一篇和《奪錦標》題材相似的作品《理想鄉》中，作者刻畫了一個在臺灣農村居住了四十年之久，被稱爲「老臺灣」的日本人中村，作者在作品中稱這位擔任「理想鄉」美化工作指導員的帝國主義分子叫老狗母仔大人。這位老狗母仔大人爲着「要吾鄉好，千辛萬苦計劃着」，「他因爲要吾鄉好，拋棄他的故土，而就吾鄉指導員之職，將來亦可是吾鄉的大恩公，就是他亦以吾鄉的慈父自居，所以他選定吾鄉的中央地點，建置他的高樓，四方八達可有道路直通至他的高樓。譬準（譬如）樹木，他之高樓是幹，其他莊衆的住家是枝……」這位老狗母仔大人，不僅自稱爲吾人的慈父恩公，而且要成爲吾鄉的樞紐，以他爲中心，控制著吾鄉的一切。這位老狗母仔大人，「爲要吾鄉好，不但盡力指導工作，也爲全家人指導經濟……伊勞心苦戰，流通金融，現時全莊的經濟機關也被他握在手中，不，吾鄉的生死關隘，不知不覺之間全莊的經濟攏（全）受他的支配了，儼然像吾鄉的霸者……」這徐徐的敍述，實是無情的揭露，辛辣的嘲諷。而且，在作家的描述中，可以啓迪人們深入思考。老狗母仔大人的爲吾鄉好，實際上是其反面——爲吾鄉壞；他的美化工程，實際是一種異化行爲——將臺灣中國化變成日本化；他的理想鄉，實際上是臺灣同胞的地獄——更殘酷地榨取臺灣同胞。在建設所謂「理想鄉」的過程中，這位自稱爲慈父的日本老狗母竟然歇斯底里大打出手，將忠厚老實的臺灣農民乞食叔的耳光打得啪啪響。活現出入侵者地猙獰面目。《理想鄉》中的老狗母仔大人，是日本帝國主義在臺灣整個統治機器的象徵和縮影，作者的諷刺鋒芒是刺向整個日本帝國主義的，因而作品具有很強的戰鬥力。諷刺藝術的殺傷力和穿透力，有時並不亞於眞正的槍刺；有時它像一計悶棍打在敵人的頭上，使敵人無還手之力；有時它又像一把利刃插進敵人的胸膛，使敵人在憋血悶氣中死亡。蔡秋桐刺向日本帝國主義的正是這樣的七首和槍刺。蔡秋桐以諷刺手法刻畫的日本統治機器的代表人物——老狗母仔和A大人等，不是採用一般浮面的漫畫手段，在鼻樑間畫上條白道，使之成爲猾稽的小丑，而是採用雕琢的方式，揭示出他們旣凶狠又陰險的嘴臉。

蔡秋桐和他同期小說家相比的第二個突出特點，是突出地刻畫人物。在他的以刻畫下層勞動者形象爲主的人物畫廊中，顯得斑斕絢麗，豐富多彩。反面人物如老狗母仔、A大人及保正伯等；鄉土人物如乞食叔、四兩仔土等、中間人物如興兄等。這些人物中比較有特色的是最苦難的小人物四兩仔土，他做了一輩子苦力到了五十二歲了，還沒有娶上個老婆，爲了養活雙目失明的老母親，儘管農場工錢極低，勞動一天還賺不到三角銀，還要受到侮辱和折磨，也還得去賣命。尤其當他聽女工們議論，因監工的想撈女工的便宜，而願意多給女工工錢，每人每天給銀三角六分，有的還故意在他面前炫耀，帶着挖苦地口氣說：「咱阿姊妹三角六，比咱姊顚倒（反而）減一點，嘻嘻！……有生泡（男人的陰囊，泛指男人）輸無生泡（女人）！」，「土哥也不以爲意，他只是哈哈笑着，他是很自足，不親像人家唸東唸西，監督打三角也好，打四角也好，土哥家裏雖然是散凶（貧窮）也不親像人家罵天怨地，不貪不取……」四兩仔土是個非常忠厚老實，窮而樂觀的人，他既不羨人家富，也不嘆自己貧；既不被別人的諷刺挖苦所激怒，也不在困苦面前想入非非。四兩仔土還是一個非常孝順的兒子，不管在任何情況下，他都殷勤地侍奉老母。有時遇到不順心的事，老母嘮叨個沒完沒了，他也耐心地安慰老人家。一次他去領「同情金」到了吃飯時還沒領到手，他想起雙目失明的老母還在家裏餓著肚子，便放棄排隊先回家裏給老母做飯吃。四兩仔土本來也有自己的土地，但製糖會社卻強行地將他的家傳土地奪去。一天製糖會社把有土地的農民召來強行宣布：「會社要買收你們的土地，你們要賣它，九則畑甲當百零五圓，十則六十五圓，池沼五十元，原野十五元」同意賣的可以回家，不同意賣的就關起來，直到同意賣爲止。「可憐的土哥所有的土地，從此也被人覇占去了」。四兩仔土這個名字爲什麼叫得如此奇怪呢？四兩仔土本名叫土哥，由於生活極端貧困，營養不足，身材特別瘦小，因而人們給他起了個綽號叫四兩仔土，以四兩重來形容他的軀體。作品的結尾處寫到日本占領者爲了發善心，給赤貧者發放過年補助金，四兩仔土費了九牛二虎之力才領到兩圓半錢，過年用了五角，餘下兩元用脚巾包裏了存放在家裏，但是時間只過去一個多月，這「同情週」領到的「同情金」又被日本占領者搜刮去了。這是極具諷刺意味的事，和臺灣文學初期其他農民形象比較，四兩仔土，憨厚、樂觀、胸襟開濶，對老人孝順，更突現中國農民傳統的性格特點。但四兩仔土處在那樣的強壓下，受到那麼嚴重的屈辱卻沒有表現出反抗性，像個皮球被人踢來踢去，是這個形象的嚴重不足。蔡秋桐筆下的另一個較有特色的人物，是中間人物與兄。與兄本來是一個老實的農民，生有五男二女。長子風兒去日本留學，回來卻帶了個日本女人。與兄有著很濃的中國農民的傳統意識，指望每個兒媳都恭順地侍候老人。但是，不但日本女人不侍候他，連兒子風兒也和從前判若兩人。風兒留學回來，爬上了高位，和日本女人住進了大城市。與兄到大城市來看望兒子，剛叫開門，就被日本女人罵了一聲「馬鹿！（混蛋）」後來與兄雖然被接進了門，但卻鬧了許多笑話，一進門就把日本女人洗米的盆踢翻，結結實實摔了一跤，後來喝了幾杯酒卻醉倒在日本女人那「重重疊疊軟趁趁（軟舒舒）的被上」。兒子帶他到百貨公司買東西，他卻把鞋脫下打著赤脚走路，從百貨公司出來，卻因違犯交通規則被日本巡查扭住。與兄來找兒子彷彿有點劉佬佬進大觀園的意味。經過這一系列折騰，他「愈想討厭起來了，與兄是一時想得一時緊離開這討厭的古都，回到他自己的田裏來了……」作家極寫與兄和日本女人及爲日本人做事的兒子的不協調，目的似乎是在突出中國人和日本人沒有共同點。他們不僅沒有共同情感，而且沒有共同語言，格格不入。城市是日本人統治臺灣的中心和樞紐，農村才是中國老百姓生存的空間，作者通過與兄這個人物表現了中國人和日本人的決裂。即使與兄和風兒是父子關係，即使日本女人是與兄的兒媳，但他們也不存在相融的焦點。作者在與兄這個形象中，寓入了較深沉的主題意識。像與兄這類形象在臺灣新文學初期還是少見的。

蔡秋桐作品的不足之處是用臺灣方言描寫，給閱讀帶來了障礙。

第四節　朱點人

朱點人，原名朱石頭，後易名朱石峰，臺灣省臺北市人。生於一九〇三年，卒於一九四七年。他用過的筆名有描文、文苗、點人等。自公學校畢業後，即開始文學活動，先後參加過「臺灣文藝協會」、「臺灣文藝聯盟」，是臺灣小說初步發展期的重要小說家之一。他的重要小說有：《島都》、《失戀者日記》、《紀念樹》、《無花果》、《蟬》、《安息之日》、《秋信》、《長壽會》、《脫穎》和《血櫻》等。

朱點人的小說題材涉及到當時臺灣生活的許多側面《紀念樹》和《無花果》屬於戀愛題材。前者描寫一個高中畢業的少女愛錯了人，給自己的人生帶來了不幸。後者描寫一個少年從小暗戀著一個青梅竹馬的女孩，但沒有能傾吐心中隱伏的情感，時過境遷，那女孩與別的男人結婚，後來，他看到那女孩失去了往日的純樸，大失所望，當年的情感隨烟飄去。《安息之日》描寫屠戶李大粒愛錢如命，爲富不仁，結果和親哥恩斷義絕。《島都》直接描寫了革命者史明經過苦難生活的熬煉，在新思潮的啓發下，投身抗日運動，雖然遭到逮捕但仍堅強不屈，重整旗鼓，準備東山再起。《蟬》則是一篇反對非正義戰爭的小說；《脫穎》是一篇諷刺小說，《秋信》是一篇民族意識的頌歌。朱點人的這些作品中，最有意義和最富特色的是《秋信》、《蟬》和《脫穎》諸作。《秋信》描寫了臺灣清朝時期的老秀才鬥文先生堅定的民族意識。他自幼聰明，十九歲中秀才，二十七歲那年正要去省城應試，不料臺灣變色，淪入日本之手。青雲之路已斷，便卜居臺灣農村務農，過著隱居生活。但他要清閑卻不能清閑，日本占領者爲了宣傳他們侵略臺灣的「豐功偉績」，在臺灣辦展覽，特意來請這位前清秀才參加。誰知這位秀才並不臣服日本，而是一個忠心耿耿的清朝遺老。當衆人乘車去臺北參觀時，唯獨他不但不穿日本和服，而且公然穿一身清朝古裝。作品中這樣寫道：「在車裏的時裝——和服，臺灣衫、洋服的雰圍裏，突然闖進鬥文先生的古裝——黑的碗帽仔（瓜皮帽）、黑長衫、黑的包仔鞋，嘴裏咬着竹烟吹，尤其是倒垂在腦後的辮子……儼然鶴入鷄群，覺得特別刺目。」鬥文先生在日本帝國主義極力推行「皇民化」運動，而且是參觀日本人治臺「偉績」的情況和氣氛下穿一身清朝古裝，不僅公開表示他的中國身分，而且對日本人是一種示威和挑戰。不僅如此，到了臺北展覽會上，看到「產業臺灣的躍進，是始自我們」的不要臉橫幅，他先是嘲諷的哈哈大笑，繼則憤怒地高聲罵道：「倭寇！東洋鬼子！他終於不管他們聽不聽得懂與不懂，不禁地衝口而出了：國運的興衰雖說有定數，清朝雖然滅亡了，但中國的民族未必……說什麼博覽會，這不過是誇示你們的罷了……什麼產業臺灣的躍進，這也不過是你們東洋鬼子才能躍進，若是臺灣人的子弟，恐怕連寸進都不能呢，還說什麼教育來……」在日本帝國主義奴役下，廣大臺灣同胞敢怒而不敢言，多數人只能默默忍受屈辱，像鬥文先生當面責罵入侵者勇於反抗的人卻不多。鬥文先生不僅公開向敵人挑戰，而且在強壓下努力保護和培育中華文化，不使它在占領者的扼殺下消亡和淡化。他首先在臺灣組織起詩社，大力提倡吟唱中國古詩，以對抗日本的「皇民化」政策。但是當後來一些敗類利用古詩給日本占領者擦脂抹粉，歌功頌德時，鬥文先生卻又非常氣憤。鬥文先生的首倡古詩是因爲意識到「臺灣人與漢文有存亡關係的！」，他後來感到痛苦是由於「不想那班無耻的詩人，反把它當做應酬的東西，巴結權勢，甚至連和他們不關痛癢的日本政客死去，也要作詩去哭他。」鬥文先生對日據時期臺灣古詩吟唱運動前後態度的變化，正好說明了臺灣古詩吟唱之風興起和衰落的眞正原因。當它作爲傳遞民族文化香火和表達民族意識的工具出現時，就受到歡迎；當它變成了占領者歌功頌得的玩藝時，就被人民所吐棄。朱點人的這一描寫，不僅成了他筆下的人物鬥文性格的核心，而且爲我們認識臺灣文學史上發生過的，大規模的舊詩吟唱之風，提供了重要依據。

朱點人的《脫穎》，在他的小說中占有重要地位。這篇小品以含蓄地諷刺手法，對日本占領者和臺灣漢民族中的敗類，進行了辛辣的嘲諷。作爲臺灣太上皇的日本占領者，不但瞧不起他們奴役下的奴隸，而且對他們進行殘酷迫害。但在《脫穎》中卻出現了一種非常反常的，令人不可思議的現象。在日本人府上當傭人的普通臺灣窮小子陳三貴，卻突然一躍變成了主人家的東床附馬，和主人家的日本小姐敏子結了婚。不知內幕者以爲不可能，知其內幕者頓覺雙方靈魂的無耻和卑鄙。陳三貴侍候的主子，因兒子在侵略中國的戰爭中喪命，他擔心女兒敏子嫁給日本人，會當年輕寡婦，因而咬著牙毀了女兒原在日本訂的婚約，突然決定將自己的奴才，臺灣人陳三貴招爲家婿。陳三貴一心想依仗日本人往上爬，但卻苦無登天之梯，沒料想一夜之間時來運轉，當主人向他表明意圖時，他受寵若驚。主人叫他放棄中國人變成日本人，他立即就變；主人叫他先作兒子後作女婿，他立刻就跪地喊爸爸。眞是奴性十足，醜態畢露。這篇作品特別値得稱道的是一石二鳥。旣諷刺了日本占領者旣要侵略中國，又怕送命當寡婦的醜惡心理，也諷刺了中國人中認賊作父下流無耻的敗類。陳三貴作了日本人女婿和兒子，由中國的陳三貴變成了日本的犬養後，便在中國人面前要起威風。一天他見到了小時候的伙伴定居，定居叫他：「陳兮！久違了！」他竟然說「啥人是陳兮！我是犬養，不姓陳！」定居說我們從小一起長大的，還不認你是陳兮。陳三貴竟一本正經，板起面孔地說：「不是說笑的，今後請你以犬養叫我！」好一幅奴才相。

朱點人作爲早期的臺灣作家，他刻畫人物的技巧已相當突出，描寫正面人物令人肅然起敬，塑造反面角色使人直想嘔吐。朱點人刻畫人物成功的基本原因，是他情眞意摯，愛憎分明，對正面人物注入了深摯的愛，對反面人物注入了鄙棄的恨，因而有血有肉，性格鮮明。他刻畫的正面人物不僅表現了他覺醒了的民族意識，而且表現了他超人的膽識和勇氣。《秋信》中鬥文那當著日本人的面痛罵日本鬼子，《島都》中將日本人在臺灣搞的「文化村」、「模範村」等殖民的標本稱之爲「脫褲班」，都是作家膽識和勇氣的顯示。作爲臺灣早期的小說家，朱點人在作品中已十分注意表達手法的運用。尤其是象徵手法的運用爲臺灣早期小說增加了藝術光輝。小說《蟬》中，作家描寫兩個伙伴的孩子同時患病，住進醫院。孩子一面發着高燒，室外卻一面炮聲、飛機聲震耳。作家把戰爭的恐怖和孩子患病需靜靜治療修養這種極不和諧的氣氛同時擺在讀者面前，以達到讓讀者同情病兒厭惡戰爭的效果。這篇作品叫做「蟬」，是以蟬的刮噪聲來象徵戰爭的噪亂。以蟬突然破窗而入來暗示戰爭的恐怖已侵入了醫院病房。後來當孩子病癒出院時，作家以這樣一個特寫鏡頭作爲作品的結尾：「過了十多天，珍兒的體溫已恢復到平熱了。當珍兒要退院的那天早上，純眞在病棟的相思樹下踱步，偶然發現了一個蟬脫釘在一棟樹的幹上。」這段描寫暗示出孩子的燒雖然退了，病全癒了，但不可大意，戰爭的災難卻仍然存在，戰爭的陰影仍然籠罩著這個世界。這種整體性的運用象徵和暗示手法，是小說藝術向高級階段發展的一種迹象。朱點人這篇作品雖然還比較粗糙，情節的選擇、人物塑造、作品的結構上還都存在著一些不足，但蟬的象徵運用，卻有著不凡的意義。

朱點人的作品是以主題思想強烈、突出而見長的，但他在藝術上表現出的前衞性的迹象，卻是不能忽視的，尤其臺灣小說初步發展期，這種藝術上的發端更值得重視。

對臺灣小說的萌芽和初步發展期作了上面的分析和評述之後，概括起來這個時期的小說有下列幾個特點可供思考。其一，這個時期的臺灣小說使命感相當強烈。它在抗日民族解放鬥爭的土壤裏產生，並且承擔起了抗日民族解放鬥爭的使命；其二，由於第一個特點決定了第二個特點，小說的主題思想非常突出，主要是揭露日本占領者的罪惡；暴露民族敗類的醜行；反對封建婚姻，爲女性鳴不平。其三，此時的小說一般都是用中文寫作。表現了當時日本的「皇民化」政策，還未達到三十年代的殘酷程度；其四，小說的思想大於藝術。藝術上一般還相當粗糙，帶著蟬脫後的鮮嫩嬌脆狀貌。其五，因受到現實的局限，作品的視野還比較狹窄。因而有時在同類題材的作品中，感覺出似曾相識的現象。其六，人物的塑造已見出功力，但有的還局限於堆雪人的階段，還未進入細細雕琢的境界。其七，雖然此期的小說存在着一切新生事物均不可避免的不足，但卻形成了具有雄厚實力的，以賴和爲代表的臺灣作家群落，不管是思想還是藝術，均爲臺灣小說的發展拓開了深宏的前景。

附註：

①《日據時代臺灣新文學作家小傳》第48頁。

第三編　臺灣小說的發展期

第一章　臺灣小說發展期的社會和文學背景

第一節　社會背景

三十年代到四十年代是世界局勢最動盪的時期，德、日、意帝國主義由殘暴走向消亡，世界人民遭受了戰爭的最嚴重的摧殘。中國：從一九三一年的「九一八事變」到一九三七年的「蘆溝橋事變」，日本帝國主義由局部入侵中國領土到妄圖吞併全中國，中國人民進入了八年抗戰的最艱難歲月。臺灣既是日本帝國主義進行侵略戰爭的一個據點，也是全中國、全世界人民反法西斯戰爭的一個基地；既是敵人的後方，也是人民的前線；既是敵人發動戰爭的跳板，也是埋葬敵人的墳墓。臺灣在第二次世界大戰中的地位非常特殊。日本為了在臺建立起支援和供給擴大侵略戰爭的基地，便在臺灣加緊統治，強化殖民機器，瘋狂推行「皇民化」運動。一九三一年二月，日本總督府宣布取締「臺灣民衆黨」，一九三七年「七七事變」爆發，日本宣布臺灣進入「戰時體制」，解散「臺灣地方自治聯盟」，實行漁火管制，明令宣布禁用中文，所有中文報刊和報刊的中文欄都停刊廢刊。一九三九年，日本人頒布所謂「國民徵用令」，強令臺灣同胞入伍爲其侵略戰爭當炮灰。一九四〇年日本臺灣總督府以改訂「戶口規則」爲藉口，推行「改姓名運動」，強迫臺灣同胞改換成日本姓名，禁止過中國的陰曆年。一九四一年十一月製造震撼全臺灣的所謂「東港事件」，大規模迫害臺灣愛國反日的知識分子，使許多人慘死在獄中。同年十二月八日，日本襲擊珍珠港，太平洋戰爭爆發，法西斯侵略戰爭達到最瘋狂之點，也是侵略者轉向滅亡的轉折之點。一方面是日本帝國主義的瘋狂，但另一方面卻是人民的覺醒和反抗。歷史的辯證法告訴人們，敵人壓迫的越重，人民反抗的就越烈。一九二八年二月，「臺灣工友總聯盟」在臺北市舉行成立大會，提出：「反對帝國主義戰爭」的口號。一九三〇年十月二十七日，臺灣爆發了震驚中外的「霧社大起義」。霧社地區的高山族同胞不堪日本人的奴役，利用學校舉行運動會之機，將會場上的日本佔領者全部殺死，進而攻佔警察局、郵局、商店，搗毀許多警察所，打死打傷四百多名日本人。日本當局調來大批軍警進行圍剿，並出動飛機大炮進行轟擊，高山族同胞奮勇抵抗，激戰二十餘日夜，最後彈盡糧絕集體殉國。在這項起義中有九百多名霧社的高山族同胞遇難。一九三一年「臺灣民衆黨」被取締。該黨領袖蔣渭水公開發表聲明，指出：「臺灣人的解放，不可能單獨靠知識分子及有產階級完成。全臺灣人的自由，必俟工人、農民無產市民之奮戰。唯其如是，方能獲取解放運動之完善結果。」這表明，臺灣先進的知識分子在鬥爭實踐中，已明確認識到了工農是革命主力軍的重要事實。一九三七年臺灣宜蘭縣的七百餘名礦工集體暴動，次年高雄、六甲地區又發生連續暴動。一九三九年日本徵集的一千餘名臺灣壯丁拿到武器後在高雄「嘩變」。一九四三年十二月一日，中、美、英簽署《開羅宣言》規定：「三國之宗旨在剝奪日本自一九一四年第一次世界大戰開始以後，在太平洋所奪得或占領之一切島嶼，在使日本所竊取於中國之領土，例如滿洲、臺灣、澎湖列島等，歸還中國……」

從三十年代初到四十年代初，敵人的殘暴和人民的覺醒在臺灣的土地上同時出現；敵人的更加殘暴是走向覆滅的前兆，人民的覺醒是抗戰勝利的曙光。臺灣文學評論家葉石濤在《光復前臺灣文學全集總序》中談到這個時期臺灣社會形勢的演變時說：「隨著臺灣殖民地社會內部不安的激化，舊文化協會等運動逐漸衰亡，完成了它的歷史使命。跟著擡頭的新一代領導者，已經得到歷史的教訓，深知不流血安得自由的道理，他們接受嶄新的思潮，學習民族運動開展的新方式，摒棄了妥協和迎合。」臺灣抗日民族運動領導者階層的變換，由資產階級知識分子階層換成工農階層；臺灣抗日鬥爭形式的變化，即由非武裝鬥爭爲主再轉向以武裝鬥爭爲主，使臺灣的形勢適應和配合了全世界反法西斯鬥爭的形勢和進程，使臺灣人民的鬥爭成了全中國、全世界人民反法西斯鬥爭的一個組成部分。這個時期的臺灣文學和小說，也和臺灣人民的反法西斯鬥爭同步，體現了臺灣人民覺醒的特點。

第二節　文學背景

臺灣新文學於二十年代初期在五四運動的影響下誕生之後，經過幼年期，到三十年代已進入蓬勃的青年期，三十年代中期迎來了一個高潮。臺灣新文學的搖籃《臺灣民報》自一九二七年八月一日，由日本東京遷到臺灣編輯發行。五年以後，即一九三二年四月十五日正式改稱爲臺灣《新民報》，由原來的週刊改爲日刊。此時臺灣文藝刊物已逐漸進入興旺期。許多文藝刊物紛紛創刊。

1.《南音》半月刊：一九三一年秋季，臺北市和臺中市的一些文人共同發起組織了文學社團——南音社。次年，一九三二年元月一日，他們創辦了文藝雜誌《南音》半月刊。發表小說、詩歌戲劇等，爲臺灣文壇注入了一股新鮮血液。該刊在發刊詞中公開召示了他們的主張，概括起來有下列幾點：①在臺灣的混沌日子裏，在有的人頹廢墮落，有的自殺，有的鋌而走險的政治氣壓下，他們「寫幾篇不三不四的文學，談幾句不關痛癢的閒話，來消消愁悶，解除鬱憤」。②該刊在供同仁「自己表現一些牢騷之外，還期待做思想知識的交換機關，盡一點微力於文藝的啓蒙運動。」③他們要借這份刊物「在這烏烟瘴氣裏，發現得一線光明……」給人們苦難的心靈以潤澤。④他們要讓文藝走出知識分子狹小的圈圈，摸索「怎樣才能夠使思想、文藝普遍化」的道路。⑤爲臺灣作家提供一塊創作園地。

2.《福爾摩沙》。一九三一年三月二十五日，臺灣在日本的留學生王白淵、林新豐、林兌、葉秋木、吳坤煌、張麗旭等，在東京決心「以文化形體，使民衆理解民族革命」爲宗旨，發起組織了「臺灣藝術研究會」。同年八月十三日創辦了機關刊物《福爾摩沙》。一九三二年三月二十日，由蘇維熊、巫永福、魏上春、張文環、王白淵、劉捷、吳坤煌等又重組臺灣藝術研究會，《福爾摩沙》也正式創辦，並發表檄文。他們在《檄文》中寫道：「以文藝改進事業自許，大膽地自立爲先鋒……決不俯順偏狹的政治和經濟之拘束，將問題從高遠之處觀察，來創造適合臺灣人的文化新生活。」，他們這樣號召人們：「聯合同志，團結起來，一致奮起，交換意見，互相扶助努力創造文藝。」他們認爲：「現在的臺灣，不過是表面上的美觀，其實十室九空，可比是埋藏著朽骨爛肉的白塚，所以我們必須從文藝來創造眞正的華麗之島。」該刊創刊後發表了大量有質量的文藝作品，突出體現了中國的民族意識，使臺灣文壇和留日學生大受鼓舞，成爲臺灣新文學一支生力軍。

3.《先發部隊》和《第一線》。一九三三年十月由廖毓文、郭秋生、黃得時、林克夫、朱點人、蔡德音、陳君玉等人發起組織了「臺灣文藝協會」。一九三四年七月十五日創辦該會機關刊物《先發部隊》，並發表宣言。他們認爲：「我們臺灣的所有分野，都已碰進了極端之牆壁，無論是政治生活，社會生活，個人生活，早已聽著呼喊改進的聲音，同時待望眞摯有力的文藝之出現，也已非一日了……我們敢不以『先發部隊的』精神和使命自許，向目的地奮勇突進，務期在於既成園地之外，擴大一點的園地，並且努力刪除既成園地裏的荊棘，使全面的臺灣新文學能夠建全、發達和繁榮。進而應付時代的要求，做起未來的所有生活分野的先驅和動力嗎？」《先發部隊》發行了一期後，一九三五年一月更名爲《第一線》，也只發行一期。

4.《臺灣文藝》。由賴明弘和張深切等發起，臺灣文藝聯盟於一九三四年五月六日在臺中市成立。該日下午在小西湖酒家召開全島作家、詩人、評論家大會，宣布了臺灣文藝聯盟的章程，並選舉了領導機構。會議選舉賴和、賴慶、賴明弘、何集壁、張深切爲常委，張深切爲常務委員長。分別選出了北部、中部、南部的委員，決定在臺灣各地和日本東京設立支部。臺灣文藝界在日本帝國主義的殘酷迫害下，公開聚會，成立全島性的組成，實現了全島文藝界大聯合，這標誌著臺灣文學發展到了一個新階段。臺灣文藝聯盟成立後半年，即一九三四年十一月五日創辦了自己的機關刊物《臺灣文藝》。這是臺灣日據時期壽命最長，作家最多，影響最大的文藝刊物。它的辦刊方針是：「有僞路線不如寧無路線」，「把這本雜誌辦到能夠深入識字階級的大衆裏頭去」，「把臺灣的一切路線築向到世界的心臟去。」

5.《臺灣新文學》。由楊逵和他的夫人葉陶兩人於一九三五年十二月二十八日創辦，到一九三七年六月停刊，共發行了十五期。辦這個刊物的起因是楊逵先生與《臺灣文藝》中一位領導人發生分歧。該刊的創刊詞中有這樣的話：「我經過了千思萬慮，而所獲的結論是爲了臺灣的作家，爲了讀書人，迫切需要著適應臺灣的現實底文學機關。只是似乎誰也不願意給他們。作家以及讀者，到了這樣的田地，於是只有積少成多，集了自己零碎的錢，來建設培養一個園地，而自勵自勉，自己鼓舞下去。」

臺灣文壇在一個短時期內，成立了這麼多文藝團體，創辦了這麼多文藝刊物，這本身就是文藝繁榮的一種標誌，就是文藝出現高潮的有力證據。從上述各文藝社團和刊物的宣言來看，此一時期臺灣文學還是以抗日民族解放爲使命，爲總主題的，但同時也非常重視臺灣文學的自身建設，並努力使文學得到普及。由於衆多文藝社團的成立，使臺灣作家趨於集群化，有了較明顯的群體意識。創作上也更趨於使命化。由於重多文藝刊物的創辦，有了較廣的發表園地，促使前期老作家創作上更加成熟，新作家更大量的湧現。全島性的文藝團體臺灣文藝聯盟的成立和它在各地的支部的建立，使過去比較分散的力量，走向了統一和集中。這種統一和集中在抗日民族鬥爭的艱難歲月中，顯得非常必要和可貴。無疑，對自己是一種巨大的鼓舞，而對敵人構成一種不小的威脅。這種局面的出現不管對政治鬥爭還是文藝建設，都是極爲有利的。此一時期活躍於臺灣文壇的小說家相當多，除萌芽期和初步發展期的作家繼續活躍於文壇外，此時期湧現的重要作家有：楊華、王錦江（王詩琅）、郭秋生、張慶堂、張深切、黃得時、楊逵、巫永福、翁鬧、龍瑛宗、王昶雄、吳新榮、呂赫若等等。這個時期的小說家中，以楊逵的成就爲最高。

第三節　臺灣話文論爭促進臺灣小說的成熟

發生於一九三〇年前後的「臺灣話文論爭」又稱爲「鄉土文學論戰」。文學是語言的內容，語言是文學的表達形式，兩者關係至爲密切。語言對於文學流派和風格的表現和熔鑄，猶如煤與火。因而臺灣前輩文人把用臺灣方言描寫的文學，稱之爲鄉土文學。此次鄉土文學論戰與發生在七十年代中期的鄉土文學論戰雖然名稱相同，但內容卻大相徑庭。

提倡用臺灣方言創作，並非始於三十年代，各人的目的也不盡相同，因而不可一語褒貶。例如一九二四年十月連溫卿等先後發表《語言之社會性質》和《將來之臺灣語》諸文，強調語言問題關係到民族的生死存亡，爲了不使民族被統治者所溶化，他主張使用、保存和整理臺灣語。臺灣新文學運動的急先鋒張我軍則從有利於祖國文化的統一和傳播出發，在《新文學運動的意義》一文中提出了「白話文學的建設和臺灣語言的改造」兩項使命。在張我軍看來，臺灣新文學要發展，就必須用白話文進行創作。要用白話文進行創作就要改造不規則、不合理，甚至沒有文字可以書寫的臺灣土話。只有把臺灣方言改造成「中國國語」，就可以達到話、文一致，使臺灣文化不致和祖國文化脫節。到了一九二九年，臺灣史學家連橫連續發表了《臺語整理之頭緒》和《臺語整理之責任》諸文，談到在日本人的強權下，臺語有被消滅的危險，民族精神出現萎靡的現象，因而他倡導要使用臺灣語。連橫在《臺灣語整理之責任》一文中說：「余既整理臺灣語，復懼其日就消滅也。…今之學童，七歲受書，天眞未泯，咿唔初誦，而鄉校已禁其臺灣語矣！今之青年負笈東土，期求學問，十載勤勞，而歸來已忘其臺灣語矣！今之縉紳之士，乃至里胥小吏，遨遊官府，附勢趨權，趾高氣揚，自命時彥，而交際之間已不屑復語臺灣語矣……余以僇民，躬逢此阨，既見臺灣語之日就消滅，不得不起而整理，一以保存，一以發達，遂成臺灣語考釋，亦稍以盡厥職矣！」①發生在一九三〇年前後的臺灣話文論爭，是承襲了前人關於臺灣語問題討論，而發展到了高潮，形成了壁壘分明的陣勢。其內容、規模及爭論的深度都有了更大的發展。一派主張大力提倡臺灣話文運動，將臺灣方言推展到一切領域，這一派以黃石輝和郭秋生爲首。他們認爲：文言文和白話文都是貴族式的，廣大沒有高深學問的勞苦大衆與它們無緣。因而必須「用臺灣語做文，用臺灣語做詩，用臺灣語做小說，用臺灣語做歌謠，描寫臺灣的事物」。其次，他們認爲臺灣話比較易學，較易發揮獨創性等。

和黃石輝、郭秋生針鋒相對地反對臺灣話文運動，極力倡導白話文運動，主張用國語寫作的有廖毓文、林克夫、朱點人等。他們認爲：1.臺灣話粗糙，不足爲文學的利器；2.臺灣話分歧不一，無所適從；3.臺灣話中國人看不懂。他們認爲臺灣是中國的一環，臺灣和中國永遠不能分離，普及白話文可以密切海峽兩岸的連繫，可以溝通海峽兩岸的文化交流。

雖然他們各有道理，主張臺語創作的郭秋生也說：「我極愛中國的白話文，其實我何償一天離卻中國的白話文？……」但就他們論爭的實質和意義來看，不能不說主張白話文者站的高，看的遠，視野比較開濶。他們的主張更有利於臺灣文學自身的發展和傳播，他們的主張更有利於民族的團結和融合，更有利於臺灣人民抗日民族解放運動的發展，更有利於爭取祖國人民對臺灣同胞的聲援和支持。臺灣文學史家陳少廷說：「此次論戰持續了二年餘，充分顯示這些在異族統治下的臺灣知識分子，對自己臺灣話文處理的困惑和苦悶。當時，這種論戰自然不會有結果的。而隨著抗戰勝利，臺灣重歸中國版圖，此一問題也就不復有意義了。」②但是，儘管如此，這一次臺灣話文的論戰，對臺灣新文學的發展，尤其是對臺灣小說的發展，還是顯出了其影響力的。不僅促進了臺灣白話小說迅速越過幼年期走向了成熟，而且對保證臺灣小說創作以白話文爲主的表達形式持續發展，起了重要作用。

附註：

① 引自《臺灣新文學運動簡史》第63～64頁。

② 《臺灣新文學運動簡史》第75頁。

第二章　臺灣文學的脊骨楊逵

第一節　不屈的民族鬪士

楊逵是中華民族反抗精神的不朽塑雕，在同時代的臺灣作家中，他的反抗精神最強，思想境界最高，民族情感最深。即使在同時代的全中國作家中，像楊逵具有那麼堅定強烈的反抗精神，那麼高遠開濶思想境界的人，也是不多的。被日本帝國主義逮捕十餘次，而決不屈服，反抗到底，是名副其實的「壓不扁的玫瑰花」；以不怕天不怕地，一雙利斧砍天下的古代農民英雄李逵之名自稱，雖然一個是斧頭，一個是筆頭，但楊逵之筆確有李逵之斧的威力；以古人伯夷叔齊寧餓死首陽山爲範而創首陽農園，夫妻耕耘賣花度日，蔑視敵人。楊逵的精神，是中華民族不彎的脊樑！是臺灣文學的眞正脊骨。

楊逵，原名楊貴，筆名楊建文等。一九〇五年出生，臺灣省臺南縣新化鎭人。一九二四年中學肄業東渡日本留學，過著半工半讀的生涯。他賣過報，幹過建築工，埋過電線桿等。一九二七年由日本返回臺灣投身於抗日民族解放運動。曾參加過「臺灣文化協會」，曾任該會的議長。曾加過「臺灣農民組合」，任該組織的中央常委。一九三四年參於發起和組織「臺灣文藝聯盟」，任該組織的機關刊物《臺灣文藝》的日文編輯。一九三五年十二月二十八日與其妻葉陶共同創辦《臺灣新文學》。一九三七年與妻一起創辦「首陽農園」。臺灣光復後，楊逵主要從事文學活動，曾主編《一陽週報》、《

力行報》和《臺灣文學叢刊》等。楊逵在日據時期曾因參加抗日活動被日本帝國主義逮捕十餘次而不屈，但日本帝國主義投降後，卻因起草「和平宣言」，又被逮捕下獄，判了十二年徒刑。楊逵這一次坐牢的時間超過他日據時期十一次坐牢時間的總和，實不能不令人遺憾。

楊逵有一個非常和睦進步的家庭。他的妻子葉陶，原來是本地的一個小學教員，和楊逵不僅情投意合，而且具有共同的美好理想。楊逵是臺灣左翼抗日團體「農民組合」的中央常委，而葉陶是該組織的婦女部長。楊逵在《太太帶來了好消息》一文中，十分風趣地談到了葉陶的情況：「太太二十幾歲的時候，那是她辭掉了小學教員，跑進了抗日運動不久，也正是我從東京回來參加了她們的戰線的時候，我們認識了，她要我在她的扇上題幾個字，當時日本人把我們的民族鬥士都叫『土匪』……便在她扇上寫了『土匪婆』三個大字。因此『土匪婆』便成了她的別名，不願做日本奴隸的人們都覺得這是可親可愛的雅號。我高興『土匪婆』那李逵一般的爽直，她也高興有人認識她，不久我們結婚了，在日本人的監獄裏。」那是一九二九年二月十二日，是楊逵和葉陶這對戀人預定舉行結婚典禮的美好時日。但那天凌晨，日本佔領者卻突然同時將他們兩人逮捕，不是用同一根紅線，而是用同一付鐐銬將他們拴在一起。或許就是因爲鐐銬的殘暴比紅線的柔情更能激發人的思考，更能凝集人的情感和意志，因而日本帝國主義這一破壞美好婚姻的暴行，反而成了他們愛情的加溫劑，使他們的愛情在共患難中變得更加純清而崇高。他們以樂觀而藐視敵人的態度，把帶著鐐銬輾轉臺南、臺中等地監獄，看成是「做了十七日的官費蜜月旅行」。

楊逵很早就嚮往和崇敬進步作家，三十年代他和夫人葉陶創辦的《臺灣新文學》，總共發行了十五期，其中就有一期《高爾基專輯》。楊逵接觸魯迅的作品也比較早，那是一九三八年，出資幫他創辦「首陽農園」的日本友人入田春彥，被日本當局處罰返日，入田春彥決心以死抗拒，臨自殺前遺囑楊逵夫婦料理他的後事。楊逵先生在清理入田春彥的遺物中，發現有日文版《魯迅全集》七卷。從那時起，楊逵就細讀魯迅，受到魯迅精神的薰陶。

楊逵是文學全才，他寫小說、散文、戲劇，也寫詩。他的主要小說有：《送報伕》、《頑童伐鬼記》、《無醫村》、《泥娃娃》、《鵝媽媽出嫁》、《剿天狗》、《春光關不住》、《種地瓜》、《萌芽》、《歸農之日》、《靈籤》、《紳士連中》、《增產背後——老丑角的故事》等。另有劇本《父與子》、《豬哥仔伯》、《剿天狗》和《牛犁分家》等。中篇小說《送報伕》曾於一九三六年由胡風譯成中文，收入上海生活書店刊行的《世界知識》叢書。

第二節　小說是抗日的武器

楊逵是臺灣作家中，作品的主題思想最輝宏、最深刻、最強烈、最光輝的一個。他是把文學作爲偉大抗日鬥爭的一個組成部分，把文學作爲鬥士手中的一種武器來進行的。因而他的文學是自覺的，醒著的文學。他的任何一部作品都長有明亮的眼睛；他的任何一部作品都是一桿投槍。臺灣著名文學批評家張良澤在一篇《不屈的文學魂——論楊逵兼談日據時代的臺灣文藝》一文中說：楊逵「每一篇作品都有其方法論，引導讀者一條明確可行的路：《鵝媽媽出嫁》——基於儒家大同思想的『共榮經濟論』；《種地瓜》——長期投戰論；《無醫村》——醫療制度改革論；《萌芽》——戲劇運動論；《送報伕》——聯合世界上以平等待我之民族共同奮鬥論；《模範村》——革命思想啓發論；《春光關不住》——響應祖國抗戰論。」①對張良澤所論及每篇作品的主題我們可能有某些不同看法，不過，對張良澤所說楊逵每一篇作品都能給讀者指一條「明確可行的路」的論斷，我是有著強烈共鳴的。

楊逵作品中最強烈、最突出的主題，也就是時代的主題，人民的使命。即：從國土上趕走日本侵略者，實現祖國的統一和中華民族的自由解放。這一主題貫穿在楊逵的所有作品中和楊逵的一切言論和行動中。小說《模範村》中，抗日志士阮新民面對被他父親迫害的農民蕭乞食等說：「謝謝你們，告訴我這麼多我不知道的事情。家父對不起各位，我眞不知該怎樣賠罪才好。不過，從今以後，我一定盡我的力量，使他再不會這樣下去，請大家放心好了。日本人奴役我們幾十年，但他們的野心愈來愈大，手段愈來愈辣，近年來滿洲又被它佔領了，整個大陸也許都免不了同樣命運。這不是個人問題，是整個民族問題。我父親這樣作風確是忘祖了。他不該站到日本人那邊去，這是不對的。我們應該協力把日本人趕出去，這樣才能開拓我們的命運。」這篇小說發表於一九四二年出版的《臺灣文學》上。在日本帝國主義瘋狂之極，不可一世，妄圖佔領全中國，呑食全世界的形勢下，楊逵在作品中明確提出，要將日本人趕出中國去，實在具有非凡的勇氣和膽識。如果不是對祖國懷有無比忠誠的勇士，是寫不出這樣的作品的。楊逵在作品中這樣寫，在行動中也是這樣幹。一九二六年二月「臺灣農民組合」發動農民起來反對日本資本家侵佔土地。楊逵高聲問衆人：「誰侵佔了你們的土地？」衆人答：「日本人？」楊逵問：「你們應該怎麼辦？」衆人答：「趕走日本人！趕走日本人！」楊逵將這分問答記錄簽署後送給日本當局，日本當局以「代寫文書煽動群衆」將他逮捕，開審之日，群衆湧來。法官問：「你寫的什麼文書？」楊逵答：「就是你手上那一份，寫的什麼已記不清，大人可以唸唸。」法官唸道：「誰侵佔了你們的土地？日本人。你們應該怎麼辦？趕走日本人！趕走日本人……」全場群衆雀躍歡呼，法官不敢再往下唸，卻以「非代書人員而營代書業務」罪名，判楊逵數日監禁。楊逵採用這種巧妙手法，既捉弄了日本鬼子，也宣傳了抗日。

在趕走日本人，還我國土的總主題下，楊逵在作品中表現了許多份主題，這些份主題大都是具有戰略性的輝煌而偉大的思想。例如，爲了建立戰勝敵人的必勝信念，首先必須從整體上藐視敵人，透過敵人兇暴而強大的外表看到他虛弱的本質。楊逵在小說《泥娃娃》中充分地表現了藐視表面上強大敵人的思想。作品敍述了四個孩子在書桌上用爛泥塑造了一堆日本的飛機、軍艦和日本軍人：「書桌上，堆滿了泥塑的坦克車、飛機、軍艦和戴日本戰鬥帽的不倒翁，幾乎沒有一寸空隙可以攤開稿紙……」雖然這麼多日本武器和軍隊，但是：「當天夜晚，一場雷雨交加的傾盆大雨，把孩子的泥娃娃們打成一堆爛泥……」楊逵這裏寫的一場雪雨交加的傾盆大雨，實際並非天上之雨，而是人民抗日的暴風雨。這場暴雨正是楊逵在這篇作品中所說：「如果以奴役別的民族，掠奪別國物資爲目的的戰爭不消滅；如果像富崗一類厚顏無耻的鷹犬，不從人類中掃光，人類怎麼可能會有光明和幸福的一天！」所需要的那一場革命的暴風雨。要戰勝敵人，趕走日本佔領者，就要團結朋友，一致對敵；就要有正確的策略和方針。楊逵在小說《送報伕》中提出了要將帝國主義國家內部的統治者和人民加以區分，從而團結帝國主義國內的人民反對共同的敵人的偉大思想。作家在《送報伕》中這樣寫道：「在家鄉的時候，　[illegible]一切的日本人都是壞人，一直都很恨他們。因此，　到東京時，我還是抱著疑懼之心的。」但後來作者認識到：「至於田中，他比親兄弟還要好……不，想到我那當過巡查捕的哥哥，什麼是親兄弟，拿他來作比較都覺得對不起田中。如此看來，臺灣人裏面有好壞人一樣，日本人裏面竟也如此。」在這樣認識的基礎上，他終於和日本國內的人民建立了反對共同敵人的統一戰線。「好！我們就攜手奮鬥吧！叫你們吃苦頭的，也同樣叫我們吃苦頭，他們是同類，是我們共同的敵人！」這種思想在三十年代初期提出並鑄爲形象，非常難能可貴。表現出楊逵偉大的文學家和偉大的戰略家的眼光和胸懷。

《鵝媽媽出嫁》這部中篇小說中，楊逵以形象的力量集中地批判和揭露了日本帝國主義的所謂「大東亞共榮圈」的侵略策略。經濟學家林文欽係孔夫子的忠實信徒，要創立自己「萬民共榮」的經濟理論，要實現既不是「一人巨富萬人飢」，也不是「血腥階級鬥爭」的社會。他家裏十分富有，但卻因爲妹妹不肯嫁給王專務作姨太太而破產。作品中的主人公我，被日本人醫院院長敲詐勒索，不得不把自己全家喜歡的母鵝裝扮成「新娘」，送到院長大人家裏。一個經濟學家耗盡心血寫成了二十萬字的《共榮經濟的理念》，最終弄得家破人亡，這中間包括著強烈的自我嘲諷，正像楊逵在作品所寫：「炮聲、轟炸聲震天價響，——在這樣的時候，他賣命寫完了這部《共榮經濟理念》，還希望人類能覓到良心，恢復原始人的樸實與純，實在是再天眞也沒有的了。做一個朋友，他固然値得敬仰，但爲人爲己，時代已不再容納此書呆子了。」這是一個處於愚昧狀態中的知識分子的遭遇，一方面是殺人的侵略戰爭，一方面卻追求什麼共榮，豈不是異想天開，白日做夢？但對一個清醒者來說，現實仍然是極端殘酷的，明知日本人訛詐，還得自動送上門去。兩個故事貫穿著一個主題，那便是日本人的「大東亞共榮」不過是徹頭徹尾的欺騙。因而作者在作品中痛斥道：「大東亞戰爭就以共存共榮爲標榜」，「可憎的共存共榮呀！」作家寫這篇作品的目的，就在於「我的意圖是剝掉它的狼皮，表現這隻狼的眞面目。」

值得一提的是楊逵的劇本《牛犁分家》的深刻寓意。劇本描寫了臺灣一個農民耕南一家家庭分裂，最後又合夥的複雜經歷。耕南有兩個兒子，一個叫大牛，一個叫鐵犁。在日本人面前他們受到百般欺凌，但卻一致對外，從不屈服，心裏牢牢惦記著自己的祖國，時時渴盼著：「日本戰敗的話，臺灣便可以光復，回到祖國懷抱，不就可以把日本人通通趕回去了嗎？」爲了這一天他們付出了多少代價？但是，當抗戰勝利後，兩個兒子卻鬧起了分家。一個分了犁，一個分了牛，你不能耕，我不能種，結果把祖宗傳下來的田地都荒蕪了。作品如此富有哲理地寫道：「外患易防，內憂難治，……日本侵犯我們國土的時候，大家都容易認識誰是敵人，人家待我不好，大家也非常敏感，也就容易提防。可是自己心裏頭的仇敵——比如自私、壞脾氣、錯誤觀念、不好習慣……都很難發覺，也就不易醫治的。但這一切卻是擾亂和平的根源。」楊逵用非常樸素的語言，道出了非常深刻的哲理；用非常鮮明的形象，寫出了非常迫切的問題。日本人侵略是外患，大敵當前小恩小怨都可以化解，兄弟之間的糾紛是內憂，外患消除了，內部矛盾便突現了出來。兄弟鬧分家，一個分了牛，一個分了犁，弄得兩敗俱傷。事實說明只有牛犁合作無間，才能安居樂業。楊逵的苦心在於呼喚民族團結，國家統一。看了這樣優秀的劇本，內心非常感動，也爲中國有楊逵這樣偉大的作家感到驕傲。

第三節　融滙著深邃思想的現實主義小說藝術

1.楊逵的作品和時代跳動著一個脈膊，共震著一個旋律。世界上任何一個偉大作家的作品都必定和他的時代共震。和他的人民同呼吸，同命運。否則永遠喚不起人民的共鳴，做不了時代的寵兒。但要使自己的作品與時代共震，與人民同呼，是不是像有的人想像的那麼容易，理解的那麼簡單？只需要選擇時代重大的題材描寫就行呢？否。要想作到這一點，絕不僅僅是個題材的選擇問題，而是含納著高度的意識修養和藝術造詣。如果一個作家缺乏高度的意識修養，儘管他選擇了時代的重大題材，但他卻無法表達出具有時代高度的思想。反之，一個作家有了高度的藝術修養，即使他選擇的題材，表面上並不是時代的重大的題材，也能夠生發出達到時代高度的光輝思想。例如楊逵的《泥娃娃》，從表面看，是個極普通，極不起眼的題材，但是經楊逵一生發，它便具有了巨大的意義。幾個小孩捏塑的小泥人不是一般的小泥人，而是日本人的大兵、戰艦，這些東西在當時的生活中是足以置千百萬人於死地的龐大而凶惡的怪物。但讓小孩來把他們捏成泥娃娃，其威風就大減了。泥娃娃自然怕暴風雨，就像日本帝國主義怕革命的暴風雨一樣。暴風雨一來，他們便都成了爛泥。這一光輝思想不僅達到了當時時代的高度，而且具有很強的前衞性。眞可謂化腐朽爲神奇，這種化腐朽爲神奇的辦法和過程，就是一種藝術方法的實施和體現過程。作家有了藝術的胸襟和觸覺，才能將泥娃娃和日本兵連在一起；才能把泥娃娃和暴風雨連在一起，一環套一環，一物降一物。經過作家的整體藝術構思，一個輝煌的藝術大廈就被建築起來了。由此可見，在很多情況下思想和藝術是連在一起的。表達高深的思想，需要高度的藝術技巧，有了高度的藝術技巧，才能表達出輝煌的思想。楊逵作品與人民共呼，與時代共震，既是思想的功力，也是藝術的功力。

2.純熟的象徵手法的運用。翻開楊逵的作品，整體象徵和部分象徵不斷地交替出現。比如，以小泥娃娃象徵不可一世的日本帝國主義；以花芽萌發象徵新思想新形勢之出現；以壓不扁的玫瑰花象徵著壓不倒的革命意志和品質等等。象徵手法在作品中有時對昇華作品的主題，提升作品的檔次，有著立竿見影的奇效。例如《春光關不住》中作者這樣寫道：「你寄來的那株玫瑰花，種在黃花缸上，長得很茂盛。枝頭長出了許多花苞，開滿著血紅的花。我再也不寂寞了……」，「有一天，去找林建文，我才聽他談起了黃花崗的故事。」非常明顯，把玫瑰花種在「黃花缸上」是「黃花崗上」的諧音，而玫瑰花是黃花崗七十二烈士不死的革命英魂的象徵，因而有了黃花缸上開著血紅花的玫瑰，主人公就再不寂寞了。這種象徵給人以深遠的回想，高尚情操。於是作品就不是寫主人公對一般玫瑰花的情感，而是對革命者的崇敬了，作品的主題和品格也就驟然獲得了昇華。

3.兩極對照。就是把兩種截然相反的事情和人物放在同一個展臺上，讓人們看出他們的高下和優劣。例如作家在《模範村》中塑造了父子二人。父親阮固是個禍害人民的陰奸地主，而兒子阮新民卻是一個具有先進思想的抗日戰士。一個「固」，一個「新」，兩個尖銳對立。他們走著截然相反的道路。阮新民最後脫離家庭，斷然的回到祖國去追尋和實現自己的革命理想。一個展臺上擺出兩種人格，兩條道路，供人們去評價去選擇，這種方法可能比一篇說教的論文，更能啓發人，教育人。

附註：

①《前進廣場》第十五期（一九八三、一一、一九出版）。

第三章　臺灣小說發展期的其他作家和作品

這個時期臺灣中、短篇小說中比較優秀的，受到讀者歡迎的作品不少，楊華的《薄命》、楊逵的《送報伕》和呂赫若的《牛車》三個短篇，一九三六年由胡風譯成中文，同時收入到上海文化生活出版社出版的譯文叢書中的《靈山》（朝鮮臺灣短篇小說集）中。據說，這是臺灣小說第一次被介紹到大陸。這個時期臺灣小說創作不僅數量空前，而質量也大爲提高，作家隊伍遍及臺灣和日本。尤其値得注意的是，這個時期出現了長篇小說。林輝焜的日文長篇小說《不可抗爭的命運》在臺灣《新民報》上連載半年之久。描寫封建社會制度下，臺灣婦女在婚姻和家庭生活中的不幸命運。在林輝焜的《不可抗爭的命運》之前，賴慶的日文長篇小說《女性的悲曲》也在臺灣《新民報》連載一年之久。這部作品的題材和林輝焜那部長篇大同小異，也是描寫臺灣婦女不幸命運的。另有陳垂映的長篇小說《暖流寒流》一九三六年在日本由臺灣文藝聯盟東京支部出版發行。這個時期値得敍述的小說家相當多。這個時期的小說家中，有的以小說創作爲主，有的以詩創作爲主兼營小說，有的以文藝活動家馳名文壇。這裡我們重點敍述以小說創作爲主的作家。

第一節　王詩琅（王錦江）

王詩琅，筆名王錦江、王一剛，一九〇八年二月二十六日生，臺灣省臺北市人。七歲拜秀才王采甫學習中文，十歲入臺灣師範學校附屬公學就讀。因接觸從大陸傳到臺灣的新思潮較早，一九二七年參加臺灣青年黑色聯盟，一九二八年參加臺灣勞動互助社等抗日團體，兩度被日本入侵者逮捕入獄。抗戰期間曾渡海來到上海、廣州任報社編輯等職，一九四五年日本帝國主義投降後返臺，任《民報》編輯，兼任國民黨臺灣省黨部幹事及臺灣通訊社編輯主任。一九四八年任臺灣《和平日報》總主筆，後又曾主編《臺北市誌》、《臺北文物》季刊和《學友》雜誌等。

王詩琅是文學全才，既寫詩，也寫小說，既寫評論，也寫兒童文學。既精中文，也能日文。但王詩琅一般堅持用中文寫作。他說：「我不是不會日文，而我大多數的作品用中文來寫，是基於民族感情，一份對於國家民族的熱愛。」①他的小說作品有《夜雨》、《青春》、《沒落》、《老婊頭》、《十字路》等。張良澤曾爲王詩琅編輯出版了《王詩琅全集》十卷。

王詩琅小說的最大特色在於，他生長在臺灣最大的城市臺北市，對日本帝國主義蹂躪下的臺灣城市生活非常熟悉，因而他集中選擇城市題材進行描寫。形成了三十年代臺灣早期城市文學的風貌。由於王詩琅曾是抗日志士，曾組織和參加過抗日運動，因而他在作品中描寫了工人罷工，知識分子的動搖、徬徨和覺醒等。

《夜雨》是王詩琅很重要的一篇小說、作品描寫了臺灣印刷工人不堪忍受日本人和資本家的壓榨而罷工。工人有得罷工失敗後生活無著，心情非常煩燥不安，在家裏和妻子吵嘴打架。由於生活極度困難不得不同意自己的女兒秀蘭，到自己最鄙視的咖啡店去當女侍。作品通過有德的反思，對臺灣印刷工組合人員總同盟領導的罷工失敗的原因，進行了總結和概括。作者寫道：「結果歸於職工的全面慘敗，究其原因，雖是惡劣的業主對抗工人，向內地（指日本）大量的移入工人及新雇臺灣人，買收內奸，來攪亂陣營，就是自己們的團結不固，指導方針不好，任幾個人操縱，也不能說沒有責任……」作者借主人公之口對臺灣早期罷工失敗的原因，總結得非常準確。也符合一般工人運動的規律。從工人運動史觀察，早期工人運動失敗的原因，大都越不出敵人的殘暴鎮壓，領導者方針策略的錯誤和內奸工賊的出賣。作者對臺灣三十年代工運失敗的原因能作出如此精確地分析，說明作家和當時的臺灣工運息息相關。這篇作品既表現了對內奸、工賊的睥睨心情，也分析了他們叛變的因素。作品中有兩個觀點的提出，是非常可貴的。其一是罷工失敗的重要原因之一是被少數幾個工頭操縱；其二是「他覺得似乎別有個大的，看不見的責任者。」把人們的思路引向深入。《夜雨》是臺灣文壇早期工人題材小說中的優秀之作。

《沒落》是描寫抗日民族運動處於低潮期，革命隊伍內部的徬徨、動搖和分化。作品中的主角李耀源，本來是一個激進的抗日青年。他和他的妻子秀娟曾因反抗家庭的阻婚而攜手私奔。她的妻子昔日也是一個「諤諤地談主義，論社會，講戀愛的，像初夏的日光下，在溪上潑潄地跳躍的新鮮地鱗魚般之新女性……」而他自己呢？更曾經「毫無顧戀地，跑到厦門去編入中學，畢業後就進入了上海大學去了。他在厦門的時候已由漠然的民族意識，把握參與的決心。到上海後，他的充滿滿腔的鬥志，時常掩瞞父母的眼睛，往還上海臺灣間活躍……」但是革命低潮到來，朋輩們有的被捕，有的被殺，有的頹廢，有的改途，這種富裕家庭出身的知識分子，就顯出了他們自身致命的軟弱、動搖、低沉和猶豫不定的弱點。當年談主義論社會，充滿幻想的秀娟，如今怎樣呢？」現在眼前的秀娟已是個善良的凡庸的家庭婦人」。而男主角李有德呢？卻服貼地聽從日本檢察官的勸告，改變了初衷：「他心裏也決意回家後，更要盡量挽回家運……老實說像自己這樣孱弱的人，只好坐在家裏讀些書做些生意。那些前衛，跑艱難之道，自己是沒有勇氣，也不適合的。」王詩琅對知識分子在順境時充滿幻想，毫無顧慮，以身相許，決心幹一番轟轟烈烈大事，到逆境時灰心喪氣，動搖，逃跑，改變初衷的特點，描寫得相當生動和深刻。作者在這篇小說中這樣寫道：「英英烈烈從容就義，大聲疾呼痛論淋漓，那有什麼稀罕？但耐久的慘憺辛勞，走充滿荊棘的艱苦之道，卻不是容易的。」三十年代中期，在臺灣的環境中作者便能概括出這樣精粹的思想，不能不令人佩服其對事物觀察的深邃。

王詩琅雖然描寫了工人罷工的失敗和處於革命低潮時期知識分子的動搖、徬徨、逃避和轉向，但他並不是一個悲觀主義者。恰恰相反，王詩琅是個樂天派；他並不是一個否定一切的人。恰恰相反，在消極的世界中他看到了積極的因素。他雖然描寫了李耀源的動搖，但是，李耀源心中的火苗並沒有完全熄滅；他描寫李耀源的頹廢，但他心中的良知並未完全泯滅。在作品的結尾作者寫道：「還清晰的耀源，覺得像浸在蜜的悲哀裏，洶湧著一股咆哮踴躍的血潮。使不得！我須踢開這塊酒盃，剷除這頹廢！」作者在漫漫的黑夜裏，看到了東方的一線曙光；在萬馬齊瘖的氣氛中，聽到了雄鷄的高啼。

作者在這篇小說的尾段，這樣意味深長的寫道：「彎到黑暗的末廣町的時候，不知道是那裡的雄鷄，朗朗亮亮底抑揚的啼叫聲，鮮明地透進東窗來。」《十字路》這篇小說中，作者這樣寫道：「只是像我們這樣無餓的人，生活是一日會艱苦一日，這款社會是會變，卻漸漸明白來。」窮人被逼得無法生存，於是要尋求生活出路，現實社會不讓他們活，於是他們就要改變它。作者在這裡不僅寫出了社會發展變革的普遍規律，而且朦朧地看到了社會變革的主要原因和動力。

王詩琅小說非常注意結構的完整。人物性格隨著故事情節的發展向前推進，故事情節在人物的行動中逐步揭示和展開，顯得非常自然和諧。不足之處是有些作品還顯得粗糙一點。

第二節　呂赫若

呂赫若，本名呂石堆，一九一四年生，臺灣省臺中縣人，畢業於臺中師範學校，當過多年教師。曾留學日本，學習聲樂，在日本演出過《詩人與農夫》歌劇，是個出色的男高音歌唱家。曾參加「厚生演劇研究社」當過《興南新聞》的編輯。一九三四年開始小說創作，處女作《牛車》一九三五年一月發表於日本的《文學評論》雜誌，聲名大噪。一九四三年《財子壽》獲臺灣文學獎。一九四四年三月出版小說集《清秋》，臺灣光復後參加臺灣省藝術建設協會和出版協會。據說一九四七年被毒蛇咬死。

呂赫若是臺灣日據時期最優秀的小說家之一。他的小說藝術成就達到了相當高的境界。作品最大的特色是善於描寫和表達家庭婚姻題材，爲處於水深火熱中的臺灣婦女鳴不平。他的小說有《牛車》、《鄰居》、《柘榴》、《財子壽》、《合家平安》、《廟庭》、《月夜》、《清秋》等。

《牛車》既是呂赫若最優秀的短篇小說，也是日據時期臺灣最優秀的短篇小說之一。作品以非常生動、細膩的筆觸揭示了在日本帝國主義掠奪和奴役下，臺灣農民生活的苦況。農民楊添丁，因家中貧困，入贅阿梅家成爲阿梅的丈夫。楊添丁靠一輛破牛車拉脚維持一家人的生活，開始生意還可以，後來由於日本人的汽車大量輸入，自行車增多，越來越少人僱用牛車拉脚了，加之日本佔領者不准牛車走公路，楊添丁的生意越來越不好，幾乎再無人僱用他的牛車。由於生活貧困，妻子阿梅經常和他吵嘴打架，懷疑楊添丁將賺的錢在外賭博和嫖了女人。楊添丁一再解釋，總不能取得妻子的信任，以致妻子撕破面皮要趕他走。因生活實在混不下去，楊添丁想放棄拉脚，棄商務農，但又沒有租金佃田。在極度困難的情况下，只好動員妻子去賣淫，自己也被逼去偷盜，不料因缺乏偷盜經驗，第一次去偷鵝就被抓住逮進了監獄。小說對細節的描寫，生動細膩。例如描寫楊添丁到處攔不到生意，一天王生突然找上門來要拉竹籮去集上賣。約定次日早上拉貨上集。可是第二天鷄剛叫他就把牛車趕到了約定地點。作者這樣寫道：「月亮也沒有，一片漆黑，唯剩來不及逃掉的幾顆星，歷歷可數，還有勁地眨著眼。從道路附近的農家，衝勁的鷄聲彼此呼應地鑽進耳朶來。楊添丁想，這麼早就出來做事，恐怕只有像我這樣的人吧。別人正睡得津津有味時，我卻在這裡等生意。楊添丁突然心境陰暗起來了。——即使這樣，老婆還駡我偷懶，沒有用。唉！——楊添丁不禁嘆息……我這般辛苦地工作還賺不到錢，這是個什麼世界呢？」再如，由於日本人不准拉脚的牛車走馬路，馬路上樹著牌子不准牛車通過。本來因日本人的汽車奪了牛車的飯碗。拉脚的農民對日本人就恨得咬牙切齒。而中國的道路又不准中國人走，更是火上加油。因此他們看見馬路邊的牌子就怒火中燒。和楊添丁路上巧遇的幾個同行，邊趕著牛車邊唱著小曲。但「突然，四十左右的男子停止歌唱，從車臺旁抽出了棍子，向路邊走去。被燈籠的光濛然地照著，路碑站在那裡。『你媽的！』一聲喊，他動手打倒路碑。但只發出拍拍的聲音，無論怎麼打路碑，路碑卻一動也不動。他狠狠地低聲喊了，『呔！這混蛋！』『好的！來拉！』喊著跳出來的男子，馬上找來了個大石頭，兩人舉了起來，用力地撞去，撞了兩三次，路碑就不費力地倒了。」將路碑撞倒以後，他們解氣地同聲說：「看你狠！」於是他哈哈大笑說：「想想看混蛋汽車要哭的樣子。在這種時候，它不能把牛車老爺怎麼樣罷！哈哈……」作家描寫農民的仇日心理非常眞實。他們不像知識分子懂得許多高深的理論，從理性擊發去反對帝國主義的侵略。楊添丁等靠拉脚謀生的農民，對日本人汽車奪了他們的飯碗，在馬路邊樹起路碑不准他們通過的事更加關心。因而他們對日本帝國主義的仇恨發洩在直接妨害他們利益的路碑上。他們這種反日情緒雖然較之從國家民族利益的角度憤而抗日的水平要低，但對於視野狹窄，目不識丁的農民來說，從這樣的事件觸發，從這樣的角度描寫，卻顯得更爲眞實自然。不難想像，當楊添丁們遇到了路碑，首先發出一陣國家民族利益被侵犯的感慨，然後舉石將其撞倒，雄壯倒是雄壯，但卻與他們自身的牛車與路碑的關係離得太遠，可能導致雖雄壯但卻乏力。這篇小說的結尾顯得相當含蓄而有力。當楊添丁勸妻去賣淫，並算著去偷鵝成功就可湊夠租金可以棄商務農的夢正在實現的時刻，卻不料「哎呀！」一聲，他的衣服被追趕者抓住了。「大、大人——」他像臨死似地叫了一聲。一切便都被滅了。這個結尾告訴人們在日本帝國主義的奴役下，是沒有中國農民的活路的。

《廟庭》和《月夜》分開是兩個短篇，合起來是一個中篇，故事有著連續性。小說描寫了農村姑娘翠竹在封建婚姻制度迫害下的不幸命運。她和表哥本來是幼時的青梅竹馬。但因家庭包辦錯過良機，自己被迫嫁人，表哥也作了人夫。更不幸的是，翠竹出嫁不久，丈夫卻短命而亡，父母在不了解內情之下，又將她嫁給了一個慣於玩弄婦女，曾經換過七次妻的男人。這一家的婆母和小姑，對翠竹十分兇狠，終日虐待打罵，難以生活下去。一次翠竹被打回了娘家，遇上表哥從城裏回來，翠竹的父親卻托他將翠竹再送進火坑，與婆家和解。表哥將翠竹送回婆家，返回途中，就聽到翠竹不幸被打的消息，他再返回時，翠竹卻投了河，幸虧救的及時，翠竹才免於一死。但她卻被置於了既不能回娘家，也不能在婆家生存的兩難境地。作家通過巧妙構思，不僅否定了封建婚姻制度，而且否定了那個吃人的社會。在那樣的社會和婚姻制度下，娘家是陷阱，婆家是火坑。對翠竹來說，要麼自殺身亡，要麼徹底背叛，沒有中間路可走。作品以這樣不可辯駁的事實，激發著人們的思考。《財子壽》也是描寫婦女不幸命運的。玉梅是一個非常賢淑端莊的姑娘，海文的妻子去世後，作了這個虛僞而又貪婪，淫蕩而又吝嗇的保正的二任妻子。由於她過於賢慧和善良，卻被海文的姘頭侍女秋香奪了家權，最後逼成了神經病，永遠住進了瘋人院。

呂赫若在日據時期的臺灣文壇上取得顯著地位，不是因爲他的作品思想的偉大和突出。這方面，他無法和吳濁流、楊逵相比，甚至也無法和王詩琅、朱點人匹敵。築起呂赫若文學雕像的，是他小說的藝術成就。呂赫若的小說描寫生動細膩，結構均衡適中，人物鮮活生動，言語乾淨明快。呂赫若不僅善於描寫人物的心理活動，尤其善於刻畫和雕塑人物的外部形象。例如他在雕塑迫害翠竹的主角之一的惡婆婆時，這樣寫道：「婆婆是個六十歲的老婦人，臉非常長，如同馬臉一樣。細瞇著兩個眼睛，邪惡地和額粘在一起，往後吊起。頭髮幾乎掉光了。彷彿在某處牙科醫院可見的照片那樣，汚穢的四、五顆牙，掩盡了臉的下部。瘦骨嶙峋的身體，細小的脚，小小的纖足，好不容易支撐著身子，那眼睛和鼻子各個都令人想到非常豪傑型的老婦的銳氣……」這全然是一幅又可憐又兇狠的封建老太太的模樣。如果說這是一幅漫畫，彷彿在某些部位又可透露出畫面背後的意蘊。

呂赫若還是一個小說中的風景畫畫家。在他的小說中，已改變了中國傳統小說中那種極簡單的，星星點點，點綴式的風景描寫，而是進行大張大張的工筆風景繪畫。例如《財子壽》中作者在描寫海文的住宅和住宅周圍的環境時竟然化去了三頁半，約兩千餘字的篇幅。這種風景的描寫由遠及近，由外到內，層次分明，錯落有致。這種風景的描寫並非閑筆，而是爲了表達貪婪吝嗇，連親弟兄遭逢不幸都不肯收留的宅主海文的性格作舖墊的。呂赫若筆下的風景，大都達到了情景交融之境，一般都和作品中人物的處境和情緒緊密地連繫在一起。比如《牛車》中和楊添丁因生活極困苦的憂愁情緒和衆農民們因肥料價上漲，米價下跌的煩惱心情相應和，作家作了這樣一段風景描繪：「青空上，像吐散的唾沫一樣的白雲飄著，熱暑不客氣地四面圍住。像張開雙手向前擁抱似地迫近的山，肚皮上有些地方顯出了紅肉，因有了陽光，使人覺得刺眼。竹林、相思林、甘蔗田，一切都沈默著……」

呂赫若是個運用語言的高手，表現力極強。例如描寫窮人家的孩子飢中得食的模樣：「弟弟馬上不哭了，用小嘴有味地嚼著，鼻涕和眼淚混著飯一起流進了嘴裏。」又如描寫農民餵牛時的模樣：「

一面捧草送進牛欄裏給牛吃，他把衣衫的扣解開地站著，用草笠向著胸口扇風」。再如描寫風景的精練句子：「天氣晴朗，太陽燃燒著街道」。呂赫若的小說語言生動、簡潔、鮮明、形象，讀了之後，他所描寫的對象歷歷在目。上述每個句例都是一幅圖畫。

呂赫若的作品，標誌著臺灣小說向著成熟期邁進。他的作品對後來的臺灣作家有較大的影響。升起在臺灣文壇六、七十年代的小說明星王禎和的代表作《嫁妝一牛車》，和呂赫若的《牛車》有著某種血緣關係。兩篇作品名字幾乎相同，兩篇作品的主人公都從事牛車拉脚，王禎和的《嫁妝一牛車》中的主人公叫萬發。呂赫著《牛車》中的米行稱爲萬發精米所；王禎和的《嫁妝一牛車》的女主角靠公開與人通姦養家糊口，呂赫若《牛車》中女主角靠暗地賣淫爲生。當然兩篇作品雖然有某種血緣關係，但卻是不同時代的產物。《嫁妝一牛車》對主題的開拓，對人物的刻劃都遠遠地超過了《牛車》。

第三節　張文環、林越峰、張慶堂等

張文環：臺灣省嘉義縣人，一九〇九年生，一九二一年公學校畢業。一九二七年赴日留學，一九三一年入日本東洋大學文學部。在此期間曾與蘇維熊、王白淵、巫永福等發起組織「臺灣藝術研究會」創辦《福爾摩沙》雜誌。一九三八年返臺，任《風月報》編輯，曾創辦《臺灣文學》與日本人辦的《文藝臺灣》相對抗。張文環是臺灣著名的新文學運動的活動家，也是跨代的臺灣小說家。他的小說作品有：《落雷》、《哭泣的女人》、《父親的要求》、《過重》、《部落的元老》、《父親的顏面》、

《豬的生產》、《兩個新娘》、《憂鬱的詩人》、《藝妲之家》、《部落的慘劇》、《論語與鷄》、《夜猿》、《頓悟》、《鬪鷄》、《媳婦》、《芳香的泥土》、《雲之中》等。一九七四年又完成長篇小說《在地上爬的人》此書以日文在日本出版。後由廖清秀翻譯成中文《滾地郎》在臺北出版。一九七七年開始寫長篇小說《從山上望見的街燈》未寫完即病逝。張文環的短篇小說《父親的顏面》曾入選日本「中央公論」小說徵文第四名，《夜猿》獲皇民奉公會第一屆「臺灣文學賞」。

張文環的小說擅長描寫臺灣農村生活，刻畫農民形象。通過臺灣人民的苦難生活，表現出人性的悲憫。葉石濤曾在《張文環的文學特質》一文中，這樣評價張文環的創作：「張文環的文學特質在於他濃厚的人道精神……他所關懷的是頑強地扎根於泥土的農民，那被欺凌、被虐待的生活，剛好日據時代的殖民地臺灣，正是此種缺乏『做人條件』的地方。他透過臺灣農民被欺凌、被損害的悲慘生活的描寫，成功地闡明了全世界每一個角落裏的農民那樣謙和、樸實的普遍靈性。」張文環的長篇日文小說雖然創作於七十年代（編按：指《在地上爬的人》），但仍然是以日據時期臺灣人民的苦難生活為題材的。它以自己的家鄉臺灣省嘉義縣梅山鄉為背景，再現了臺灣農民在日本人奴役下的五十年的痛苦經歷。不過在張文環的小說中，很少看到臺灣人民以武裝的和非武裝的與日本帝國主義進行殊死博鬥的身影，這一缺憾減弱了他作品的時代特性。

林越峰：本名林海成，臺灣省臺中縣人。一九〇九年六月九日（陰曆）生。十五歲公學校畢業，後又讀夜校，進德育軒書房學了兩年中文。十八歲與兄學木車工，並對文學發生興趣。一方面創作，一方面參加文學活動。他曾加入「臺灣文化協會」並被推為委員，又曾加入「臺灣藝術研究會」。一九三四年他擔任「臺灣文藝聯盟」的籌備委員，爲臺灣全島作家的大聯合作出了貢獻。林越峰的創作以小說爲主。他的中篇小說有：《最後的喊聲》、《油瓶的媽媽》，短篇小說有：《到城市去》、《好年光》、《紅蘿蔔》、《月下情歌》、《無題》等。

林越峰的創作目的十分明確，他不是爲了當作家，而是有感於敵人的殘暴，民族的苦難，他是以傳遞民族文化的香火，反抗民族的敵人爲己任而秉筆創作的。林越峰說「我根本不知道什麼是小說，只是人家寫我也跟著寫而已。但是當時卻抱著一個希望——就是對抗日本人，不讓異族統治，更不願漢文被日本當局禁誡，因此多寫一篇小說，就多一篇白話文，多寫一日的白話文，漢文就能多保存一天。」他創作的另一個目的是要促進改革，爲社會的發展進步獻力。他說：「我寫作的目的並不是想當小說家，而是利用小說，可以講一些改革舊制度的話，如舊禮教、壞風俗等，當然也蘊含著民族意識。」出於這樣的創作目的和動機，林越峰著力描寫在日本人的殘酷統治下臺灣同胞的悲慘命運。《到城市去》描寫農民忘八一心羨慕城市的洋房、汽車、大馬路……於是將田產賣掉帶著老婆進城，但進城後卻遭到了種種不幸。最後將老本都賠光，被迫當了小偷。錢還沒有偷到手就被人家發現，在別人追趕之下，掉進河裏淹死。作品表明城市雖有高樓大厦濶馬路，但在異族統治下的城市是中國農民的陷阱和火坑，而非福地。《好年光》以好收成壞命運的題旨表現了不管收成好與壞均沒有農民的好日子過。林越峰的小說眞實的揭露了日本人奴役下臺灣農村的眞實情景，回答了農民不幸命運的根源所在。

張慶堂：臺灣省臺南縣新化鄉人。他的小說作品有《鮮魚》、《年關》、《老與死》、《他是流眼淚了》等。張慶堂也是一位擅長臺灣農林題材的小說家。他筆下的人物雖然在苦難中呻吟，但卻有著強烈的求生意識。《鮮魚》描寫農民九七，因不願受地主的壓榨，將牛賣掉到城裏當了人力車夫，但卻因肚餓身虛，一天在上坡時控制不住車柄，悲慘地撞死在汽車下。《老與死》描寫農民鳥肉兄死了妻子後，自己和小女過活，生活十分艱難，又遭到日本警察的毒打，病魔纏身，但他要頑強地活下去，無論如何他不能死，因爲「他是負著養大她的重大責任啦！」因而他憑著堅韌的求生欲望，戰勝了一個又一個磨難終於活了下來。作家著力表現了人的頑強的意志對人生的巨大推動作用。張慶堂的小說語言簡練優美，許多地方都充滿著詩情畫意，洋溢著散文美。請看《鮮魚》開篇的一段描寫：「冬天漸漸地被地球拖了過去，久躲在濃霧裏頭的太陽，逐漸地恢復它的元氣來，浮在東方山尖上，吐出柔軟而溫暖的光線，罩遍了宇宙。久遭嚴冬威脅而枯萎著的草木，現在承了春光愛撫，在光滑的枝上，浮出一種使人欲觸摸的富有誘引力的嫩葉，快樂地迎著春風，日漸生長起來。」這完全可以成爲一篇獨立的散文詩，如果給它加個標題《生命》之類，頗貼切。

附註：

① 《日據時期臺灣新文學作家小傳》第九十三頁。

第四章　臺灣早期現代派小說的萌芽

第一節　臺灣早期現代派小說萌芽的歷史和文學背景

文學新流派的孕育和產生，總是以一定的社會和文學發展總趨勢爲母腹的，它必定產生在一定的社會和文學的土壤中。臺灣早期現代派小說萌芽於三十年代中後期，是由於臺灣的社會和文學的總趨勢爲其提供了條件。從社會角度看，到了三十年代中後期，即一九三七年的「七、七」蘆溝橋事變之後，日本帝國主要全面實施它呑併亞州和全世界的侵略計劃，其侵略野心膨脹到了極點。爲了適應這一侵略戰略，他們在政策和策略上進行了一系列調整。例如：爲呑併全世界進行戰略準備，他們對中國採取了速戰速決的方針，妄圖在極短的時間內，將中國納入日本版圖；爲解決其不斷伸長戰線的兵力不足，他們決定了在殖民地廣泛徵兵的政策；爲鞏固根據地，他們更加瘋狂地鎭壓臺灣人民的反抗，並全面地推行「皇民化運動」。這樣臺灣局勢變得更加血腥和黑暗，非武裝抗日活動越來越困難。尤其是禁止使用中文，大搞文字獄，迫使大批不願用日文創作的作家失去了陣地，非武裝抗日活動進入空前的低潮，知識分子進一步發生分化。不怕殺頭的，仍以各種形式進行反抗活動。有的則陷入了頹廢、動搖、徬徨和苦悶之中。這種政治形勢和低氣壓的社會氣氛就成了回避和淡化政治，表現手法較爲灰色和隱蔽的現代派小說孕育和萌芽的背景。臺灣小說是吸取中國的古典小說、話本及近代白話小說和五四時期的新小說的奶水誕生和成長的。基本上呈現著兩種風貌：一是存留著濃重的古典章回小說的意味。二是具有五四白話小說的風韵。像張我軍的小說《買彩票》、《白太太的哀史》等，就是實例。但是到了三十年代以後，臺灣作家的視野有了很大的擴展，他們讀書的範圍也不再限於中國的古典小說和現代白話小說。不少作家大量閱讀日譯的西方作家作品，很多世界名著，都在他們咀嚼之列。他們開始吸收與借鑑西方的現代派小說藝術。

也正是在這個時期，臺灣早期的現代派老詩人楊熾昌（水蔭萍）從日本把西方現代派的詩轉引進了臺灣，並創立了臺灣第一個現代派詩社「風車詩社」，創辦了臺灣第一家現代派詩刊《風車詩刊》，形成了以楊熾昌為首的臺灣早期的現代派詩人群。楊熾昌談起當年他倡導臺灣早期的現代派詩時講：「在日本統治下的臺灣殖民地，從事文學創作的處境困難，實非局外人所能了解，我雖然專攻日本文學不成，但也體認文學寫作的技巧方法很多，寫實主義必定引發日人殘酷的文字獄，因而引進法國正在發展中的超現實主義手法，來隱蔽意識的表露。當時我的詩作多在日本詩誌發表，進攻日本詩壇，為日本文壇所肯定。由於在殖民地寫文章的困難，提筆細小心，如能換另一個角度來描寫，來透視現實的病態，分析人的作為，思想的所在，則能稍避日人兇焰。」①楊熾昌的這段話清楚地闡明了臺灣早期現代主義產生的歷史和文學背景。但現代派的詩和小說在表現形式上，卻各具特點。三十年代萌芽期的現代派小說，最主要的一個藝術特徵便是強化人物的心理刻畫，深入挖掘人物複雜的內心世界。情節、結構上透出某些淡化迹象。語言上表現出淡淡的洋化氣味。主要代表作家是翁鬧和龍瑛宗。

第二節　翁　鬧

翁鬧，臺灣省彰化縣人，一九〇八年出生，一九四〇年前後卒於日本。他早年畢業於臺中師範學校，曾擔任教師，後赴日留學。曾和王白淵、蘇維熊、巫永福、吳坤煌、劉捷等一起組織「臺灣藝術研究會」創辦《福爾摩沙》雜誌。他的主要小說有《音樂鐘》、《憨伯仔》、《羅漢脚》、《殘雪》、《天亮前的戀愛故事》等。《憨伯仔》曾入選日本「改造社」的文藝佳作，獲好評。

翁鬧的小說，與日據時期其他臺灣作家的小說有兩個不同特點：一是他的作品較洋化，二是大量地展開人物的心理描寫。第一個特點，主要表現在表達方式和語言的使用上。日據時期臺灣小說家，一般採取批判現實主義的表現手法，來揭露日本佔領者在臺灣犯下的殘暴罪行，表現臺灣同胞在日本人的奴役下的痛苦、呻吟和反抗。多數人的作品是以鮮明的主題，性格突出的人物，較爲曲折的故事情節來體現創意和自我風格完成。而翁鬧則不同，他除了《憨伯仔》是表現臺灣人的苦難之外，其他作品大都是描寫青年人浪漫的愛情的。《憨伯仔》這篇表達以憨伯仔爲代表的臺灣人民的苦難的作品，也沒有中心故事和中心情節，而是按照人物生活的自然流程，步步推進。既沒有重大的波瀾，也沒有明顯的起伏；既沒有不滿的怨恨，也沒有抗擊的行動。像一條濺不起浪花的小河，從起點到終點自生自滅。這種表現方法雖可以「日久見人心」，慢慢展現人的性格，但卻缺少激動人心，使人感奮的力量。《天亮前的戀愛故事》的表現方法和日據時期其他愛情作品的表現方法相比，更是大異其趣。作品用第一人稱，以我的口氣和對方談話，從頭談到尾。作品開始既不交待地點，也不交待人物。不僅時空和人物模糊，連那談話內容也十分奇怪。從鷄和鵝的交配引伸到人的戀愛，但卻只空空議論，久久不進入故事情節，直到作品結尾，說話人和聽話人的關係還不大清楚。只是從這樣的描寫中：「眞正善良的你！請不要哭。被你一哭，下次我再來找你，會使我的心變得沉重，脚變得遲鈍。眞正善良的你！請不要哭。再說，如果你答應我下次再來以前，願意一直就你自己和我的命運認眞的想一想，那麼我就答應下一次再來找你。」只是從這裡我們看到了一點信息，原來是一男一女在談關於他們共同命運的事。再同標題連起來，才知道這關係他們命運的事是愛情。再從這樣的描寫裏「天要亮了。我非趕時間不可，請送我到門口吧。」我們才知道他們是在黑夜裏談了一個通宵。但奇怪的是，他們雖然談了一個通宵，卻只是一個人在講，而且講話內容沒有多少觸及到他們兩人之間的終身大事。作品中插入的兩件戀愛故事也很奇特，和中國人的戀愛完全不同。第一個故事是突然看見一個陌生但卻美麗的姑娘就跟踪追迹，當追到了姑娘家裏，那姑娘正要出嫁。第二個故事，偶遇一個美麗的姑娘便順著地址追到人家家裏，連姑娘的名字都不知道，見了姑娘的母親劈頭蓋腦就說：「伯母，請把令嫒嫁給我吧！」結果又碰了一鼻子灰。這種愛情，這種表現方法和中國的人情常理，心理習慣，和愛情方式都格格不入。因而我以爲翁鬧《天亮前的戀愛故事》從內容到形式都非中國貨。這是一種洋化而並沒有洋化到家的產物。在語言的運用上，翁鬧的作品不像日據時期其他臺灣作家大量使用臺語，有不少語句，顯然是混合和吸收了外來語言。因而翁鬧的語言比較流暢易懂。《光復前臺灣文學全集》中，別的作家作品都有大量注釋，而翁鬧的作品連半條注釋都不需要，就是很好的證明。

第二個不同於同時期其他臺灣作家作品的特點，是大量而熟練地心理描寫和著重揭示人物的內心世界。翁鬧的心理描寫，是把人物放在矛盾的衝突中去表現。這種矛盾衝突的形式在翁鬧的作品有以下三種。其一是探求；其二是選擇；其三是追尋。探求式主要表現在《音樂鐘》中。這篇作品作家給「我」安排了一個非常奇妙的環境。「我」的祖母家裏突然來了一個美麗無比的少女，「我」一見那美女就有點動心。可是那天晚上偏偏好運來臨，安排我和叔叔與那美女同住一房。叔叔又開玩笑地說：「喂！你跟她一塊兒睡吧。」我雖不好意思，心裏卻想。於是在叔叔和那美女熟睡之際，「我慢慢開始伸手過去。只想撞一撞那女孩的身體。當然，只要女孩和叔叔沒發覺，未嘗不想輕輕摟抱一下。」可是在又想又怕的心理支配下，儘管一夜沒睡覺，摸了個通宵，「我的手始終不曾搆到女孩。」在探求和探求不到之間，在幻想和現實之間，在欲望和目的之間，差那麼一點點距離，主人公的心就在那一點點距離之間掙扎、搏鬥、伸屈、徬徨，但最後也沒能達到目的。就像一個人要摘樹上熟透的果子，手指和果子之間相差針尖一樣的距離，但就是到不了口，於是那欲望不但不會冷卻，而且愈燒愈烈。這就為心靈的劇烈震動創造了條件，也為心理描寫，展開了天地。選擇式主要表現在《殘雪》中。臺灣留日學生林春生，在臺灣時和少女玉枝相愛，因玉枝的養父要拿玉枝賣錢，阻撓林春生和玉枝的婚姻。林春生為了到日留學，以另一種方式保持和發展同玉枝的愛情。他去了日本後，不料日本姑娘喜美子一見到林春生就主動要求到林春生的住地和他同住。雖然同一個屋頂下，但他們卻互不侵犯。後來他們分開後，喜美子從北海道來僅向他表示好感，林春生在臺北和北海道、喜美子和玉枝之間游弋徘徊，不知道該回臺北還是去北海道，不知道接納喜美子還是和玉枝相守舊盟。這種舉棋不定的心理狀況，正好是心靈藝術家施展才能的最佳場所。追尋式主要表現在《天亮前的戀愛故事》中，這個故事中的主人公「我」，毫無目標地在愛情的道路上浪擲，看到一個漂亮姑娘就追，第一次費了九牛二虎之力，追到了姑娘家裏，姑娘的哥哥告訴他，令妹就要舉行結婚典禮。第二次追到了姑娘家裏，其母對他說：「對不起，她有未婚夫在家鄉。」經過一次次的失敗，一次次地碰釘子，彷彿使他變得穩重了一些。因而雖然與眼前的姑娘談了一個通宵，也沒有馬上肯定下關係。這種愛情的曲折，引起了主人公思想上的一個個波瀾，這波瀾正好展示出了主人公內心裏的隱秘。

翁鬧作品中象徵手法的運用也相當成功。尤其是《音樂鐘》中作者把「多多多雷，咪咪咪雷，多多多拉梭」彷彿無處不在，無時不鳴的音樂鐘聲，作爲對女性的一種追逐和嚮往，不僅適切地表現了那種思縷不絕的精神狀況，而且表現出了濃郁的詩的情趣。這篇作品的意境和語言，像優美的散文詩，那短小而精練的結構，那餘音裊裊之聲，都蘊蓄著濃烈的詩意。《殘雪》用來表現日本的冬季景象和象徵林春生那舉棋不定，無所適從，選擇中透出悲涼的心境，頹敗的情緒，也是很貼切的。翁鬧作品的主題思想與他所處的敵人瘋狂，人民苦難，鬥爭悲壯的時代相比，是很不相稱的，顯出了逃離時代的知識分子的無力和蒼白。處在那樣所有人都面臨著生死選擇，國家和民族的生死存亡的歷史關頭，既沒有表現對日本帝國主義的抗議，也沒有表現出對革命者的贊頌，不能不是一種遺憾。

第三節　龍瑛宗

龍瑛宗，本名劉榮宗，臺灣省新竹縣人。一九一一年生，一九三〇年畢業於臺灣工商學校，後入臺灣銀行南投分行工作。龍瑛宗在學校讀書時便喜愛小說，曾熟讀莫伯桑、左拉、福樓拜爾、契柯夫、杜斯妥也夫斯基等世界名家的作品。一九三六年日本《改造》雜誌舉辦小說徵文，龍瑛宗以一試的心情送去了處女作《植有木瓜的小鎭》，獲該徵文的「佳作推荐獎」，一鳴驚人，登上了文壇。龍瑛宗一九三〇年參加「臺灣文藝家協會」，並任該協會刊物《臺灣文藝》編委。一九四一年入臺灣《日日新報》，臺灣光復後任《中華日報》日文版主任，一九四九年又返銀行界任臺灣合作金庫人事室副主任，一九六七年退休，仍堅持寫小說。他的小說作品有：短篇小說《黃家》、《猿》、《宵月》、《植有木瓜的小鎭》、《黑少女》、《海在月光下》、《春姑逝矣》、《蓮霧的庭園》、《南海之涯》、《邂逅》、《死在南方》、《白鬼》、《白色的山脈》、《獏》、《祖流》、《夜黑風高》等，中篇小說：《媽祖宮的姑娘們》，另有文學評論集《蠹魚》和隨筆《女性素描》等。進入七十年代，龍瑛宗七十歲之際又創作了長篇小說《紅塵》。

研究龍瑛宗，一般以《植有木瓜的小鎭》爲代表作。這篇作品描寫了日本統治下的臺灣知識分子陳有三的軟弱無力的人生之道。陳有三中學畢業後無所事事，後來經過努力考取了鎭公所的會計補助。待遇上，日本人和同工種的中國人相差懸殊。爲了擺脫生活的困境，翌年又去通過文官試驗，並一心要在十年內獲取律師考試資格，爲了這個目標埋頭讀書。後來他愛上了同事之女林翠娥，以愛情作爲精神支柱。但是林翠娥卻作爲生活的補給品被父親賣給了鄰村一個地主家裏。陳有三失去了精神支柱，從此頹廢墮落，一切都麻醉在酒中。對於這篇作品，人們有著不同的評價。有的認爲它「不僅在臺灣文學上，在中國現代文學史上亦屬珍貴之作。」；有的卻認爲作者「對於殖民地統治的抵抗意識已呈現屈從及傾斜之狀。」；有的認爲它書出的心理描寫「否定了傳統等新的主題，開拓了臺灣文學的新方向。」葉石濤在《臺灣的鄉土文學》一文中對這篇作品有這樣的評價：「一到龍瑛宗，我們將會發現，知識分子已經脆弱墮落，潛思多於行動，而且帶有世紀末的頹廢。龍瑛宗在他二十六歲的年紀，就以處女作《植有木瓜的小鎮》獲得「改造」懸賞小說的佳作。以當時彌漫在日本文壇的偏見、歧視來說，他的獲獎證明了他有卓越才華。據龍瑛宗自己的回憶：這篇小說是他在孤獨和沈思之中孕育的。正因如此，這篇小說有的風格、情節、手法、對白，都可看出近代西歐文學的影響。他小說裏的角色已經不是土頭土腦的人物，是成爲思考複雜的現代人。因此，他的筆尖是犀利的，理智是冷靜的，所以他們對於日本人的抵抗意識也隨著昇華，變成一股被壓抑、孤獨無助的哀愁。」②葉石濤的這段評語，既想肯定，又想否定；既想褒，又想貶，呈現著一種左右爲難的矛盾之狀。其實，和楊逵等筆下的知識分子相比，陳有三是一個走向頹廢墮落的形象，這種頹廢墮落比之王詩琅筆下《沒落》中的李耀源更不如。李耀源投身抗日，雖然革命低潮中被白色恐怖所嚇倒，但他的正義之心沒有泯滅，他的良知還在支配著自己，他始終對民族的敵人抱著清醒的認識。而龍瑛宗筆下的陳有三最迫切的向上追求，也是在日本人的統治機器中求得一官半職，在統治者的嘗識中往上爬，並且有借敵人以自重，鄙視臺灣人的思想和情感。在小鎮的一片頹敗氣氛下，「陳有三不滿於此，他以經常穿著和服，使用日語，胸中燃燒著理想，向上之念，從中感覺自己有別於同族的存在作爲自慰。」這種思想和情感是非常危險的。陳有三只是因爲沒有得到日本人的賞識才沒有變成民族的敵人。假如他得到日本當局的青睞，有了向上爬的機會，將會變成壓在臺灣人民頭上的一塊石頭。對龍瑛宗頗有研究的羅純戍在他的長篇論文《龍瑛宗研究》中這樣寫道：「這篇作品毫無疑問帶有現實批判的精神，而其批判精神就隱藏在這樣一幅沉痛的世紀末畫面裏。但他也告訴我們時代已有別於賴和、楊逵等的高唱民族意識，抵抗精神的時代了。龍瑛宗筆下的知識分子，對現實社會失望，對明日絕望，更失去了民族意識，這種扭曲的心態以及脆弱得不堪一擊的空虛心靈，正構成了戰爭期間黑暗的法西斯世界來臨的前夕之縮圖。」應該說，《植有木瓜的小鎮》這篇在臺灣日據文學中有相當影響的作品，藝術上有其新的追求，內容上也含有某些十分微弱的批判性，但陳有三這位沒有民族靈魂的人物，在某種角度上也反映了作者複雜的傾向和情感。而這樣的人物是不能和楊逵等筆下的知識分子形象同日而語的。我們只把他作爲近乎反面角色留入小說史册。

臺灣小說發展期的小說創作概括起來有這樣一些特點：**1.**以楊逵爲代表形成了龐大的臺灣現實主義小說作家群。他們以各自不同地思想和藝術追求，贏來了臺灣小說五彩繽紛的繁榮局面。**2.**在寫實主義的主潮中出現了現代派小說的萌芽。**3.**由於敵人在臺灣施行暴政，臺灣的抗日民族運動產生分化。一部分向左，一部分向右。臺灣的知識分子也明顯地出現了分化傾向，一部分轉向農民爲主體的抗日行列，一部分則消極頹廢趨向墮落。這種傾向在王詩琅的小說《沒落》和龍瑛宗的小說《植有木瓜的小鎮》中有較突出的表現。**4.**從表現形式上看，小說家們已經開始熟練的運用中篇小說的形式，並且勇敢地探向長篇小說領域。陳垂映、林輝球和賴慶等的長篇小說雖然還是一種嘗試，但畢竟撞響了長篇小說的晨鐘，爲臺灣長篇小說的發展作了試範。**5.**小說萌芽期和初步發展期思想大於藝術的某些狀況已經改變，不少作家開始注意並努力實現自己藝術上的創造和追求。楊逵作品中象徵手法的大量而成功的運用，呂赫若作品中情景交融的描繪，翁鬧集中挖掘人物內心的世界，張慶堂作品中的詩化傾向等等，均豐富了臺灣小說的表達藝術。6.此一時期臺灣小說的語言藝術，也比萌芽期和初步發展期有了很大提高和發展。不僅減少了作品中臺語的青澀和阻滯之感，而且強化了語言的表現力；不僅白話成爲絕大多數作家的表達手段，而且有的作家已注意到吸收外來語的精華。

附註：

①《超現實主義的提倡者——楊熾昌》（臺灣文藝一九八六年九月號）。

②《葉石濤作家論集》第三—四頁。

第四編　日據末期和光復初期的臺灣小說

第一章　日據末期和光復初期的社會文學背景

第一節　社會背景

日據末期，臺灣兩種力量處於決戰狀態。一方面是臺灣人民的英勇鬥爭，爲迎接勝利作準備；另一方面是日本帝國主義的垂死掙扎，爲挽救其覆滅命運下最後的賭注。因而這個時期的臺灣社會更加動亂，臺灣人民面臨著更大災難。一九四一年日本爲了加緊在臺灣推行「日本化」宣布成立了「皇民奉公會」，一九四四年一月在臺灣各地普遍設立「皇民練成所」，同年九月施行「臺民徵兵制度」。但不管日本帝國主義怎樣掙扎，也改變不了他們覆滅的命運。一九四五年四月美國攻佔了冲繩島，向日本本土逼近。一九四五年八月六日和九日，美國向日本的廣島和長崎投下兩顆原子彈，並以大批飛機輪番對日本進行轟炸，八月八日蘇聯在消滅了希特勒後對日本宣戰，蘇聯紅軍迅速進攻駐中國東北境內的日本關東軍，很快將日本關東軍擊敗，攻佔了長春、瀋陽、哈爾濱等地。一九四五年七月二十六日，中、美、英、蘇四國簽署了迫令日本無條件投降的《波茨坦宣言》。日本帝國主義在全世界人民強大的反法西斯力量面前終於放下屠刀，於一九四五年八月十五日宣布無條件投降。九月一日，中國政府公布《臺灣行政長官公署組織大綱》，任命陳儀爲臺灣行政長官。九月二日，日本遞交投降書。十月二十五日盟國中國戰區臺灣省受降儀式在臺北市公會堂（後改稱中山堂）舉行。會後，臺灣行政長官代表中國政府宣布：自即日起，臺灣及澎湖列島已正式重歸入中國版土，所有一切土地、人民、政事已置於中國主權之下。次日，臺灣全省萬衆歡呼，家家張燈結彩，祭告祖先，通宵達旦，慶祝歡飲。

但是，臺灣人民歡呼抗日勝利和重返祖國懷抱的聲音還在廻響，臺灣人民回歸祖國渴望的滿足還餘味深長，「二・二八」的陰影又籠罩在他們頭上。當時，臺灣民間流行著這樣的歌謠：「臺灣光復歡天喜地，貪官汚吏花天酒地，警察橫蠻無天無地，人民痛苦烏天暗地」。一九四七年爆發了「二二八」事件。一九四七年四月二十二日，宣布撤銷臺灣長官公署，成立「臺灣省政府」。一九四八年十二月二十九日，陳誠任臺灣省政府主席。一九四九年四月十四日，陳誠宣布「臺灣省私有耕地租用辦法」，推行「三七五減租」，即將地租減爲千分之三百七十五。五月二十日，頒布《戒嚴令》，實行全省戒嚴。十二月二十七日，國民黨政府從大陸遷往臺北。

第二節　文學背景

社會政治變遷和文學既有連繫又有區別。有時政治制度的變化也引起文學題材，主題和表達方式上的變化，這樣的變化可稱之謂政治制度和文學的同步化。但有時社會政治制度的轉變並不引起文學性質的轉變。臺灣一九四五年八月由日本帝國主義的奴隸下回到了祖國懷抱，臺灣的社會政權由日本人手裏轉到了中國人手裏，但此時臺灣的文學性質並沒有發生根本變化。這是因爲日據時期雖然政權是日本人控制的，但文學卻在中國人手裏，那時文學的主流是反對日本帝國主義的，政權的變化反而實現了政權和文學性質的一致性。從臺灣光復初期的文學看，其題材和主題也沒有發生根本的變化。大批作家停筆耕耘，繼續創作的作家，還是延續過去的文學題材和主題。即使一部分作品揭露和批判的鋒芒有了轉變，這種轉變只是文學題材的轉變，並不引起文學性質的變化。因此臺灣文學的分期不應以日本人投降爲界，而應以文學自身的變化爲據。正是由於這一觀念，我把臺灣日據末期和光復初期的臺灣小說劃在一個階段之內。

日據末期，日本佔領者爲配合政治上的「皇民化運動」，曾叫嘯「皇民化文學」，一九四三年在臺灣成立所謂「日本文學報國會臺灣支部」並在東京召開所謂「大東亞文學者大會」。同年十一月由「臺灣文學奉公會」主持在臺北召開「臺灣決戰文學會議」。但此時的臺灣知識分子，並沒有被日本人的兇惡氣焰所嚇倒。他們在極惡劣的政治低氣壓下，仍以公開的和暗地的，合法的和非合法的等多種形式與敵人相對抗。一九四一年前後以張文環、呂赫若、王井泉和黃得時爲代表地成立「啓文社」創辦《臺灣文學》和日本人西川滿主編《文藝臺灣》形成對立之勢。一個反映中國民族意識，一個推行「皇民化文學」，「形成兩個對立的陣營」。這個時期臺灣小說的大家之一吳濁流，在暗暗創作日據時期臺灣文學的扛鼎之作《亞細亞的孤兒》，他把對敵人的仇恨滲入作品，表現了中國民族不屈的抗爭精神。此時的鍾理和也在大陸出版了處女作《夾竹桃》。一九四五年日本帝國主義投降後不久，楊逵便先後創辦《一陽週報》、《臺灣文學》、《力行報》、《文化交流》介紹大陸文學，接續民族文學的香火。他同時用中文和日文刊行了魯迅的《阿Q正傳》。一九四五年十一月十八日，由游彌堅、許乃昌、陳紹馨、林呈祿、黃啓瑞、林獻堂、林茂生、楊雲萍、李萬居、蘇新等成立了「臺灣文化協進會」，創辦《臺灣文化》雜誌。其宗旨是爲了溝通海峽兩岸文化，消除日本文化的影響。這個雜誌的作者包括臺灣海峽兩岸的作家學者，發表了許壽裳的《魯迅的思想與生活》等重要作品。一九四六年二月二十日，《中華日報》在臺南創刊。闢文藝專欄，發表了不少臺灣作家的作品。一九四七年五月四日，臺灣《新生報》創刊。闢文藝副刊《橋》，共出版二二三期，臺灣和大陸作家均在上面發表作品，該刊號召本省作家和外省作家「加強聯繫與合作」。這個副刊發表了蔡德本的《苦瓜》、黃昆彬的《美子與豬》、邱媽寅的《叛徒》、王溪清的《女扒手》、謝哲智的《拾煤屑的小孩》、葉石濤的《三月的媽祖》等小說。除了上述的報紙副刊外，這個時期還有臺灣民間人士新竹縣的黃金穗創辦的《新新》雜誌，從一九四五年十一月創刊至一九四六年十一月停刊，共發行了八期。該刊中、日文並行，發表了龍瑛宗的《從汕頭來的人》和呂赫若的《月光光——光復以前》等小說，成爲此一時期臺灣文學的重要園地。此外，一九四六年五月四日成立的「臺灣文藝社」由林紫貴主持，發行過一期《臺灣文藝》。

一九四五年八月日本帝國主義投降後，大陸的作家學者們從大陸到臺灣。他們中有：魯迅先生的好友許壽裳、臺靜農、袁珂、李何林、李霽野、黃榮燦、黎烈文、雷石榆等。他們與臺灣作家學者合作，爲傳播大陸文學，促進海峽兩岸文學交流作出了重要貢獻。葉石濤說：「一般來說，外省作家都肯定日據時代新文學運動的歷史性價値，認爲它是屬於大陸的中國革命的歷史任務中的一個反日民族解放運動。楊逵對這些省外作家的主張有滿腔的喜歡，這種主張跟他的文學觀十分吻合」，「正如一九四七年楊逵等人創刊的《文化交流》的主張一樣，臺灣與大陸知識分子眞正合作，共同爲新的臺灣文化的建設而努力。」①但是由於「二、二八」前後，臺灣與大陸去臺的知識分子均遭不測。海峽兩岸的文學交流受到損傷。關於大陸作家在臺灣受迫害的情景，葉六仁在《四〇年代的臺灣文學》一文中有過描述：「外省作家的處境也不比臺灣作家好多少。曾寫過《魯迅的思想與生活》的許壽裳被殺，木刻家黃榮燦也被殺，李何林、雷石榆等作家或逃回大陸或被驅逐出境。臺灣知識分子和大陸知識分子的攜手合作，建設臺灣新文化的這一頗有遠見的活動終於烟消霧散了。」②

附註：

① 《臺灣文學大綱》第七六頁至八一頁。

② 《文學界》第二十期。

第二章　以愛國情感表現「孤兒意識」的吳濁流

第一節　跨越時代與文學體裁的作家

吳濁流，本名吳建田，號曉畊（耕），臺灣省新竹縣新埔鎭人，一九〇〇年出生。一九七六年去世。他十一歲入新埔公學校讀書，十七歲入臺北師範學校的前身臺灣總督府國語學校師範部。一九二〇年臺北師範學校畢業後就任小學校教師。吳濁流是文學全才，既寫詩，也寫小說和散文，但以小說爲主。一九二七年加入「苗栗詩社」，一九三二年參加「大新吟社」，吟唱舊詩。吳濁流大器晚成，直到一九三五年楊逵創辦《臺灣新文學》雜誌時，他才在上面發表處女作短篇小說《水月》。一九四一年吳濁流渡海來到南京，任南京《大陸新報》記者，一九四二年返回臺灣，次年開始雕刻他的文學豐碑，長篇小說《亞細亞的孤兒》。一九四五年五月，在日本帝國主義無條件投降的前夕，他完成了這部長篇小說。小說原名爲《胡志明》，一九五六年在日本出版時，才更名爲《亞細亞的孤兒》。吳濁流是在毫無發表和出版希望的情況下，冒著殺頭的危險寫這部小說的。因附近住著日本警察，作者寫一部分往地下埋一部分，然後再轉移到鄉下。這部作品爲什麼題名《胡志明》，後又爲什麼更換書名，吳濁流曾有過說明。他說「爲何《胡志明》要改爲《亞細亞的孤兒》呢？因爲胡志明這個書名巧合人名，恐被誤會不得不改的。原來我命此名很多寓意，日據時代的臺灣人像五胡亂華一樣被胡人統治，又臺灣人是明朝之遺民，所以要志明，此明字是明朝漢族的意思，而且這個明字可通何字，所以可以解釋『怎麼不志明』呢？」作家的目的就是要在日本人的桎梏下明大漢民族之志，這是一種抵抗精神的顯示。吳濁流不僅自己創作，而且非常關心臺灣文學的發展。他甘願消耗自己的財力和精力，爲臺灣文學舖路。一九六四年他創辦《臺灣文藝》，一九六九年以其稿費和全部退休金創辦「吳濁流文學獎」。他的文友巫永福說：「吳濁流應是大器晚成的人。以高壽去世，卻很幸運於少年時期獲詹際清秀才的指導，打好漢學的基礎，能於光復後借機發揮，且大陸生活及臺灣的新聞記者生涯，對他的人生觀，世界觀產生極大的影響而催生他的不朽大作《亞細亞的孤兒》。尤其他的家境不惡，使他能創刊雜誌《臺灣文藝》，設立文學獎，以維臺灣文學薪火獎掖後進，乃先爲光復後第一人。」①吳濁流的作品十分豐富。臺灣出版有吳濁流作品六册。卷一《亞細亞孤兒》，卷二《功狗》（收中短篇小說八篇），卷三《波茨坦科長》（收中、短篇小說十篇），卷四《南京雜感》（收遊記雜篇），卷五《黎明前的臺灣》（收論述十六篇），卷六《臺灣文藝與我》（收論述、散文、自序三十九篇）等。另外未收入上述集子中的作品有《濁流詩草》（舊詩）、《萬里遊踪戀故鄉》（遊記）等。吳濁流是臺灣文壇上跨代和跨體裁的文學大家，在繼承和拓展臺灣新文學方面，有出色貢獻。

第二節　嚴酷形勢下臺灣早期知識分子的衆生相

吳濁流小說的最大特點是以他個人的深刻體驗，酣暢淋漓地描寫了在日本帝國主義奴役下的早期臺灣知識分子中各類形象，表現了嚴酷環境中不同階層知識分子的心理狀態，並通過知識分子的美好的和醜惡人生活動，深入地揭露了他們所處社會的血腥、醜陋、骯髒的樣相，重重地鞭撻了日本占領者和他們豢養下的奴才。所以有人從吳濁流無情地揭露社會罪惡的角度出發，把吳濁流的作品比作《目睹二十年之怪現狀》，也有人從吳濁流塑造各種知識分子形象的角度著眼，把他的作品和吳敬梓的《儒林外史》相提並論。我卻認爲，吳濁流就是吳濁流。吳濁流筆下的知識分子的殖民意識，《目睹二十年的怪現狀》中無　吳濁流筆下含著濃重愛怨情緒的「孤兒」意識，《儒林外史》則無從涉及。吳濁流作品中的主題和楊逵有些接近，都是以日本帝國主義爲打擊對象，極力保護和闡揚臺灣人民心靈深處的民族意識，以中國人的民族性來對抗日本人的侵略性。但楊逵作品中的人物形象卻不及吳濁流作品中人物形象的完整和鮮活，而吳濁流作品的主題思想又不及楊逵作品主題思想的強烈和深宏。吳濁流作品主題思想最突出的表現是以諷刺表撻伐，以追尋表思念。

吳濁流的小說概括起來可分爲這樣三種主要類型：一是無情撻伐知識分子中的民族敗類。以《先生媽》和《陳大人》爲代表；二是表現臺灣知識分子在嚴酷而黑暗中的追尋和探索，以《水月》和《亞細亞的孤兒》爲代表；三是表現光復初期臺灣人民對當局的失望和怨懟。

第一，鞭撻知識分子中的民族敗類。知識分子在任何社會形態下都是一個極不穩定與極易動搖和分化的階層。革命到來之前知識分子中的先覺者自然成爲思想的先驅，洪流的潮頭，起著發動和啓蒙的作用。但當革命處於低潮，面臨著最殘酷、最黑暗的環境時，其中一部分人最先動搖叛變，甚至投靠敵人成爲內奸。吳濁流從切身的生活體驗中，對知識分子觀察得入木三分。尤其是對甘願賣身投靠充當敵人鷹犬的醜類們的靈魂，如在X光鏡前透視一般。例如《陳大人》中描寫了日本人的奴才陳英慶，充當日本人的巡查捕，專門迫害抗日同胞，因抓捕抗日志士受到日本人的賞識，於是便身價百倍，以「大人」自居。他不僅無恥地迫害自己的同胞，而且六親不認，連他的舅父都欺迫。一天他舅父劉秀田在劈竹片，幹得正起勁時，忽然屁股上被人猛踢了一脚，「他嚇了一跳，不覺伸手摸摸屁股，忍著痛，回頭一看。『哎呀！』不好了，他連聲叫出：『大人，大人。』劉秀田愴惶磕頭到地下像螳螂一樣，道歉了又道歉，可是，定了神再看，原來是他的外甥。他看清楚之後就叫道：『英慶：你該叫我什麼？』他渾身顫抖一番，怒吼一聲，可是陳大人全無懼色，不慌不忙地說：『算來要叫你阿舅。』說著，傲然指頭上那頂巡查捕的帽接著說：『可是，我有了這頂帽子，再不能叫你阿舅。』然後，故意裝成威嚴的聲音：『在亭仔脚不得劈竹篦，違者要罰，你違犯警例，你知道嗎？』陳大人嚴令了一聲，就將佩劍故意弄得鏘鏘作響，裝模作樣地跨起大步，鞋音得得而去。」吳濁流以其生花妙筆活畫出了一個六親不認，仰仗主子勢力騎在人民頭上作威作福的走狗的嘴臉。再看《先生媽》中的錢新發，本來家庭貧苦，後來娶了一家財主的女兒爲妻，靠妻舅的幫助開設私人醫院發了財，一心要投靠日本人，帶頭搞「皇民化運動」，成了日本人的忠實奴才，日本人號召中國人改日本人名字，他立即響應改叫金中新助，並將新名作招牌掛起。他穿和服，改建日本式房子，一心要把自己塑造成地地道道的「皇民」。作家通過這些反面形象的塑造和對他們進行鞭撻，使人們看清了這些出賣靈魂的醜類們極其可憎而又可嫌的面孔。揭露了奴才，也鞭打了主子；批判了出賣靈魂的小人，也顯示了民族靈魂的可貴。

第二，表現臺灣知識分子在極惡劣的逆境中，對理想的追尋和探索，從而走向覺醒。吳濁流筆下的知識分子對人生的追尋和探索，並不是輕鬆和順利的，而是走著一條非常艱難、坎坷、曲折之道。有的脚步甚至跨進了陷阱，走在了人生正道反面的泥沼之中，經過現實中的衝撞、失敗、頹廢和再振作等，回環反覆地艱苦跋涉，最後才逐漸清醒，看清了人生的正確方向，迎來了鷄啼和曙色。這條極爲複雜曲折的人生之路，是由他的處女作《水月》中的仁吉，到長篇小說《亞細亞的孤兒》中的胡太明，才逐步探明的。發表於一九三五年的《水月》，描寫了知識分子仁吉，從小就做著飛黃騰達的夢，「將來不是大政治家就是大實業家，或者學者」。但他的夢想和他所處的社會卻存在無法克服的矛盾。因而他中學畢業後，雖然接著深造，但卻因爲經濟艱困作了日本人辦的農場的小僱員。一當就是十五年。在農場裏，那些日本人雖然也是中學畢業生，年資還不如自己，但卻一個個都升主任、課長。除有高薪還有津貼，生活過的相當富裕。看到中國人和日本人之間的不平等待遇，感到憤憤不平，於是他「不禁怒火衝天」，感到實在難以忍受。《功狗》中的主人公洪宏東，走著一條比仁吉更艱難的路。他中學畢業後被日本人的校長看中留校當了一個代用教員，就對校長感恩戴德，畢恭畢敬，「凡事都唯命是從」。辛辛苦苦賣命幹了二十年，不但薪水沒有絲毫增加，連代用教員的帽子也未能摘掉。而且由於過度操勞，累出了肺病，因肺病學校又將他免了職。事已至此，並沒喚醒他的覺悟，日本人的虐待和遺棄並沒有使他認識日本人的可惡，反而產生了假如自己是個日本人就好了的奇怪念頭。這種自低自賤，不恨敵人狠毒反覺敵人優越的思想，比起仁吉的雖只憤怒但無行動來，更加不如，二十年的血淚教訓不但沒能換來他的清醒，反而使他陷入了迷途。這個形象啓示我們，人生的道路是那麼曲折，思想的覺醒是來的那麼不易。痛苦和災難對每個人來說都不會自然地轉化爲有益的人生代價，人們的覺悟需要一定的教育、影響和啓蒙。當長篇小說《亞細亞的孤兒》中的胡太明面世後，情況就大不一樣。胡太明的形象中有作者的某種影子。有人把胡太明的形象說成是：「主角胡太明是一個臺灣的知識分子，胡太明無法認同日本，反對皇民化，同時也無法認同中國，他也不以爲臺灣在政治上應該歸屬於大陸。」②我以爲如此來解釋和理解胡太明的形象是完全不符合作家創作原意的。前面我們已經引過了作者關於最早命名爲《胡志明》的富有深意的思考。那便是爲了明中國人之志，只是由於和現實的人名巧合，作者才將書名更改的。爲了明中國人之志就要尋找中國人要走的路，作者的這種創作意圖和上面對胡太明形象的解釋完全是南轅而北轍。爲了校正臺灣新文學史上這一極爲重要的文學形象的眞正意義，這裡再引一段吳濁流《回顧日據時代的臺灣文學》一文中的一段話：「這本小說，我透過胡太明的一生，把日本統治下的臺灣，所沉澱在清水下層的汚泥渣滓，一一揭露出了。登場人物有教員、官吏、醫師、商人、老百姓、保正、模範青年、走狗等，不問日本人、中國人的各階層都網羅在一起，無異是一篇日本殖民統治社會的反面史話。」作者的創作目的就是爲了寫一篇殖民地的「反面史話」，從而揭露出殖民者的罪行。而在這段話中「不問日本人、中國人的各個階層都網羅在一起」，顯然句中中國人指的就是臺灣人，臺灣人也就是中國人，在作者的筆下中國人和臺灣是一個含意，一個整體，無法分割。從中怎麼會找得出「同時也無法認同中國」的含意呢？再看本書第五篇中胡志明「瘋狂」時題下的反詩：「志爲天下士，豈甘作賤民，擊暴椎何在，英雄入夢頻。漢魂終不滅，斷然含此身！狸兮狸兮！意如何？奴隸生涯抱恨多。橫暴蠻威奈苦何？同心來復舊山河。六百萬民齊蹶起，誓將熱血爲義死。」這首反詩中「漢魂終不滅，斷然舍此身！」顯然表明胡太明要爲漢魂，即中國精神而獻身，和日本人血戰到底。從這裡難道能看到半點「不能認同中國」的影子嗎？不但不能看到半點「不能認同中國」的影子，而且我們從胡太明沸騰的熱血和跳動的脈博中，看到一個無比忠誠的炎黃子孫，看到一個無比熱愛祖國的臺灣青年知識分子。胡太明的人生道路是非常曲折坎坷的，他少年時期就在日本人的學校讀書，畢業後當教師，有著自命不凡的意味。對日本人歧視中國教師也無動於衷，後來愛上一個日本女教師內滕久子，卻被日本校長拆散。因受到刺激想擺脫困境，又到日本去留學。在留學期間，他拒絕參加中國留學生的愛國活動。對愛自己，自己也愛的房東女兒，也不敢去愛。留學回臺後，去一家農場當會計，不久因日本人的排擠，農場破產而失業。日本人的製糖會社爲了占用土地，竟挖胡家的祖墳，胡太明的母親去攔，被日本人狠狠打了幾耳光。自己的失業，母親的被毒打，這一系列被迫害，被侮辱的事實，使他再不能沉默，於是他便渡海到祖國大陸來尋找光明。在南京愛上了一個外交部的女職員，結婚後女的卻整天忙於交際，對他十分冷淡，使他感到不快。政治上又被懷疑成日本間諜，被抓了起來，在別人的幫助下越獄而逃，不料到臺灣後卻又被當作中國間諜受到跟踪。後來他又被徵召入伍派到廣州的軍中當翻譯，目睹和親臨了日本人殺害中國抗日勇士的罪行，被英雄的無畏精神所感染，被日本人的殘暴行爲所嚇瘋。被送回臺灣後，又遇到弟弟在「勞動服務隊」被日本人折磨而死，精神上受到激烈刺激，憤而在墻上題下了情緒激亢的反詩。這首反詩是多年在黑暗中追尋摸索所獲得的結論；是他性格上由徬徨、動搖到覺醒的結果；是他從黑暗走向光明的開始；是人生道上的重大轉折；是他孤兒意識的被克服，民族意識和祖國意識的新覺醒。因而，我以爲把胡太明僅僅看作是孤兒意識的化身是一種靜止的觀點。孤兒意識只是他在黑暗中沒有找到人生的光明之前的一種流動和變化的精神狀態，而反抗和覺醒才是他性格的本質。吳濁流通過仁吉、洪宏東、胡太明等人物的描寫，連接起了異族統治下，愛國知識分子走過的一條極其曲折、坎坷但卻完整的道路，體現了中國知識分子不屈的探索和追求的精神。

第三，和許多日據時期的臺灣作家不同之點，也是吳濁流文學的一個特殊成就，在於吳濁流在他生活的幾個歷史時期中，都沒有停止過文學活動和文學創作，均用他飽醮著情感墨汁的筆爲各個不同歷史時期的社會，留下了眞實的縮影。臺灣光復初期，由於思想和語言等多種原因，不少臺灣作家停止了創作，假如不是吳濁流具有精深的中文底子，又有不怕迫害的非凡勇氣，憑著他偉大的藝術良心對一九四五年到一九四九年期間極其複雜、混亂、貧窮和苦難的社會狀況進行逼眞的描繪，這一段重要歷史，幾乎要在臺灣的文學中消失了。只是因爲吳濁流和不多的幾位臺灣老作家如葉石濤等人的秉筆疾書，這一段歷史才在臺灣文學中得到了反映。因而，不管這些作品的藝術成就如何，它們的存在，就是具有歷史價值和意義的。吳濁流這個時期的代表作是中篇小說《菠茨坦科長》。這篇小說在吳濁流的創作中占有較爲重要的地位。它描寫的是臺灣同胞以無比興奮的心情迎來了回歸祖國懷抱的大喜日子，迎來了祖國親人。他們像崇拜神明一樣崇拜著從祖國來的接收大員；他們恨不得把自己心中的一切都向他們傾吐。但是，他們怎麼也沒有料到從祖國來的接收大員中卻混入一些改換了姓名的日本人的漢奸走狗。這幫原在大陸依仗日本人的勢力作威作福的魔鬼范漢智、陳德清們，不僅踐踏臺灣同胞的愛國情感，而且騙取臺灣姑娘玉蘭、蕙英等的愛情；他們不僅將接收日本掠奪臺灣人民的財富化爲己有，而且結成團夥倒賣木材從中獲取暴利。而這一幫魔鬼並非普通人，而是參加過北伐、有過戰功，頭上頂著一塊「金字」招牌的人。當搜查隊將范漢智抓獲。搜查隊長去翻閱范漢智的歷史檔案時，「愈查愈吃驚。范漢智以前曾參加北伐，且有戰功，又在抗戰當初特工工作上有輝煌的成就，這樣說前幾天檢舉的陳德清（蕙英的丈夫）也是同樣，不論哪一個都有光榮歷史的，他對這樣過甚的矛盾怎樣想都不能了解……」作家在此爲人們出了一道思考題：爲什麼那麼多有過光榮歷史的人，如今卻變成了民族的敗類，人民的敵人呢？作家雖然沒有明確回答，但有些問題是隨著問題的提出實際上就暗含答案的。這篇作品不僅眞實地描述了臺灣的那段歷史，而且具有相當的思想深度。

第三節　成功的現實主義小說藝術

吳濁流的小說藝術，表現得最爲突出的是諷刺和鑑照的手法。諷刺手法在吳濁流的小說中運用得最爲普遍。如果作個分類分析，至少表現在這樣幾個方面：其一，作品題名中諷刺的運用。例如《波茨坦科長》這個作品名就含著強烈的諷刺性。《波茨坦公告》本來是一個偉大歷史文獻。一九四五年七月二十六日，中、美、英三國（後有蘇聯參加）爲了敦促日本帝國主義無條件投降，簽署了這個公告。這個公告的第八條重申《開羅宣言》：「開羅宣言之條件必將實施，而日本之主權將限於本州、北海道、九州、四國及吾人所決定之其他小島之內。」也就是說日本帝國主義必須退出被他侵略的一切別國領土，包括中國的臺灣、澎湖列島等。九月二日簽字的《日本投降條款》規定：日本必須「承擔忠誠履行菠茨坦公告各項規定之義務」。世界上本來許多美好的事物，卻被最壞的東西作爲假面。作家便利用美和醜、眞和假之間表面的互相錯位構成諷刺。吳濁流的《菠茨坦科長》即取這種含意。這篇作品前面有個小序寫道：「在這個世界裏，最偉大的事物也許要算是菠茨坦宣言了，因爲它是正當全世界十數億人在瘋狂地流血流淚在鬥爭的時候，被宣告出來的。因了它，著實產生了好些東西，曰：菠茨坦將軍，曰，菠茨坦政治家，還有菠茨坦博士，菠茨坦教授，菠茨坦暴發戶等等。而我們的菠茨坦科長也正是其中之一……」人們看了這個有趣的小序，再欣賞一下作品，不盡要捧腹而笑了。原來外面是花裏面是糞，畫皮撕下後是面貌可憎的魔鬼。1.人物名字中寫入諷刺。比如：錢新發、陳大人等名字，一看便知內中含意。錢新發含有新的暴發戶之意，陳大人實則是小人的反語。2.形象塑造中含納諷刺性。例如我們上面引述過的作者對「陳大人」那種情態的描繪。在舅父面前要了一陣威風，然後故意將佩帶的劍弄得鏘鏘作響，鞋音踩得很重，作模作樣而去。從這種描寫中我們似乎看透了這位陳大人見不得天日的五臟六腑。鑑照手法的運用，在吳濁流的小說中也是非常成功的。例如在《先生媽》中作者以媽媽的正面形象來鑑照兒子錢新發那醜惡的嘴臉。錢新發是日本人的忠實奴才，推行「皇民化運動」不遺餘力，而他母親卻是個「皇民化運動」的反對者。作家在生活中摘取了這樣一個鏡頭：「他又想要母親穿和服，奈何先生媽始終不肯穿，只好仍然穿了臺灣服拍照。金井新助心中存了玉石同架而遺憾……」母親不但堅決不穿，而且拿起菜刀將兒子給自己準備的和服砍得稀爛。人們大爲吃驚，以爲她瘋了。但她卻說：「留著這樣的東西，我死的時候，恐怕有人給我穿上了，若是穿上這樣的東西，我也沒有面子去見祖宗。」多麼尖銳的對照，一個要她穿，一個不但活著不穿，死了也不穿；一個認爲穿上和服可以在主子面前得到寵愛，一個卻認爲穿了它就辱沒了祖宗。通過這兩個形象的互相鑑照，不僅人物性格水火分明，而且也強化了作品的主題思想。

附註：

①《吳濁流與我》（《臺灣文藝》一九八六、九月）。

②《四十年代的臺灣文學》（《臺灣文藝》第二十期）。

第三章　倒在血泊裏的筆耕者鍾理和

第一節　坎坷的人生，不屈的靈魂

鍾理和，筆名江流、里禾、號鍾錚、鍾堅等。一九一五年出生於臺灣省屏東縣高樹鄉廣興村，祖籍廣東梅縣。少時，家庭經濟比較富裕，父親鍾鎭榮是個富商，在屏東經營布莊、砂木行等，在大陸也有投資，並在高雄縣美濃鎭笠山脚下購有「笠山農場」。鍾理和十歲讀小學時，就受大陸去臺的老師田連義教授中文，中文底子比較好。他特別愛讀中文古典名著，把《楊文廣平蠻十八洞》當作啓蒙教材。一九三〇年鍾理和自長治高等科（高小）畢業後，回本村學習漢文，又受到江西省籍老師劉公漢的教誨。這時祖國大陸文壇經五四運動洗禮後，思潮異常活躍，新文學作品紛紛問世，鍾理和如饑似渴地搜尋大陸作家郁達夫等人的作品閱讀。他十六歲時因受到《紅樓夢》藝術魅力的感染，自己也動手寫起小說來。《雨夜花》雖然只寫了六章而夭折，但卻是鍾理和創作道路上第一塊奠基石。一九三三年十八歲的鍾理和隨父親到高雄縣美濃鎭笠山農場幫助工作。這段生活是他人生道路上轉折的一個重大契機。不僅爲他唯一的長篇小說《笠山農場》提供了豐富的生活素材，而且他在這裡愛上了同姓女工鍾臺妹。因臺灣陋習同姓不能通婚，他們的婚姻受到家庭阻撓，迫使他與鍾臺妹（鍾理和愛稱之平妹）私奔祖國大陸。一九三八年鍾理和先隻身到瀋陽安排好了住地，再返回臺灣將平妹接到瀋陽。

鍾理和在瀋陽定居後，到「滿州自動車學校」學開汽車，結業後當了司機，在瀋陽生下了長子鍾鐵民（臺灣鄉土作家）。他的中篇小說《門》記錄了他們在瀋陽的一段生活，表現了鍾理和對祖國，對原鄉人的母親般的情愛。一九四一年他們全家遷居北平，住南池子。一方面創作，一方面開木炭零售行維持生計。一九四五年在北平出版了他的處女作，也是生前唯一的書，中短篇小說集《夾竹桃》。有人把鍾理和算作五十年代的臺灣作家，我卻覺得不妥。我認爲把鍾理和算作是四十年代的臺灣作家比較合適。因爲不僅在四十年代中期不少日據時期的臺灣老作家們沒有機會出版作品時，鍾理和就出版了小說集，這是他登上文壇的標誌，而且他們全家於一九四六年二月二十九日回臺後，他一直堅持創作不輟。五十年代以前他已經是一位非常成熟的作家了。再從年齡上來看，他和龍瑛宗、呂赫若等都相差無幾，不屬於戰後第二代臺灣作家的層次，把他放在四十年代比較合適。鍾理和回臺灣後貧病交加，生活極苦，不僅創作的小說得不到發表和出版，還大病纏身開刀拿掉了七根肋骨。一九六〇年在修改中篇小說《雨》時，咯血而亡，死在了寫作板上，被臺灣文藝界稱爲「倒在血泊裏的筆耕者」。鍾理和因頻遭退稿打擊，連生前唯一的長篇小說也不能出版，實感寒心，臨終前告戒長子鍾鐵民：「吾死後，務將所有遺稿付之一炬，吾家後人不得再有從事文學者。《笠山農場》不見問世，死而有憾。」鍾理和去世後，生前好友：林海音、鍾肇政、文心等組成「鍾理和遺著出版委員會」，由張良澤教授收集整理、編輯出版了《鍾理和全集》八卷。卷一《夾竹桃》，卷二《原鄉人》，卷三《雨》，卷四《做田》，卷五《笠山農場》，卷六《日記》，卷七《書簡》，卷八《殘集》。其中長篇小說《笠山農場》，一九五六年曾獲「中華文藝獎金委員會」長篇小說獎第二名，（第一名缺）。但這一次獲獎不但不是福音，而且成了災難。鍾理和在給鍾肇政的信中寫道：「拙著《笠山農場》眞叫人傷心。既然是自己的心血結晶，何異自己的孩子，珍愛原是每一個作家應有的心情。然而僅僅一萬獎金便把它死死扣住，不再讓它重見天日，何異於兒子讓人用小可錢買去了打入酆都地獄，永不超生？」鍾理和生前是一個很不幸的作家，但明珠出土總有時，當他的全集出版後很快就被人們認識了它的價值，也肯定了鍾理和在文壇上應有的地位。臺灣拍攝鍾理和的生平電影《原鄉人》和建立「鍾理和紀念館」，都是對作家那顆偉大而不滅的靈魂的告慰。

第二節　臺灣貧脊風土鄉情的戀歌

鍾理和的小說，既不像賴和、楊逵的小說那樣，以時代的重大題材，表現出中國人在民族敵人面前威武不屈，不可侵犯的抗爭性格；也不像吳濁流的小說那樣，用漫長的歷史畫面展示出中國人在和空前瘋狂野蠻的敵人鬥爭中由迷惘、動搖、徬徨到覺醒的艱苦歷程。從鍾理和小說的整體看，它也記錄了時代的風雨，但那基本上是圍繞著個人生活的足迹展開的圖畫。鍾理和的處女作《夾竹桃》中的《夾竹桃》、《新生》、《游絲》，是他四十年代中期以前在北平生活經歷的縮影。中篇小說《夾竹桃》，描寫了北京的一個舊式大雜院中，一年之間的經歷和變化。作家把那個時期北京的各種人都聚集在這個大雜院裏，把它當作一個櫥窗，展示了各種人的嘴臉。其中有房東、寡婦、西服裁縫、司機、小職員；有男人、女人；有瘋老太太和抽大烟的老頭等。「這所院子證實了研究北京人的生活風景的各種文獻。也即是說，這所院子典型的代表著北京城的全部院落。」然而作家選擇這個院落是要描寫一個日本人統治下的一個世外桃源嗎？是要塑造一個天棚、荳莆缸、夾竹桃點綴下的具有文化意味的風俗圖畫嗎？當然不是。「這裡洋溢著在人類社會上一切用醜惡與悲哀的言語所可表現出來的罪惡與悲慘。」，「他們有如在偶然的機會衆集在一起的，彼此陌生的破難船的旅客。他們既不可抗拒的負著這命運，則他們須就這樣子渡過他們的世紀風波，人生的航程。」作家是要勾畫在異族統治下的苦難的社會樣相，和聚集在這條已經破爛不堪，等待著隨時沉沒而死的絕望的人們。這不是頌歌，不是圖畫，而是一篇檄文的舖墊和序曲。

鍾理和的中篇小說《門》，是描寫他和平妹在瀋陽的一段生活的。這不是一幅普通的生活圖畫，而是一篇充滿激情的頌歌。作品寫到他的那個親密的鄰居，幫助他解決了生活上的許多困難，照料平妹生孩子，又幫他們哺育孩子的勤勞樸實又特別慈祥的老媽媽時說：「老太太，——老太太呀，祝你平安——那是我永世不忘的第二母親——老夫婦兩疼愛我們不亞於自己親生的兒女，尤其老太太對於妻。他們憐憫與體恤我們這離家鄉，來到千萬里外的異域，舉目無親，孤伶伶的只兩口子相依為命。天天過來，甚至時或一天來二次，或三四次，一來便是逗留大半日，安慰，或照料我們無微不至……被投落在大千世界裏，失掉溫暖的庇護與安慰的妻，也對她親愛、戀慕，與繾綣，如孤生在石陰下的弱草之愛慕陽光……瞧瞧天眞地投入老太太暖懷中的妻，與撫摸妻如親生女兒的老太太——瞧瞧人間這至美的一瞬時，我常禁不住自己眼睛之熱，與鼻之酸……」這多麼像被欺負的孩子投入了娘懷，又多麼像久別遊子回到了故土。是媽媽在撫摸著愛女，還是愛女在愛撫著媽媽，任你怎麼形容都難盡此時此刻這熱烈、眞摯、高尙的情感。如果說那親切、慈祥的老太太象徵著祖國的懷抱，她正在撫摸、痛愛在日本鐵蹄下受了滿腹委屈的臺灣之子，恐怕是不但不會過分，而且是十分貼切的。這是一曲動人的母女戀歌，也是一曲祖國頌。《貧賤夫妻》、《奔逃》、《同姓之婚》、《錢的故事》和四篇故鄉系列作品及《笠山農場》等，是婚姻家庭生活的頌歌。鍾理和與平妹的戀愛婚姻的本身就充滿了曲折、離奇、悲散、歡聚，是一曲既無比幸福，又極眞悲苦的奇妙的戀歌；是一曲與世俗觀念挑戰，與封建婚姻搏鬥，發生在舊時代，卻充溢著新氣習的戀歌。請看當他們的戀愛受到強大壓力時，有這樣一段對話：「求求你做做好事，離開我吧！……你聽他們的話去娶個媳婦，他們還是會喜歡你的，我也可以少受點罵。」，「你呢？我反問」，「你就不要管我！」，「你也要嫁人嗎？」，「請放心，我是不會嫁人的……不嫁人也照樣可以活下去的！」，「我不娶！」，「你不娶我也不嫁給你！」多麼眞摯的情感，多麼樸實但卻深含情意的語言。字裏行間透露出姑娘表面冷內裏熱；口頭上往外推，內心裏朝回拉，看似動搖實則堅定的神情，小伙子卻有點憨直而倔強。這種愛情和花前月下摟摟抱抱不可同日而語。鍾理和的愛情小說生活實感很強，和一般的愛情小說相比別具一格。和其他愛情小說之不同點還在於鍾理和的愛情小說不是狹義的只寫未婚男女之戀。他既寫初戀，熱戀，也寫夫妻之戀。表達了狹義的和廣義的愛情的全過程。《貧賤夫妻》等作品中對他和平妹婚後的愛情描寫相當生動。請看這段描寫：「人家都說你不會好了，勸我不要賣地，不如留下來母子好過日子。可是我不相信你會死。過了一會兒之後，她又文靜地開口：我們受了那麼多苦難，上天會可憐我們。我要你活到長命百歲，看到我們的孩子長大成人，看著我在你跟前舒舒服服的死去。有福之人夫前死，我不願意自己死時你不在身邊，那會使我傷心。」何等溫存而貼心的語言，但這是實實在在的，沒有半點譁衆取寵。

中篇小說《雨》、《竹頭莊》、《山火》、《阿煌叔》、《親家與山歌》、《老樵夫》、《笠山農場》等作品，是一幅幅貧窮、苦難而充滿鄉土意味的風俗畫。《老樵夫》中的老人邱阿金，常受人之托爲別人埋葬死去的小孩。他怕狗把孩子的屍體扒出來吃掉，把坑挖得很深，土蓋得很厚。就這樣還不放心。作品中有這樣一段描寫：「一片凶惡的狗的咆哮聲把他的沉思打破了，他擡首看，只見有三隻野犬在墓地中間激烈地爭奪什麼東西，涯喋不休，那地點似乎就是他昨晚掩埋沈家小孩的地方。他這一驚非同小可。他起忙把木頭拋下，瘋狂地跑去，又在地下抓起一塊小石頭用力擲去……他走去，果然是一根骨頭，好像還連著肉片什麼的。他的臉色陡地變成鐵青。他楞了一會，便開始尋找沈家小孩的墳地，蓋著新土坯的墳，很快就給尋到了……」這是一幅絕妙的窮山惡水，悲悽荒涼的風俗圖。鍾理和的這部分作品奠定了他臺灣重要鄉土作家的地位。

鍾理和的作品雖然不是描寫時代的重大題材，沒有表現中國人和入侵者的生死搏鬥，甚至沒有涉及關乎中國前途和命運的，震撼每個中國人心靈的中國人民的抗日民族解放鬥爭，這不能說不是一個遺憾。但是鍾理和透過普通中國人苦難的日常生活的描寫，卻也展示了他們的不幸命運；鍾理和的作品雖然大都是帶有自傳色彩，表現個人婚姻和愛情，但是透過他們曲折、坎坷，充滿傳奇意味的婚姻歷程的展現，卻也無情地批判和抨擊了封建婚姻觀念和鄉土陋習。因而鍾理和的小說題材雖不重大，卻含有深沉的思想；雖然沒有激昂之語，卻有著內在的批判威力；雖沒有時代的風雲際會，卻是打有時代烙印的產品。

第三節　鄉土情懷和民族風格的統一

1. 鍾理和特別善於描繪顯示著民族色彩的風土人情。在他的作品中，我們可以發現一幅幅色彩鮮明的充滿鄉土風味的連環圖畫。不管是北京的小胡同大雜院，還是臺灣的農村風貌，在他的筆下都栩栩如生。請看他在《夾竹桃》中描寫北京大雜院中的人情世故：「對不起，曾太太，您給一兩個窩頭這兩個孩子吃吧！這孩子病得頂厲害的，他媽還只顧回她的娘家，連半個窩頭也不給留。可憐這孩子已有兩天什麼也沒吃了！林太太，您好呀！曾太太說：請進來坐吧，有剛蒸得的饅頭！老人把少年安坐在椅上，少年眼睛搭拉著，懶得睜開來。曾太太張羅著，由蒸籠裏擠出幾個熱騰騰的饅頭，拿盤盛著，放在兩個孩子的面前。」而在中篇小說《雨》中對臺灣農村的描寫有這樣的畫面：「漸漸的，天上的烏雲散了，終於收起了雨點。農夫們出來外面看看，只見地面上蓋著一層薄薄的硬殼，脚一踢，硬殼碎了，又變成粉，裏面還是那稀鬆鬆的土。他們抓了一把土在手裏。土是熱的，燙手心。失望升上了他們的臉孔。」前者描寫北京大雜院裏，心腸好的曾太太、林太太照顧窮人家小孩的情景，後者描寫農民渴望著下雨，雖然下了一點雨，卻只打濕一層地皮，硬殼下還是鬆軟軟燙手心的土，使農民失望的場面。鍾理和觀察的相當精細。剛下了雨，硬殼下的土卻燙手心，這說明不但下的雨很小，而且雨前雨後都是烈日曝曬。雨前不曝曬地下土不會熱，雨後不曝曬，剛下的雨不會結成硬殼，鍾理和眞可稱之爲文學的鄉土畫家。

2.鍾理和善於通過日常生活中的細小情節，刻畫人物。我們前面說過鍾理和作品中沒有風雲際會的戰鬥場面，沒有大起大落的人生波瀾，基本上都是瑣碎的日常生活的描寫。這種用日常生活來表現人物性格，而且他的作品又大都有自傳色彩，難度是相當大的。這就要求作家特別精心地進行選擇和概括，在生活情節中寓入作家和人物的濃重情感。上面我們摘列的《貧賤夫妻》中鍾理和出院回來，和平妹的那段深情的對話，就是一個很好的例子。從那簡短的對話中，平妹賢惠、善良、富有主見的個性已表露無遺。

3.鍾理和的小說是民族風格和鄉土風味達到和諧統一的典範。民族風格和鄉土風味本來應該是統一的和相輔相成的。民族風格愈鮮明，鄉土色彩愈濃烈；鄉土色彩愈濃烈，民族風格愈突出。因爲鄉土色彩是民族風格的重要內容，而民族風格是鄉土色彩的最終體現。中國地域遼濶，人口衆多，各省之間在鄉土色彩上可能有所不同，比如京味小說、海味小說、湘味小說、邊塞小說等。但它們滙合起來構成中國小說的完整的民族風格。臺灣鄉土小說就是衆多鄉土風味中的一種。這一點，在鍾理和的小說中表現得十分明顯。他早期的《夾竹桃》和晚期的《笠山農場》之所以沒有發生風格上的破碎分裂，之所以他在北京能描寫北京的風土，到臺灣能表現臺灣的人情，就是因爲沒有越出民族範圍之故，就是由於統一的民族氣質和情感起了主導作用之故。鍾理和的小說在民族風格和鄉土情懷的統一方面，爲我們作出了榜樣。

第四章　光復前後的其他臺灣小說家

第一節　葉石濤

葉石濤是日據時期最後一個臺灣作家。他一九二五年十一月一日出生於臺南市，一九三〇年入臺南私塾跟一個老秀才學習中文。一九三二年入公學校，一九三八年入臺南二中就讀。一九四二年十七歲時應《臺灣文學》舉辦的「小說徵獎」創作一篇兩萬字的小說《媽祖祭》，沒有成功。接著又以鄭成功治臺的事蹟爲背景寫了一篇《正臺潭》的小說投稿一個刊物，又遭失敗。一九四三年從臺南二中畢業後受聘當了《臺灣文藝》的編輯，才開始發表作品。這一年發了《林君寄來的信》和《春怨》等。一九四四年葉石濤辭去編輯職務，回臺南市當教師。一九四五年被日本人徵召參加日本軍隊爲陸軍二等兵。不久，日本帝國主義無條件投降，仍回臺南當教師。從一九四六年之後，葉石濤才在臺灣《中華日報》龍瑛宗主編的日文欄裏大量發表小說。他出版的小說集有《葫蘆巷春夢》、《羅桑榮和四個女人》、《晴天和陰天》、《鸚鵡和竪琴》、《葛馬蘭的橘子》、《葉石濤自選集》等。葉石濤不僅是位小說家，而且是位文藝評論家，兩者相比他的文學評論比小說創作成就要高、影響要大。他出版的評論集有《葉石濤評論集》、《葉石濤作家論集》、《臺灣文學史綱》等。在人們的心目中評論家的葉石濤，遠遠超過了小說家的葉石濤，而且人們一般對葉石濤的小說評價均不太高。我們之所以稍違本書宗旨，例外的將主要是評論家的葉石濤列專節敍述，是出於幾種考慮。其一，他是日據時期臺灣最後一個作家，在小說史上記一筆是有意義的；其二，在日據末期和光復初期，臺灣有成就的作家極少，葉石濤發表了大量作品，還是鶴立鷄群的，是那個清淡季節的臺灣文壇上較突出的作家；其三，葉石濤是臺灣早期諷刺小說的主要作家之一。作爲臺灣早期小說中的一個品種，很有必要進行論述。

葉石濤的小說粗略分析，大約有這樣幾類：一、婚姻愛情題材，例如《胡蘆巷春夢》、《賺食世家》、《決鬥》等。二、描寫社會下層人的生活和命運。如《群鷄之王》、《行醫記》、《黃水仙》等。三、反映當時重大時事題材的作品。如描寫「二、二八」大起義的《三月的媽祖》。四、歷史題材的作品。例如《正臺譚》、《採硫記》等。在這些類型的小說中，較能反映葉石濤創作水平的，是他運用諷刺手法，寫出的那些充滿幽默風趣的作品。我以爲臺灣早期諷刺小說家首推吳濁流，次數葉石濤。不過他們各有千秋，各有自己諷刺的對象，各有馳騁才華的領地。

諷刺藝術是文學創作中一種極主要的表現手段。它是文學中的漫畫。和普通的漫畫不同之處不僅在於他是以文字而非以畫面表達，還在於他有塑造人物性格的功能。文學中的諷刺藝術，是揭開面紗，除去僞裝，使人們從醜惡的東西被破壞，美好的東西被揭示中得到快感，得到輕鬆和享受。因而它必以眞誠和眞實爲基礎。眞誠，即作家必須以眞誠的懲惡友善的目的爲出發點；眞實，即必須以眞實的生活爲素材，而不能憑空捏造和杜撰。否則不但達不到諷刺的效果，反而會出現反諷刺，將自身置於被諷刺的地位。諷刺藝術雖然要眞實，但卻和誇張結緣。沒有誇張也就沒有諷刺藝術。諷刺藝術和喜劇藝術關係至爲密切，在某種意義上兩者就是同一的事物。它們產生美的方法，激發美的途徑，都是將醜惡而虛僞的東西撕破給人看，都是要生發詼諧而幽默的效果。但是諷刺自身包含著兩種截然不同的性質。一種刺刀和炸彈，讓敵人在人民的笑聲中死亡。吳濁流的諷刺藝術屬於這一類。另一種是以善意的目的，揭出朋友身上自己要極力捂蓋的某種缺點，而敦促他向好的方向發展，達到治病救人的目的。葉石濤的諷刺藝術主要屬於這一類型。葉石濤的主要諷刺小說有《賺食世家》、《決鬥》、《群鷄之王》、《葫蘆巷春夢》、《等待》、《黃水仙》等。《賺食世家》描寫「賺食世家」的第三代傳人阿棻，於一九六六年四月的某一天，正推著一簍鮮紅而爛熟的李子向R鎭方向急駛，突然與迎面來的推著一車鮮魚的青年漁販，不偏不倚撞個正著。這一撞不要緊，寃家對頭成了戀人，愛情悄悄地在他們兩人的心中萌生。但是，這雙野地上撞車成雙的戀人，卻受到賺食家的規矩所阻撓。因爲那家規規定：「姑娘年輕時應出來賺食，在聲色犬馬的渾沌世界裏討生活，到人老珠黃，男人再也不要她們的時候，應毅然宣布退休，回到家鄉來，從此消聲匿跡後買產置田，安居樂業，享受她安穩快樂的晚年。」賺食家族既然有靠年輕女人的色相發家的家規，自然不會輕易地自倒搖錢樹，叫那個窮小子漁販輕易揀了便宜。後靠楊牧師和作品的敍述者石頭的說合，終於破了賺食家的家規，使這對青年男女成爲夫妻。楊牧師爲了玉成這對戀人，曾三次到賺食世家奔走而未成正果，後又委托石頭幫助，才完成使命。作品不僅對「賺食世家」進行了尖銳諷刺，最後讓一個果農石頭破了世代祖傳的奇怪家規。而且通過石頭的敍述，也把楊牧師虛僞的面紗揭去：「我和楊牧師是泛泛之交，未曾有過特殊深刻的交情。他幹他的福音工作。領導迷途的羔羊走上天國去，而我呢！我幹我的活，天天在果樹園的小天地裏忙得團團轉。河水不犯井水，也就相安無事了。不過楊牧師倒沒有放過我這一隻病入膏肓的小小羔羊，每隔一些時候，心血來潮就跑到我家來，向我喋喋不休地反覆辯論數不盡的諸多神蹟。最後，往往毫不客氣的同我一起享受上帝之血——太白酒，這使得我物心兩方面皆受到莫大損失。故此，我心腸狹窄的老婆有時也難免嘀咕幾句，說那楊牧師壓根就不配做傳布天國福音的上帝之使徒，倒好像是一個不折不扣的酒鬼，是個法利賽之徒……」這楊牧師替上帝傳音布道是假，而騙騙百姓，賺酒肉吃才是實。因而他對上帝也弄虛作假，把石頭玉成的樣子和阿棻婚姻的功勞，也記在自己的帳上。在他們結婚的典禮宴上醜態百出，一面喝的醺醺大醉，一面高揚手臂大叫「這是神蹟，切莫懷疑。」《決鬥》描寫的是臺灣普通農民家裏發生的一起桃色事件。魯嫂的兒媳紅目嫂長的又醜陋又潑辣，「她奇醜無比，又嗜酒又潑辣，而且懶惰成性，整天愛睏懶覺，像個豬玀。阿龍才是被害者的呀！紅目嫂早就看上了阿龍仔，趁阿龍仔喝得爛醉的時候，逼他成了好事。而且以後天天威脅阿龍仔叫他討她爲小老婆。人家不答應，她硬搬進去，把阿龍嫂和孩子都趕出去啦！這叫鵲巢鳩占呀！」由於紅目嫂的出走，魯嫂想藉機大撈一把，向阿龍敲詐。她說只要能收回娶媳時化的一大筆聘金，甘願不要這媳婦，於是威脅他兒子紅目仔同意。知高仔卻乘機毫不留情地揭露了魯嫂本是收留的乞丐女作兒媳，而今想借機騙錢的醜惡內心世界。如此在魯嫂和紅目嫂婆之間展開了一場唇槍舌劍的決戰。起初僵持不下，後因紅目仔的參戰幫媽媽制服了老婆，作品以大團圓閉幕。作品對魯嫂進行了善意的諷刺，但使人感到不解的是紅目嫂的性格彷彿前後有頗大矛盾。開始她那麼驃悍而潑辣，爲了達到目的而不顧一切，竟然趁別人酒醉逼成好事，還強行搬進阿龍家裏喧賓奪主地將阿龍的妻、子趕走。但是到了後來，竟輕易地放棄了阿龍與紅目仔團圓。假如說她追逐阿龍是爲了愛情和幸福，爲此可以不顧一切，犧牲一切，那麼後來又變得那麼軟弱，竟然：「猛地，紅目嫂攤瘓下去，用手掌掩住雙眼，傷心欲絕的嚎啕大哭。她的乖戾和頑強如春天的雪花溶化得無影無踪，她變成嚶嚶啼哭的一個幼兒……」這種變化缺乏內在的性格依據。那種最終的團圓彷彿也缺乏說服力。

葉石濤的諷刺小說，取得了一定的成就，在四十年代中期臺灣文壇青黃不接的特定條件下，是一重要收獲。但是無需諱言，葉石濤的諷刺小說不僅沒有準確地抓住諷刺藝術的實質，達到在諷刺的背後給讀者以更深的思索，就是在撕破醜惡外衣給人以快感方面，也做得不到家。主要原因是作家對生活觀察的還不夠細致深刻，對諷刺對象的病症還掌握得不準，對自己手中的武器的性能還缺乏足夠的了解和掌握，有時顯得鋒芒不夠集中，刺擊不夠準確而有力，常常在要害處而擊不中目標，而在擊中目標處，又往往走神而不得力。因而既不能使人痛快淋漓，也不能使人會心微笑。有的作品在諷刺對象上也還存在著混亂不清的現象。

第二節　其他接續臺灣文學香火的人們

在荒蕪的田野上，那怕長著幾株極瘦弱的野穀子，也會給人帶來收獲的欣慰；在最陰沉而黑暗的夜空中，那怕有幾顆並不明亮還眨巴著眼睛的星星，也是一種希望。日據末期和光復初期的臺灣文壇，由於敵人的殘酷迫害和文字的阻隔，的確呈現著一片荒蕪和黑暗的景象，是臺灣新文學誕生以來最爲暗淡和低沉的時期。不僅新湧現的作家極少，就是已經成熟的作家作品也極少。正是由於這種原因，這個時期出現的稀有的作家和發表的少量的作品，才應該被重視。它們不僅表現著自身的文學成就，而且以自己的存在接續著臺灣新文學的香火。這些人雖然可能還稱不上作家，這些作品自身或許藝術上並不成熟，我們也不必作爲整個文學上的重要成就來列單獨章節敍述，但也十分必要作爲一個作家和作品的小小群體提一提他們，使人們看到臺灣小說在這裡並沒有中斷，那兒有那麼一條淙淙的小溪，連接著兩頭的大河。而且從某種角度看這些作家和作品，有著不可取代性。這個時期的小說有如下幾個方面。①描寫大陸人和臺灣人關係的作品。例如鄭重的《摸索》。描寫大陸人到臺灣煤礦當職員，通過他們的眼睛看到臺灣人的生活苦況。一個二十多歲的大陸職員，對臺灣一個聰明勤勞的洗煤的女童工非常同情，於是便伸出幫助之手，送給她布料並幫助他學習。楊風的小說《小東西》，描寫大陸來臺的一個新聞記者，幫助臺灣一個書店的美麗的少女學習中文，給她講大陸的知識，可是後來這位少女被賣當了妓女，而且下落不明。龍瑛宗的小說《從汕頭來的人》描寫一個熱愛祖國的青年未能目睹臺灣光復，患惡性瘧疾而死亡的故事。這種反映海峽兩岸同胞互相接觸、交談，互相同情和幫助，甚至相愛的作品，是在新形勢下的一種嶄新的題材。這正是光復前後海峽兩岸同胞關係發展的眞實寫照。它體現著臺灣和大陸是一個整體，兩岸人民心心相印的思想主題。②反對和批判日本帝國主義推行的所謂「皇民化運動」的作品。例如，臺灣老作家王昶雄一九四三年七月發表在《臺灣文藝》上的小說《奔流》，描寫了「皇民化運動」給臺灣知識分子帶來的沉重災難，表示了對「皇民化運動」的強烈抗議。③反映光復初期臺灣同胞苦難生活的作品。例如：朴子人的《苦瓜》，描寫兒子被日本帝國主義強迫去當炮灰死在了南洋，媳婦逃回了娘家，老母無以爲生，去偷苦瓜而被人毒打的悲慘故事。

又如，謝哲智的《拾煤屑的小孩》，描寫臺灣光復後，人民的生活非常困難，一群窮人家的孩子成群接隊靠偷煤爲生。④描寫日本侵略中國給日本人民帶來災難。例如黃昆彬的《美子與豬》，描寫日本人投降後，嫁給臺灣人的日本女子受到虐待和折磨的情景。

這些作品主題思想雖不算強烈，題材也不十分重大，但它們的確記錄了那個時代的聲音和畫面，將那個時代比較完整地留在了文學的畫廊中。它們成了具有歷史的和文學的雙重功能的橋樑。給了人們以歷史的和文學的雙重啓示。

第五章　日據時期臺灣小說發展綜述

經過上面的分析和論述，日據時期臺灣小說發展的概貌已經清晰地呈現在人們的面前。但是還有必要對日本帝國主義奴役下臺灣小說發展的內在規律性，作一些更清晰、更明確、更集中、更條理性的闡釋。

1. 臺灣小說雖然誕生在日本帝國主義嚴酷奴役下的殖民地社會中，但它卻是在中國五四新文化運動的直接影響和洗禮下，誕生在中國文化根基上的中國小說；雖然日本帝國主義瘋狂地推行「皇民化運動」，妄圖斬斷臺灣和中國母親的民族臍帶，將臺灣全面日本化，但誕生在中國文化根基上，充滿中國民族意識的臺灣小說卻成了中國臺灣人進行抗日民族鬥爭的有力武器。由此，我們可以得出這樣的結論，小說的誕生和發展雖然離不開政治，但是它並不從屬於政治，尤其不從屬於統治者的政治。它順應著歷史總的發展趨勢，反映歷史發展總的潮流，以表面上看來哪怕非常微弱，但確是代表著時代本質和方向的思潮為生命。因而，我們絕不能以政權的性質來決定文學的性質，絕不能以統治者的觀念來決定文學的觀念，從而以政權的嬗變，來確定文學和小說畫界的標準。

2. 小說發展的水平和進程和整個文學家族發展的水平和進程同步。沒有整體性的文學水準，很難產生出同樣水準的小說，但小說在文學家族中又有其特殊地位，新文學中小說發展的水平和進程往往是衡量一個國家，一個民族，一個地區整個文學發展水平和進程的主要標誌。臺灣日據時期幾乎所有的小說家同時也是詩人，又多數以小說爲主，以小說作爲他們文學成就的主要標誌。例如賴和、朱點人等等。

3.在小說自身發展的過程中，其趨勢是：內容向廣度發展，主題向深度發展，藝術向多元發展。日據時期的臺灣小說主題從萌芽期的一般反帝反封建深化到聯合世界各國朋友，尤其是和帝國主義國家的人民結成聯盟，整體上藐視敵人的戰略思想。反封建的主題由婚姻自由深化到婦女解放，由一般的反對農民被欺壓到減租減息，要求人格的自由和平等。有的作品提出了抗日民族解放運動的領導權問題，已認識到了資產的軟弱性，主張以農民爲主力軍。應該說臺灣小說主題的深化，在三十年代中期已經相當深刻。有些思想具有鮮明前衞性。這在當時臺灣處於日本帝國主義嚴密封鎖，殘酷奴役，很難和外界接觸吸收新思潮的封閉狀態下，是非常難能可貴的。尤其是楊逵不愧爲臺灣文學界思想的先驅。

4.在表現形式上，雖然還比較幼稚，但小說所具有的藝術方法幾乎在日據時期的臺灣小說中都有運用，還出現了代表作家和作家群體。比如以吳濁流和葉石濤爲代表的諷刺小說，以翁鬧和龍瑛宗爲代表的開掘心理描寫，以表達人的內在意識爲主要手段的早期現代派小說的萌芽。

5.日據時期臺灣小說題材的開拓十分喜人。臺灣小說的萌芽期，其題材和主題基本上是一致的。大體上都是兩種，即反帝和反封建的主題與反帝反封建的題材。但是，到了三十年代以後，臺灣小說的題材有了很大的突破。比如有以王詩琅爲代表的城市題材；以吳濁流爲代表的知識分子題材；以呂赫若爲代表的家庭婚姻題材；以張文環和張慶堂爲代表的農村題材；以翁鬧爲代表的愛情題材等。小說題材疆域的開拓顯示著作家隊伍的擴大和視野的開展，顯示著小說對生活覆蓋面的伸延，這是小說深入社會和社會需要小說的一種表現，也是小說發展水平和進程的一種顯示。

6.政治氣壓對小說的發展有著直接影響。日據末期，日本帝國主義在臺灣大搞文字獄，並拉攏一些意志薄弱的作家，於是臺灣文學處於低潮，小說創作受到嚴重摧殘，小說作家隊伍出現分化。有的停筆不寫，有的向右靠，有的不得不採用較隱避的表現手法與敵人周旋。這時出現了一些描寫知識分子隊伍中徬徨、動搖、逃避的小說，也出現了一些敢於迎著殘酷勇往直前的鬥士。這時小說中反映的情況和實際生活中的現象相一致，堅定者愈堅定，動搖者愈動搖。代表人民和民族意志的小說的一個共同發展規律是，隨著革命潮水的漲落而漲落，革命處於低潮，小說創作也處於低潮；革命上升爲高潮，小說創作也就湧現出高潮。

第五編　五十年代動盪中的臺灣小說

第一章　五十年代臺灣的社會和文學概況

第一節　五十年代臺灣的社會概況

國民黨政府，一九四九年十二月七日由大陸遷到了臺灣。國民黨政府的遷臺，使臺灣的歷史也進入了一個非常時期。二百五十餘萬黨、政、軍、群各方面人士的湧進臺灣，使臺灣的人口一下劇增了三分之一，臺灣的負荷加重。概括起來，五十年代的臺灣有這樣一些特點：

1.美國極力染指臺灣，美國於一九五〇年六月二十五日發動了侵朝戰爭。臺灣在美國眼裏變得十分重要，在發動侵朝戰爭的第二天，美國總統杜魯門就一改過去「臺灣在政治上，地理上和戰略上都是中國的一部分。」①的調門，宣稱：「臺灣未來地位的決定必須等待太平洋安全的恢復，對日和約的簽訂或經由聯合國的考慮」。六月底美國就派第七艦隊武裝占領了臺灣海峽。八月四日美軍在臺灣成立「臺灣前進指揮所」。一九五一年五月一日，美國在臺北設立「軍事顧問團」。一九五四年十二月二日美、臺簽署「共同防禦條約」，至此臺灣已在美國控制之下。據一九五三年統計，那時美國對臺灣的經濟「援助」已占臺灣固定資本總額的一半以上。美國控制臺灣，一方面可作爲侵朝戰爭的基地和控制亞洲其他地區的據點；另一方面妄圖借以實現他們獨霸世界的戰略。

2.政治上推行「反共抗俄」的方針。一九四九年五月二十日頒布「戒嚴令」實行全省戒嚴。一九五三年四月二十八日公布了《戒嚴期間新聞報紙雜誌圖書管制辦法》，對臺灣的出版、言論進行全面管制。

3.臺灣注意發展自身的經濟，以增加和恢復臺灣自身的生殖機能。一九五一年六月四日，臺灣公布《臺灣省放領公有耕地扶植自耕農施行辦法》將沒收日本人的耕地分售給農民，促進農業生產。七月四日臺灣又公布了《三七五減租條例》，以減輕農民的租金，使農民在貧困中得到喘息，以增長生產積極性。一九五三年一月二十一日，又頒布了《實行耕者有其田條例》，同年五月又進行了改良性質的土地改革。從而進一步解放了農民的生產力。通過一系列的改革農業生產的措施，的確使臺灣的農業生產獲得了一定程度的發展，使臺灣的糧荒得到了緩和。

4.臺灣同胞的反美情緒不斷高漲，五十年代美國人在臺灣作威作福，給臺灣同胞帶來了許多災難，激起了臺灣同胞的強烈抗議。例如一九五七年五月二十四日美國軍事法庭宣判無辜槍殺國民黨軍隊少校軍官劉自然的美國士兵無罪，就激起了臺灣全體人民的憤怒，臺北市民數萬人進行了自發性的反美大示威，搗毀了美國駐臺使館和新聞處，臺中、臺南等的工人、學生、市民一起響應，高呼「美軍從臺灣滾出去！」的口號，形成了「五・二四」反美事件。這種情況在李喬的短篇小說《孟婆湯》和黃春明的短篇小說《蘋果的滋味》中都有眞實、生動的反映。

臺灣的許多作家，比如楊喚的散文，袁瓊瓊的短篇小說《滄桑》，朱天心的中篇小說《未了》以及長篇小說《臺北屋簷下》等作品，都從不同角度對大陸去臺人員五十年代的處境和那時的臺灣社會狀貌進行了生動的描繪。臺灣五十年代的小說，就是誕生在這樣動蕩不安的社會背景中的。

第二節　五十年代臺灣的文學概況

隨國民黨去臺灣的一大批作家、詩人進入臺灣文壇，尤其是國民黨在大陸的官方文藝機構移到臺灣，使臺灣文壇的創作隊伍和組織結構都發生了巨大變化。臺灣的作家隊伍截然地形成了兩個陣營：一方面是以大陸去臺作家構成的官方文學，另一方面是以臺灣本省作家爲主的在野文學。由於反共文藝和戰鬥文藝活躍，也由於大部分臺灣本省籍作家還沒有掌握好中文的書寫工具，以及在「二·二八」事件中的餘悸猶存，因而五十年代的臺灣文壇，形成了官方文學統治的局面。即使有少數本省籍作家堅持創作，比如：鍾理和、鍾肇政、林海音、廖清秀、鄭清文、施翠峰、李榮春等，但他們也或明或暗受到某種排擠，在艱難的環境中默默耕耘。

一九四九年十二月七日國民黨遷到臺灣後，爲了安定移民和島民的情緒。提出了「反共復國」和「反共抗俄」的口號。反共文藝和「戰鬥文藝」就在這種背景下出現了。一九五〇年三月，成立了「中華文藝獎金委員會」，由「立法院」院長張道藩擔任主任委員。「文奬會」成立一個月，於同年五月四日就宣布成立了「中國文藝協會」。這個協會，是官方最具代表性，規模最大，影響力最強的文藝機構。它統領臺灣文壇十年，有「文協十年」之稱。在總會下設立：小說、詩歌、散文、音樂、美術、話劇、電影、舞蹈、攝影、文藝評論、民俗文藝、國外文藝、大陸文藝、文藝翻譯等十九個委員會，還在高雄市、臺中市及澎湖等地設立了分會，會員達一千六百餘人。此外還有屬於「青年反共救國團」的「中國青年寫作協會」及其他各行各業的官方文藝機構和以民間面目出現，實則由官方領導的文藝團體。這些官方文藝機構和團體像一幅攀援在一根根柱子上的網，連著整個臺灣文壇，成為推行反共文藝和「戰鬥文藝」的主要手段。「中國文藝協會」的綱領明確規定為：「除團結全國文藝界人士，研究文藝理論，從事文藝創作，展開文藝活動，發展文藝事業外，更以促進三民主義文化建設，完成反共抗俄復國建國任務為宗旨。」該協會通過舉辦各種文藝講習班，推展軍中文藝運動，發起文化「清潔」運動，開展「掃黃」運動。為了有效貫徹反共文藝和「戰鬥文藝」的方針，臺灣除了成立大量的官方文藝機構和團體外，還創辦了不少與其政治方針相適應的反共文藝刊物。例如：一九五一年五月創刊，由張道藩為發行人，「文獎委員會」的機關刊物《文藝創作》，其宗旨為「倡導配合國策的三民主義文藝」，扶助「蓄有反共抗俄意識的作家」；一九五二年四月創刊的《中國語文》宗旨是：「……從事光復大陸後，語文消毒及語文建設工作的準備。」；一九五四年一月創刊的，由臺灣「國防部」所轄的《軍中文藝》，積極倡導軍中文藝運動，提出：「兵寫兵，兵畫兵，兵演兵，兵唱兵」的文藝口號；一九五六年四月創刊的《革命文藝》，由臺灣「國防部總政治部」主辦，強調要「作為心理建設與反攻的基地和前哨堡壘。」；創刊於一九五六年十二月的《復興文藝》的創刊宗旨是：「因為臺灣既然為中華民族的復興基地，在反共復國的大前提下，所要求的也就是以反共抗俄為中心的文藝內容。所以復興文藝也因此加入建設自由中國文壇的戰鬥序列。」五十年代臺灣所發行的文藝刊物，很少是純文藝性的，有的是奉命而「反共抗俄」；有的是以「反攻復國」爲目的；有的是只把「反共抗俄」作爲口號；有的是在政治潮流中看風轉舵。不過，不管這些刊物的主觀意圖如何，以文藝的形式達到政治目的；在政治的口號下推行文藝運動；是它們的共同特色。

五十年代由不同政見者雷震創辦的《自由中國》，發一點不同的聲響，也終失敗。一九五七年由蕭孟能等創辦的《文星》雜誌，以「生活的、文學的、藝術的」爲宗旨，最先引進西方文藝思潮，爲封閉的臺灣文壇打開了一扇小小的窗戶，成爲臺灣文學向西方學習的最先發難者。

一批不怕艱難和失敗的臺灣本省籍作家，在被歧視和被排斥的痛苦境遇中默默創作。他們的作品完全是另一個層次，另一種世界。他們沒有喪失天堂的痛苦；他們沒有失卻家園的仇恨；他們沒有離鄉背景的孤獨。因而「反共抗俄」和「反攻復國」和他們無關。他們是爲文學獻身的人們。比如在此時期內鍾理和創作的帶有濃郁自傳體色彩的長篇小說《笠山農場》和廖清秀以自己爲模特兒的長篇小說《恩仇血淚記》，都是有影響的作品，盡管他們都是描寫日據時期生活的作品，但他們代表了五十年代臺灣的藝術水平。五十年代的臺灣文壇，從文學題材和作家所處的群落分類，大致可分爲政界作家、軍中作家、本土作家、女作家等幾個群體。

附註：

① 美國國務院特別命令第二八號：《關於臺灣的政策宣傳指示》。

第二章　五十年代臺灣的反共小說

第一節　五十年代臺灣的反共小說概況

滙成五十年代臺灣反共小說潮流的主要有兩部分作家，即政界作家和軍中作家。這兩部分作家通稱爲官方作家。他們原來在大陸大都不是專業作家，也大都不是以文爲生，因而創作成就不高。葉石濤在談到這批去臺的官方作家時說：「來臺的第一代作家包辦了作家、讀者及評論，在出版界樹立了清一色的需給體制，不容外人插進。然而大陸來臺的第一代作家也一樣面對了文學傳統中斷的尷尬局面。他們排斥三〇年代暴露黑暗統治的社會意識濃厚的文學，同時也幾乎揚棄了五四文學革命以來的民主和科學的新精神。一九三〇年代的文學旗手，如老舍、巴金、沈從文、茅盾、田漢、曹禺等沒有一個來臺，他們的作品也全被查禁。這使得大陸來臺作家跟三〇年代、四〇年代文學成了脫節的眞空狀態。」

①　政界作家係指在黨政、群等機關服務，但又從事文學活動的，既有黨、政職務又有作家頭銜的人。例如：尹雪曼、王藍、王平陵、姚朋、陳紀瑩、姜貴等。他們寫的有代表性的反共小說如：姜貴的《旋風》即《今檮杌傳》、《重陽》，陳紀瑩的《荻村傳》，潘壘的《紅河三部曲》，端木方的《疤勛章》，潘人木的《蓮漪表妹》、《馬蘭傳》，張愛玲的《秧歌》和《赤地之戀》等。

軍中作家係指在軍中任職，又從事文學創作活動的人。這批人相當多，在臺灣文壇勢力和影響甚大。他們的存在構成臺灣文壇的一個特色。其主要代表人物有：司馬中原、朱西寧、段彩華、高陽、田原、姜穆、鄧文來等。其中司馬中原、朱西寧、段彩華號稱：「三劍客」，在軍人作家中成就最高。軍中作家雖然也是反共文學思潮中的一個支脈，但他們與上述政界反共作家有所區別。一般來說他們年紀較輕，反共情緒沒有政界反共作家那麼激烈；他們比較注意作品的藝術性，有相當一部分非政治小說達到較高的藝術層次；他們中不少人後來改變了反共傾向，在比較專門的領域寫出了大量較有影響的作品。比如高陽的歷史小說便是一例。

五十年代臺灣的反共文學，是一種人爲的文學潮流。不僅被廣大臺灣同胞厭惡，而且被他們自己的第二代所唾棄。臺灣著名現代派作家、白崇禧之子白先勇就在《流浪的中國人——臺灣小說的放逐主題》一文中說：「跟隨國府遷臺的行列中，也有一些早已成名的作家，……那時他們驚魂甫定，一時尚未能從大陸所受的沉痛打擊中清醒過來，另一方面卻沒有足夠的眼光和膽量來細看清楚錯綜複雜的新形勢，所以只好盲目接受政府所宣傳的反攻神話。」因而「這些作家筆下的人物大多與現實脫節，布局情節老套公式化，故事的主人公不管如何飽嘗流放的痛苦，總是會垂臨故土，與大陸上的家人團圓結局。這些作品注滿思鄉情懷，但這種悲傷的感受老是陳腐俗套，了無新意。」所以，我們只把它看作是文學發展中的一個小小的插曲看待。

第二節　反共小說的公式化、概念化

五十年代的反共小說家們，以一種懷舊的心情來對待文學，不是爲了前進，而是爲了回顧；不是爲了發展，而是爲了戀舊，因而除了發洩仇恨之外，不可能在文學中喚起朝氣勃勃的生命。如姜貴在《旋風》自序中說：「三十七年冬避赤禍來臺，所業尋敗，而老妻又發病，我的生活頓陷於有生以來最爲無聊的景況。回憶過去種種，都如一夢。而其中最大一個創傷，卻是許多人同樣遭遇的那個『國破家亡』的況味。由於三十年來所親見親聞的若干事實，我想應當知道，共產黨是什麼。我將整串的回憶，加以剪裁和穿插，便成了一個完整的故事。」姜貴在另一反共名篇《重陽》自序中又說：「共產黨不是從天上掉下來的。我們必須敢於分析它所由產生的那些因素，然後才能希望有辦法把它撲滅……反共需要冷靜，也需要智慧。」這兩段話不僅赤裸裸地道出了姜貴創作的目的和動機，而且活畫出了他的形象和靈魂。而另一個反共作家潘人木直到一九八八年還耿耿於懷，要與共產黨算賬。她說：「現在打算重操舊業，寫幾篇小說，內容包括家人在共產黨手下所受的迫害，這筆血債無論如何要記上一筆。」②這種完全摒棄文學自身的使命，摒棄藝術創造的神聖職責，把詛咒、復仇作爲寫作的唯一動機和目的的創作，在內容上絕對難以忠於歷史事實，反映歷史的眞正潮流和本質，使自己的作品成爲時代和歷史的鏡子。即使作品中有某些生活碎片是眞實的，但經過作者組合加工，也會失去原來的面貌，改變其眞實性，成爲作品假面具上的油彩。這樣的作品只能是歷史的哈哈鏡；在藝術上，必然是東拼西湊，支離破碎，人物虛假，難以構成一件完整的藝術品。一般來說，歪曲生活，扭曲歷史的所謂小說，即使作者的文字水平再高，創作經驗再豐富，也難成爲令人信服的藝術。一九四九年去臺的反共作家中不少人文學和語言的修養，是有相當基礎的，但就因爲他們扭曲了時代和歷史的眞相，主觀色彩太強，因而他們的小說很難成爲不朽的藝術品。五十年代的臺灣反共小說有這樣一些固定公式：**1.**愛情加反共；**2.**共產黨勾結日本人打國民黨；**3.**知識分子誤入共產黨後又覺醒；**4.**共、日、匪合夥製造人間荒原等。第一種公式如王藍的《長夜》、《藍與黑》，潘人木的《馬蘭自傳》，姜貴的《重陽》等。被視爲五十年代反共小說中佼佼者的王藍的《藍與黑》和《長夜》是這種模式的典型。兩部作品都是以愛情爲中心線索，將反共主題寓入其中，而且兩部作品的背景和故事都大同小異，都是一男兩女相戀；都是從抗日開始到臺灣結束。在《藍與黑》中張醒亞在唐琪和鄭美莊之間糾纏，唐琪是象徵藍色的美麗的天使，寬容大度，承受著張醒亞的誤解與怨恨，爲了他而作舞女，當戲子，爲去重慶見他而忍受一切犧牲。象徵著黑的鄭美莊自私、貪婪、放縱，對愛情不忠。但張醒亞卻被她俘擄，和她訂婚。在這樣一個你爭我奪的三角戀愛故事中，王藍寓入了他的反共意圖。讓張醒亞這個糾纏於兩個女人之間的角色，因去太行山打游擊受到共產黨的襲擊，而認清了共產的「用心」，所以到重慶大學，便現身說法揭露共產黨的「詭計」。在他的另一篇反共小說《長夜》中，則描寫了姊妹兩個愛上了一個男人，姐姐畢乃馨本是共產主義的信仰者，但卻愛上了一個反共的康懇，在臨死前有了「醒悟」。姐姐死後，妹妹畢乃馥，又去愛上了康懇。一是繼承姐的愛情，二是繼承姐的反共意志。一九四九年後，康懇逃到了臺灣，畢乃馥卻留在了大陸，因披著宗教外衣進行政治活動被逮捕，後來康懇在臺灣聽到被驅逐出境的美國牧師說，畢乃馥在大陸已經得救，並逃到香港，於是康懇也從死亡線上活了過來。這種愛情加反共的小說，無非是以愛情來增加小說的可讀性，作爲推銷反共思想的一種手段。除了和作者同樣具有反共意識的人給予喝彩外，廣大讀者仍然是唾棄的。五十年代臺灣反共小說的另一個模式是，主角大都是開始聽信共產黨的宣傳而誤入歧途，後來在共產黨的「陰謀」敗露後而覺醒。王藍的《藍與黑》、《長夜》如此；姜貴的《旋風》、《重陽》也是如此。從上述情況看，五十年代的臺灣反共小說是一種公式化、概念化的東西，只要掌握了上述愛情加反共、從迷悟到覺醒兩種公式之後，誰都可以像往籮框中裝東西一樣，去塡塞內容。因而廣大臺灣同胞給它起了一個非常恰切的名字——「反共八股」。

第三節　五十年代反共小說的主要代表作家和作品(上)

五十年代臺灣的反共文學是一種人爲的，然而又是一種普遍的現象，它是一種沒落意識在文學中的反映，因而它的作家基本上都是沒落的軍人和行政官員。

姜貴，本名王林度。一九〇八年生，山東省諸城縣人。一九四八年去臺，一九八〇死在臺灣。早年在大陸便開始小說創作，共有作品二十二部，其中長篇小說約有十九部。十九部長篇小說中有五部寫在大陸時期，十四部寫在臺灣時期。姜貴在大陸時期的作品雖然藝術上比較幼稚，但有的作品內容上和文字上還不無可取之處。例如他在大陸時期以抗日爲題材，描寫上海「一・二八」事變時一群政府的小職員從南京疏散到洛陽故事的《突圍》，曾受到巴人（王任叔）的稱讚。這部作品是姜貴三十年代在徐州鐵路局三年的小職員任期內，爲打發無聊的日子，在賭博玩妓女之餘寫成的。一九七〇年作者寫了一篇談《突圍》的文章中說：「《突圍》進行中，不免有人來湊搭子，或參加喝酒，更不堪的是妓女過訪，砸門……我始終不說什麼。如果我老實告訴他們，我在寫小說，那將是一個大笑話，要把他們笑死。」小說寫成後，作者仰慕茅盾之名，想借茅盾的提携躋身文壇，寄給了茅盾。後茅盾轉給了巴人，巴人寫後記推荐出版。巴人在後記中說：「作者雖非名家，且很少作品發表，此篇想公餘之暇，隨手寫成，所用稿紙，係貨車間記噸位表格，足見無意爲文，然而其文之佳亦在無意爲文耳。」姜貴早期的作品，未被政治的偏見和仇恨浸染之前，還是有一些可取之處，但是當姜貴到了臺灣，創作上就變了樣。現在讓我們看看，姜貴到臺灣後究竟寫了些什麼。他在臺灣創作的十五部長篇小說，大致可以分爲這樣幾類：第一類爲反共作品。如《旋風》、《重陽》、《白馬篇》；第二類是自傳色彩很濃的小說。作品中的不少情節都是作者自己生活和經歷的投影。例如：《雲漢悠悠》、《白棺》等；第三類是歷史題材。例如：《喜宴》、《湖海揚塵錄》等；第四類是婚姻戀愛題材。例如：《碧海青天夜夜心》、《焚情記》、《卡綠娜公主》、《烈婦峰》、《花落蓮成》等；第五類是以臺灣生活爲背景的作品。例如：《白金海岸》。姜貴在臺灣生活上窮苦而不得志。從上述我們引用的他在《旋風》自序中談到的「所業尋敗，而老妻又病發，我的生活頓陷於有生以來最爲無聊的景況」便可得知一二。於是姜貴就不得不在反共之餘，胡編一些離奇古怪的戀情故事和下流色情的東西來賺點稿費糊口。姜貴曾說，他爲了賺稿費曾寫過一些「見不得人的小說」。彷彿作者對自己胡編一些色情故事去欺騙和毒害讀者，良心上也受到某種譴責。這一類故事，離奇古怪沒有生活基礎，完全是由作者杜撰出來的。比如《烈婦峰》中，作者塑造了一個民國初年的女中豪傑辛默玲與丈夫黃漢升參加辛亥革命起義，其子繼承父母革命之志又投入北伐的故事。但作者卻奇怪地插入一個痴心的風塵女山茶戀屍的故事。黃漢升死後，山茶女爲了替黃漢升報仇，竟終身不嫁，躲在黃家的「烈婦峰」後山下苦練飛刀，一練就是好多年，還信誓旦旦地說：「我就每天到烈婦峰，守在黃大爺的墳上。他活著的時候，我沒有資格和他作伴，現在是陰陽兩界上的人，我來陪陪他，該沒有人有話說。」一個風塵女，戀一個死去的有婦之夫，竟然終身不二，這種戀屍現象令人十分不解。而且一個風塵女被人偶而玩弄一次就如此痴情，究竟是戀情使她發痴，還是奴性使她喪失自尊，更令人思索。再如《焚情記》中小說一開始就是一個令人毛骨悚然的場面，即一個旅社裏發生一件「浴缸艷屍案」。此案的兇嫌是大學畢業美麗絕倫的少婦楊鵲娟，她拋棄了山盟海誓青梅竹馬，且發生了肉體關係的未婚夫，父親死後閃電般與另一個男人結婚。新婚之夜新郎發現新娘不是處女，於是將她遺棄，楊鵲娟從此走向墮落。這樁「浴缸艷屍案」最後不了了之，女主角坐了三年牢，以無罪釋放作結。這種胡編亂造，隨心所欲色情充斥的所謂小說，很難進入文學之林。我們從這樣一個小小的側面，可以看出姜貴高談濶論反共政治背後心理層面低級庸俗的一端。不過我們在這裡主要的還是剖析姜貴的反共小說。他的具有代表性的作品《旋風》又名《今檮杌傳》，於一九五二年一月間脫稿，在六年的時間內投稿數十次，被書店、雜誌報社退稿數十次，由於無人問津，使作者心灰意冷「像生下了一個不長進的孩子，爲我招來許多無謂的煩惱」差點付之一炬。一九五八秋天作者五十歲生日時，想搞點紀念，「這便想起了我的旋風，從箱底把它翻出來，爲了好玩，我給它題個新名字叫做《今檮杌傳》，又弄些陳腔濫調，湊上一套對仗回目，自掏腰包，一下印了五百本。」一九五九年六月才由吳魯芹推薦給臺灣明華書局正式出版。

這本長約四十萬字的小說，以作者的老家山東諸城即膠州灣附近的一個集鎮——方鎮，爲故事發生的地點，描寫了這個鎮上的一個姓方的大家族的興衰。作品的主角方祥千，厭惡舊氏家族，秘密參加共產黨，和其族侄方培蘭與地方軍閥、日本駐軍組織成一股共產黨勢力，侄子當司令，叔叔任政委，在方鎮一帶活動。後遇到國民黨清黨，方氏隱伏。待到抗戰爆發，方祥千叔侄又東山再起，在當地組織了地方政府，和日本人相勾結，趕走了國民黨。後來方氏叔侄有所「覺醒」，又作了倒戈將軍，暗中反對共產黨。不料被自己的兒子方天苡告密，方氏叔侄被共產黨逮捕入獄。表達了共產黨不過是「旋風，旋風，他們不過是一陣旋風」的反共主題。要想自己的作品成爲不朽，就必得眞誠地反映歷史。姜貴的哪怕你對那樣的歷史並不喜歡，也不能任意去編造，否則即使你的文字再華麗，也很難不朽。姜貴的《旋風》在五十年代反共風潮正盛的臺灣，竟然數十次投稿，又數十次被退稿，最後不得自費印刷。這樣的事實表明，姜貴創作之失敗。姜貴的另一部反共小說《重陽》，描寫北伐戰爭期間，「寧漢分裂」的一段故事。寫武漢地區的共產黨奪取政權的來龍去脈。作者的主要筆墨放在描寫共產黨的領導人柳少樵和洪桐葉身上。洪桐葉出身在一個革命家庭中，其父曾任孫中山南京臨時政府的軍部次長，不幸早亡。洪桐葉兄妹倆靠母親撫養長大。因任國民黨鐵路局長的叔父不幫助他上大學，只好到一家法國洋行學做生意。洋行老板的太太是虔誠的基督教徒，每週都叫洪桐葉幫她修脚。作者細致入微地描寫洪桐葉給老板娘修脚的心理活動，每次都要滲出點「味」來。作者以此來暗示洪桐葉給老板娘修脚過程中的性誘惑和爲了巴結外國人表現出的洋奴相。作者在《重陽》自序中說：「反共，需要冷靜，也需要智慧。」如果作者把在《重陽》中表現的手段也看作是一種智慧，卻實在不高明；假如作者所描寫的眞有其事，那也是洋人對中國人的一種奴役和壓迫。作爲一個中國人不去譴責洋人對同胞的壓迫和剝削，反去諷刺自己同胞的被奴役，諷刺者的立場不是站在了洋人一邊了嗎？至於作品中描寫的洪桐葉的那個啓蒙者、領導者柳少樵向洪桐葉售奸，讓他喪失人格，絕對服從上級，然後再用暴力手段對付下級，並且利用職權姦汚了洪桐葉的妹妹洪金鈴和母親洪大媽，最後發現洪桐葉動搖將他除掉的描寫，更是失去了生活的眞實感。

陳紀瀅，河北省安國縣人。一九〇八年出生。從四歲起跟著祖母學識字，祖母給他縫了兩個荷包，一個裝單詞，一個裝成語，陳紀瀅對這位啓蒙教育的老祖母感情很深。一九二五年，陳紀瀅十八時正式進入國民大學讀書。因時局動蕩，第二年陳紀瀅輟學到哈爾濱吉黑郵局當了職員，並就讀法政大學夜間部。陳紀瀅在哈爾濱認識了孔羅蓀，從此兩人成了多年的至友，兩家的孩子也如兄妹，他們的關係一直維持到一九四九年。陳紀瀅和孔羅蓀的交接對他們兩人走向文學之路，有著關鍵性的作用。他們兩人一起工作的哈爾濱五道街郵局，成了他倆進行文學活動的策源地。就是在和孔羅蓀認識的這一年，他開始用筆名影影，發表了第一部長篇小說《紅氍毹的迷惑》。一九二八年他與孔羅蓀共同發起組織了「蓓蕾文藝社」，並創辦《蓓蕾周刊》，形成了東北作家群。蕭軍、蕭紅、白朗、孫陵、舒群、高蘭、端木蕻良等著作家的成長和崛起，都和「蓓蕾」有直接關係。一九三八年三月二十七日，「中華全國文藝界抗敵協會」在武漢成立，陳紀瀅與老舍、胡秋原、郁達夫、朱自清、茅盾、丁玲、巴金、胡風等四十五個知名作家被選爲理事。一九四五年初他的長篇小說《新中國幼苗的成長》在重慶出版，並獲獎。一九四五年日本人投降後，他任哈爾濱市「文化指導委員會」主任委員。一九四八年他當上立法委員，一九四九年八月去臺灣。由陳紀瀅在大陸的簡單經歷看，他的文藝活動幾乎一直是和政治連在一起的，在去臺之前已成爲高級官員。陳紀瀅去臺後曾先後加入官方文藝組織：「文獎會」、「中國文藝協會」、「教育部學術委員會」、「中山基金會」、「國軍新文藝輔導會」和「中華民國筆會」等，並是這些組織的主要領導者之一。長期擔任臺灣官方文藝的最高領導機構「中國文藝協會」的主任委員。一九七五年退休後專門從事寫作。陳紀瀅一生著作甚豐，各種著作共有五十三種。其中小說有十種：《新中國幼苗的成長》。《春芽》、《荻村傳》、《赤地》、《華夏八年》、《有情歲月》等。

陳紀瀅的反共代表作是《赤地》、《華夏八年》和《荻村傳》，三部作品中又以《荻村傳》最爲熱鬧。曾被一些人讚譽，先後被譯成英、日、法等版本。《荻村傳》是陳紀瀅去臺灣後寫出的第一部長篇小說，十二萬字，先在《自由中國》雜誌上連載，後出版。這部小說模仿魯迅先生的《阿Q正傳》，以一個典型的二流子性格的農民傻常順一生曲折悲歡的故事表現農民不幸的命運，發洩作者「先殺共產黨共呀！後殺老毛子呀！先殺王子和呀！後殺馬克思兒！」的仇恨；揭出農民的悲劇是所謂共產黨一手導演的反共主題。傻常順兒數十年的經歷中，參加過義和團農民起義，當過日本皇軍的班長，當過共產黨的村長，最後被共產黨活埋。傻常順兒由當初高喊先殺天主教和洋鬼子，到最後高呼先殺共產黨和馬克斯。不過是我們上面談到過的反共小說所貫用的公式之一，即，由受共產黨迷惑利用到覺醒。它仍是一種對公式的塡充。作者極力模仿阿Q的外部形象，把儍常順兒寫成「兩隻牛鼻孔又大又圓。兩隻貓耳朵，不但小而且捲成一團。胳膊、手掌、脚片、肌肉都是粗壯的。鼻孔裏永遠淌著鼻涕，嘴唇邊不斷流著吐沫，眼裏包藏著眼屎，說話時，結巴、擠眼、向上抽蓄的鼻子。走路時，兩隻脚一齊向外撇，一個怪模樣，極儍極骯髒的莊稼漢……」即使儍常順的外表有點像阿Q，但陳紀瀅卻沒有學到魯迅先生刻劃人物的本質，阿Q是幾千年中國農民不幸命運大悲劇中的小悲劇，阿Q的不幸命運是封建主義和帝國主義一手導演的，作者是懷著哀其不幸，怒其不爭，對農民懷著極深同情和關懷來描寫農民的不幸的。而陳紀瀅的《荻村傳》卻缺乏這種歷史關照。因而儍常順兒不但不是一個成功的農民典型，而且是一個失敗的形象。

潘人木，女，原名潘佛彬。一九一九年生。重慶中央大學畢業。一九四九年前在大陸時期曾任重慶海關總署職員，重慶四行聯合辦事處職員，新疆迪化女子學院教員。一九四九年到臺灣後曾任臺灣省教育兒童讀物總編輯，主編出版了《中華兒童百科全書》和《中華兒童叢書》。潘人木出版的作品有《婦夢記》（短篇小說集）、《哀樂小天地》（短篇小說集）和長篇小說《蓮漪表妹》、《馬蘭自傳》（後改名爲《馬蘭的故事》）等數十種。潘人木從大學時期開始創作。據說，她在大學二、三年級時爲了得稿費和獎金，見到哪裏有徵文啓事就投稿，並且保持每投必中的記錄。一次她參加一個題目爲「明日中秋」的徵文比賽，稿子寄出後，一天突然一個人來找她，經對方自我介紹才知道是「當時極負盛名的文藝前輩姚蓬子」。姚蓬子告訴她，他很喜歡她應徵的那篇小說，獲首獎。後來在報紙公布是第二名。姚蓬子特意來解釋道：「你寫的不太抗戰。」潘人木將獲得的獎金去買了一件旗袍和藍布大褂。這就是潘人木處女作誕生的經過。潘人木從創作中嘗到了甜頭，從此便正式開始了她的創作生涯。潘人木一九四九年到臺灣，一九五〇年便參加「文獎會」的徵文比賽，以短篇小說《如夢記》獲「中華文藝獎」首獎。一九五一年又以臺灣五十年代反共文學中的名篇之一，長篇小說《蓮漪表妹》，獲該文藝獎。一九五二年潘人木又以另一部反共長篇小說《馬蘭自傳》獲該項文藝獎。因而潘人木也就隨著她的連續獲獎成爲臺灣五十年代反共文學潮流中最爲活躍的作家之一。潘人木的反共小說側重於描寫抗日青年學生懷著天眞爛漫的愛國情感，受左派的所謂蠱惑宣傳，上當後而不可自拔的故事。《蓮漪表妹》中的蓮漪就是一個天眞爛漫的愛國女青年因對政府抗日方針誤解而不滿，把延安看成是抗戰的希望，爲追求眞理，爲探求救國之道，於是克服種種困難而奔向延安。但不料到延安後卻掉進了陷阱，追悔莫及，作了共產黨的刀下鬼。潘人木的反共小說的不同之處是，其一、她在作品中對政府「小駡大幫忙」；其二、通過所謂「正反」對比，證明國民黨比共產黨「好」；其三、描寫的對象爲青年知識分子，尤其是女知識青年。潘人木的另一部反共小說《馬蘭自傳》是描寫的女知識青年程馬蘭和男知識青年萬同的戀愛故事。作者把他們的愛情背景放在動亂的時代，而把動亂時代的根源和主人公不幸命運的禍因，歸到共產黨身上。這是五十年代反共小說的又一個公式。潘人木曾道出了這個公式，她說：「所有的小說，其實萬變不離其宗。不過從幾個模式而求，只要掌握住高潮點，將擺放的位置設計好，就大致完成了小說的架構。至於題材怎樣安排，那是另外一回事。」不過應該說，由於潘人木自己是個女性作家，比起其他反共作品來，她的作品有對女性心理揭示細膩的特色。例如《馬蘭自傳》中作者對馬蘭和萬同一起逃到天津，萬同被捕，馬蘭又獨自一人灰溜溜地返回北平。那種萬念俱灰，茫然無望，不知如何是好的內心世界是比較眞實的：「茫茫然看著窗外，喝著火車冒出的黑烟，咀嚼萬同昨天買的牛肉乾，咀嚼著世事的不可期待。昨日此時，想的是勝利返鄉，重乘此車，絕沒有想到二十四小時後，一個人灰頭土臉地回來。我的婚姻以後會是什麼結果？時局有什麼變化？我回東北去找父親？在北平等待禮春回來，還是自己找書唸？想得我筋疲力竭，要是再往下想就死了……」盡管潘人木作品中有些細節的描寫還不失其眞，但由於其作品的整體構架是虛設的，那些細節也就像是裱糊在高粱杆紮綁成的屋架上的一層紙。經風一吹，屋架一倒，那細節也就支離破碎隨風而去了。

第四節　五十年代反共小說的主要代表作家和作品(下)

上一節我們敍述了五十年代臺灣政界的幾個反共作家。這一節我們將敍述軍中幾位反共小說家。軍中作家一般都比較年輕，他們在大陸時還都是學生，基本上還沒躋身於文壇，隨著臺灣同胞和臺灣文藝界對反共作品的唾棄和激烈抨擊，他們中多數人的創作路向有了改變。

司馬中原，本名吳延玫。一九三三年生，江蘇省淮陰縣人。一九四八年參加軍隊，一九四九年十六歲隨去臺灣。一九六二年以上尉軍銜退役。曾任臺灣「中國文藝協會」南部分會常務理事、臺灣「中國青年寫作協會」常務理事和總幹事。一九七四年任臺灣「華欣文藝工作聯誼會」總幹事。司馬中原在大陸時期就開始學習寫作，五十年代躋身臺灣文壇。他的著作多達六十餘種。其中長篇小說有《

荒原》、《魔夜》、《狂風沙》、《驟雨》、《巨漩》、《刀兵塚》、《綠楊村》、《啼明鳥》、《荒野異聞》、《狼烟》、《凌烟閣外》、《流星雨》、《割緣》等。中篇小說集有《山靈》、《雷神》、《烟雲》、《天網》、《十八里旱湖》、《餓狼》、《遇邪記》、《霜天》、《復仇》等。短篇小說集有：《春雷》、《靈河》、《加拉猛之墓》、《石鼓莊》、《十音鑼》等。另有自傳體長篇《青春行》和散文集《鄉思井》等。司馬中原的成名作《荒原》寫成於五十年代初期，直到六三年才正式出版。司馬中原的作品雖然多達數千萬字，但《荒原》一書定下了他創作的基調。這個書名以多種象徵意作了司馬中原創作的舖路石。這部反共小說，一方面延用西方文學作品中多種「荒原」的書名，如艾略特的《荒原》，惠特曼的《荒原》等。它們有的是隱喻生活的荒蕪；有的暗示精神的荒蕪；有的象徵時代的荒蕪。司馬中原承接了西方「荒原」書名的象徵。暗示了他作品的背景是中國北方遼濶的大荒原，也暗示中國被日本人和所謂共產黨「禍害」而呈荒蕪之狀等。司馬中原的《荒原》和《狼煙》兩部反共小說，連起來是荒原狼煙。他認爲這荒原狼煙是日本人、共產黨和土匪三股勢力造成的。因而在他的幾乎所有的作品中都以這三股勢力爲詛咒對象。比如在《荒原》中他這樣寫道：「他要遷取多年前他和妻共擁的月亮：那樣的月亮和那樣溫柔的情愛使他勇悍的和一切出自黑暗的野獸抗鬥，鬼子、八路、或是一隻侵迫安寧的狼。」這是司馬中原在《荒原》中塑造的他心目中的反共英雄歪胡癩兒，又一次面臨死亡時，回憶起當初新婚的妻子生下孩子後，兩人在月明星稀，流水潺潺河畔的石塊上，互相傳遞擁吻著孩子的情景，和那溫情，那幸福失去後心理上產生的仇恨。作者認爲只有把共產黨和日本人捏到一起，才能將共產黨否定掉。司馬中原除了反共作品之外，還有一些鄉野傳奇和抒情性的作品。這兩類作品在抒發中國民族情感，表現此國人爲粗獷豪放，以及表現人性的悲憫上都顯示了相當的功力。有的作品也道出了一定的生活哲理。比如鄉野傳奇之一的短篇小說《山》中的土匪頭子祝海山，原是一個老實的農民，因爲被人拐了錢財反被誣陷坐牢，被逼當了土匪。他爲了使自己的兒子不落罵名，日後能「擡起頭來」，憤而引頸自殺。這個形象表現了一定的歷史眞實。此外司馬中原的短篇小說《沙窩小野舖》等作品，在描寫少女的情感吐露上，都有出色之處。我們對司馬中原不同類型的作品應區別對待。

朱西寧，原名朱清海。一九二六年出生，山東省臨朐縣人。家人信奉基督教。十一歲時離開家鄉到蘇北、皖東讀書，一九四七年參軍，後隨軍去臺灣。朱西寧從小喜愛文學。一九四六年，即他十九歲那年，便寫了第一篇諷刺短篇小說《學》，後更名《洋化》在南京《中央日報》副刊發表。從此，他走進創作生涯，從未停筆。一九五二年，朱西寧的第一個短篇小說集《大火炬之愛》在臺灣出版，進入創作盛期。他出版的長篇小說有：《貓》、《旱魃》、《畫夢記》、《八二三注》、《將軍與我》等。短篇小說集有《大火炬之愛》、《賊》、《鐵漿》、《狼》、《破曉時分》、《冶金者》、《現在幾點鐘》、《第一號隧道》等。此外，還有隨筆和散文多種。朱西寧在臺灣的家庭，是個文學之家。妻子劉慕沙是個文學翻譯家，三個女兒朱天心、朱天文、朱天衣都是青年小說家。他們自創《三三文學輯刊》，凝集一批作家，成爲臺灣著名的文學沙龍之一。朱西寧是臺灣軍中反共代表作家之一，和司馬中原齊名。與司馬中原、段彩華一起被稱爲「三劍客」。朱西寧善寫軍中生活和軍中人物。例如他的《將軍與我》，據說是爲國民黨將領王昇樹碑立傳的。書中極寫王將軍的威嚴和謙和，嚴謹和大度。如書中寫道，王將軍的長子一次在外露營，不幸被他的同學用獵槍失誤打死。兇手的爸爸是王將軍的部下，帶子負荊登門請罪，兇手跪地嚎哭，王將軍反而克制住喪子之痛，勸對方不要悲傷。後來開庭審訊時，王將軍還主動放棄一切要求賠償的權利，並請求從輕量刑，緩期執行。《將軍與我》一書出版之日，正是王昇將軍飛黃騰達，重權在握之時，因而傳聞朱西寧有「拍馬屁」之嫌。再如朱西寧的另一部長篇小說《八二三注》，是描寫「八二三」金門炮戰的。臺灣的文學批評家們，對朱西寧的創作過程作過這樣的概括：「來臺的最初六、七年，他採信實用主義，以爲寫作可以爲國家社會盡許多責任，有些作品難免流於口號與形式化；後來，他逐漸把小說看做一種絕對的藝術，不作任何其他意義的解釋，希望能用一種冷靜含蓄的方式去處理小說。」③朱西寧具有豐富的藝術經驗，有不少舊題材，經朱西寧的筆調理整合，便放射出新的藝術光輝。例如《破曉時分》，本是昆劇《十五貫》（《錯斬崔寧》）的基本故事演變而成。但作者不僅採取了與原作完全不同的新的敍事結構和角度，而且將原劇中因果報應變成了人生的思考。能作到這一點，是因爲作者抓住了劇情中對人生具有特殊價值的情節，給予淋漓盡致的發揮，而將一些因果報應的段落，給以刪除，於是就顯出了作者的藝術匠心。在人物刻畫方面，作者改變了原劇中的平面發展爲立體塑造，因而人物性格更加鮮活。再如作者創作的一些婚姻愛情小說，在取材角度，刻畫人物上，既融入了一些新的東西，但又和流行小說不同，給人一種獨特感。

大陸去臺灣的這批反共作家，他們既是歷史的棄兒，又是時代的落荒者；他們既懷著亡家之痛，卻並又抱著恢復「天堂」的幻想；他們躋身於文壇，卻唱著政治的輓歌；他們流落到臺灣的土地上，不想在那裡紮根；他們吃著臺灣泥土裏長出來的五穀，卻和那裡的泥土脫節；他們呼吸著臺灣的空氣，沐浴著臺灣的海風，但卻和臺灣本地的老百姓存在著一定距離；他們喝著臺灣的水，唱的卻不是臺灣的歌。他們在臺灣人民的眼裏，只是一批無家可歸的落難者；臺灣在他們的心目中，只不過是暫時的歇脚之地。除個別的作家作品外，絕大多數反共作家的作品，既不屬於臺灣的那塊泥土的，也不屬於他們生活的那個時代的。地域上是那麼遙遠，時代上是那麼陳舊。臺灣是一片四季長青的土地，而他們的作品中，卻是大漠荒原，風塵狼煙；臺灣正處於難於承受重負的呻吟中，而他們的作品中卻是幻滅的悲哀；臺灣正在尋找新的生活出路，他們的作品中卻是對往昔的顧盼。總之，他們所寫的文學，不是臺灣的文學，最多也只能算是，住在臺灣的土地上的外鄉人，寫的外鄉的文學。因而，不僅充滿失落的悲哀，而且充滿不能和脚下的土地認同和結合的不幸。這一批不屬於臺灣土地，不屬於臺灣情感，不屬於臺灣人意願的文學，像秋風中的一片文學落葉，飄在了不屬於它的那塊土地上。我們把它放在臺灣文學、臺灣小說中，只是把它作爲發展過程中的一個插曲來看待。隨著時間的推移和歷史的前進，這批作家中的不少人，因生存和藝術的需要，放棄了原來的主張，改變了創作傾向，並慢慢地開始了和脚下土地的認同和與臺灣老百姓結合的艱難過程，而且他們自己的生活和歷史也作爲臺灣社會生活和歷史的一部分進行了融入。他們也逐漸變成了這個移民島上移民的一分子，成了這個島的主人之一。他們也開始描寫這個島上人們的生老和病死，戀愛和結婚，喜怒和悲哀，奮鬥和失敗，收獲和失落等等。於是他們成了臺灣人，他們成了臺灣文壇的一分子。我們就再不能稱他們爲反共作家了。反共作家只是一個暫時的，歷史性的名詞。爲了寫歷史，我們不能不被迫的提到它，在今日國家統一，民族團結，親人團聚的氣氛正在高漲的時刻，我們又不願看到它，但願所有的炎黃子孫，都把它遺忘在歷史的遺忘裏。

附註：

①《臺灣文學史綱》第八六頁。

②《赤子心情——潘人木》（臺灣《中央日報》八八、三、三一）。

③張素貞《細讀現代小說》第八二—八三頁。

第二章　臺灣女性作家群的形成

第一節　臺灣女性作家群形成的背景和意義

如果說，臺灣的新文學史和小說史於二十年代初期，便在五四新文化運動的直接影響下起步了，那麼臺灣的婦女文學史和婦女小說史至少遲到了三十年，直到五十年代初期，才啓開了前進的長河。而這條長河一經啓開，便以洶湧澎湃之勢一泄千里，奔騰向前。不長的時間裏，就有超越男性文學，使臺灣文學，尤其是臺灣小說，出現了某種「陰盛陽衰」的迹象。這種氣勢說明，臺灣的婦女文學史和婦女小說史的起步，之所以遲遲才到來，並不是因爲婦女的智商差，並不是因爲女性在思想文化素質上不如男性，而是因爲婦女強大而旺盛的創造力被無情的壓抑和摧殘了；而是因爲男女不平等的嚴酷現實，破壞和堵塞了婦女的智力之源。封建主義、帝國主義和夫權主義的重重大山，把他們封閉在文化、文學和小說的大門之外，殘酷地剝奪了她們和男人一樣的權利。臺灣和大陸相比，日據下的臺灣婦女比大陸婦女的處境更壞。她們不但沒有學習文化的權利，而且被侮辱，被欺凌，被玩弄，連生命都擺不脫死亡的威脅。中國新文學史證明，凡是第一代走上文壇的女文學家、女詩人、女小說家，都是出身名門貴族，有著相當雄厚的物力、財力和智力資源，當然也有她們自己非凡的開拓、創造精神和冲決封建羅網，闖向文壇的勇氣。而在臺灣的新文學運動之初，具備上述條件的女性，幾乎是沒有的。因爲臺灣新文學的面世，首先就是作爲和異族佔領者搏鬥的一種工具和武器出現的，是在異族殘酷鎭壓下像巨石下的小草頑強的鑽出來的，幾乎所有的新文學運動的開拓者、活動家，都同時又是抗日民族運動的英勇戰士。臺灣新文學運動開展不久，日本人就宣布禁止中文，全面使用日文。一直被壓在社會最底層的臺灣婦女，新文學運動開始之初沒有受教育，從而進身文化階層的機會；新文學運動開展之後，也沒有機會學習祖國語言文字的權利。因而，他們是徹底的被排斥在文學創作大門之外了。日據時期臺灣僅有的一位女詩人，便是著名愛國作家楊逵的妻子葉陶，那時她任小學教員，和楊逵並肩抗日，長期和楊逵一起創辦《臺灣新文學》等報刊。爲反抗日本帝國主義的奴役和佔領。她和楊逵一起創辦「首陽農園」，種花養鵝，艱苦度日。可能是由於她承受了過多的家務和辦刊辦報的事務工作而作了犧牲，爾今很少看到她的作品。臺灣另一位被稱爲「姑媽詩人」的臺灣「笠詩社」社長陳秀喜，是臺灣女詩人中的佼佼者。如今年過古稀仍然創作不輟。她的創作起步雖早，但因被剝奪了學習祖國文字的權利，不得不用日文創作。臺灣光復後，她已是三十六歲的中年婦女，還不得不作自己女兒的小學生，一個一個地學方塊字，由日文創作轉向中文創作，被稱爲「跨越語言一代」的女性。臺灣早期唯一的女小說家林海音，她的創作還是從北平起步的。上述情況表明，可惡的日本帝國主義，不僅奴役臺灣五十年，而且整整剝奪了臺灣一代女作家的創作生命，製造了三十年臺灣文學史上女性文學的空白。

細心的讀者可能會注意到，這一節的小標題，用的是臺灣女作家群的形成，而不是用的「崛起」。因爲形成和崛起的內涵是很不一樣的。「崛起」是有根的，是新生的；而「形成」則不然，它可以是一種不同來源的滙集。五十年代的臺灣女作家群正是這種情形。除林海音外，她們中的絕大多數人，都是從大陸隨著國民黨政權遷移而去臺灣的。她們是：蘇雪林、謝冰瑩、郭良惠、童眞、張秀亞、張漱涵、胡品清、繁露、嚴友梅、潘人木、劉枋、艾雯、孟瑤、蓉子、鍾梅音、琦君、華嚴等。這些大陸去臺的女作家中，有詩人，有散文作家，但小說作家還是佔多數。她們在大陸時期，就已是名作家了。例如：蘇雪林在五四時期就和謝冰心、陳衡哲、盧隱、凌叔華、石評梅、馮沅君等，被稱爲小說界的女中名流，並和盧隱、馮沅君、石評梅是同窗好友。謝冰瑩是衝破封建婚姻的禁錮，成爲中國第一批女兵，並以其自傳體小說《女兵自傳》名播中外。張秀亞，身兼詩人、散文家和小說家，一九三五年便在天津的《益世報》上發表了處女作。孟瑤，多產作家，在大陸時期就開始創作，目前已有中、長、短篇小說集數十部。這一大批女作家被時局動蕩的波濤迫及到了臺灣，和臺灣本省的不多的女作家滙聚，形成了臺灣文壇五十年代的第一個女作家群。這批女作家中，以寫小說爲主的有：謝冰瑩、郭良惠、繁露、孟瑤、潘人木、華嚴、童眞、劉枋、嚴友梅、張漱涵等。兼用兩種文體，但在小說領域也有可觀成就的如：張秀亞、艾雯等。雖然，這些女作家都是「外來戶」，她們的孕育、萌芽、誕生似乎和臺灣的泥土關係不大，但是她們進入臺灣文壇時大都是二十幾歲到三十幾歲的年紀，正處於創作盛期，剛剛安定下來，作品便紛紛問世，無疑她們把大陸的文藝經驗帶到了臺灣，促使了臺灣文學和大陸文學的結合。所以，她們既是臺灣的第一代女作家，又是大陸去往臺灣的文學史者。她們的創作，一方面塡補了臺灣文學中女性作品的空白，另一方面啓開了臺灣女性文學的創作道路；她們的創作不僅爲缺乏女性作家的臺灣文壇提供了女性可以成爲作家的活生生的實例，從而鼓舞了臺灣婦女向文壇進軍的勇氣，而且她們具體的創作經驗成了澆灌臺灣女性作家幼苗的活水，從而使臺灣的女性作家群迅速擴大，蓬勃發展。自這批女作家去臺灣之後，臺灣的女作家群不僅從無到有，而且發展到目前龐大的，總數達到三百多位的陣容。一個不到兩千萬人口的省分，擁有如此衆多，才華綽約的女性作家，恐怕不僅是中國文壇的盛舉，也是世界文壇的奇觀。

第二節　五十年代臺灣女性小說的創作傾向

由大陸去臺女作家爲主幹形成的五十年代臺灣第一個女性作家群落，是臺灣女性文學的奠基者，開拓者和引路人。她們的創作對臺灣六十年代，七十年代，乃至八十年代的女性文學、及整個臺灣文學的發展，都有著重要影響。怎樣看待和評價這批女作家的創作呢?可能各說不一。比如臺灣大學中文系女教授、著名文學評論家齊邦媛以《閨怨之外》爲題，來評介她們的創作。她說：「這近四十年在臺灣，我們活在一個容不下閨怨的時代。光復初期在臺灣的女子，剛從日治的陰影下出來，必須在語言和艱苦的物質生活中奮鬥；而由大陸來臺的女子，在渡海途中，已把閨怨淹沒在海濤中了。生離死別的割捨之痛不是文學的字句，而是這一代的親身經驗。由最早出版的女作家作品看來，在臺灣創作的中國現代文學是個閨怨以外的文學，自始即有它積極創新的意義。」①「閨怨文學」顧名思義，大概就是脫離社會生活，遠離政治風雨，專門描寫閨房之內的男歡女愛之類的文學，比如愛情作品之類。但是，今日的愛情小說和古代的「閨怨文學」已經不可同日而語。不管是主題的表現，題材的開潤，描寫之新奇，視野的廣博，都有質的區別。假如我們暫且把如今的言情小說與閨怨文學畫個等號，五十年代以後的臺灣女性文學，並不是在閨怨之外，而是在閨怨之內。這裡，我們把五十年代的女性小說作爲臺灣女性小說發展演化之源，將對臺灣言情小說的發端，進行探討。

五十年代臺灣女作家的小說，雖然有影響的作品不少，例如長篇小說中林海音的《曉雲》、郭良蕙的《心鎖》、孟瑤的《心園》、潘人木的反共小說《蓮漪表妹》和《馬蘭自傳》及華嚴的《智慧的燈》等；短篇小說中繁露的《養女湖》、張秀亞的《尋夢草》、琦君的《菁姐》、張漱涵的《意難忘》、畢璞的《風雨故人來》等等；但是對臺灣小說，尤其是對臺灣女性小說發展影響最大的是遠在香港、美國，從來沒有去過臺灣的張愛玲的作品；是生在日本，長在大陸，一九四八年才去臺灣的本省籍女作家林海音的作品；是首先揭開臺灣文學中性面紗和善寫各色各樣女人的郭良蕙的作品；是女性中的反共作家潘人木的作品等。

張愛玲本不應該算是臺灣作家，因爲她既不是出生在臺灣，雙脚也沒有踏進過臺灣的土地；既不關心臺灣的現實，也從未描繪過臺灣的生活，如果把她算作臺灣作家，或把她的小說放進臺灣小說發展史中敍述，有點不倫不類，既不符合她的身分，也不符合文學史實。但是，有一點卻是任何一個研究臺灣小說的學者都無法廻避的，那便是張愛玲的小說竟然成了臺灣許多作家創作的楷模。尤其是臺灣比較著名的女作家，不少人都以張愛玲爲師表，自稱是張愛玲的門徒。這些人中既有言情小說大家瓊瑤，也有從現代派起步的女作家施叔青。有的人乾脆把張愛玲尊爲臺灣言情小說的鼻祖。不管是鄉土派評論家葉石濤，或是學院派評論家齊邦媛，在他們探討臺灣小說的時候，都無一不把張愛玲囊括在臺灣作家的陣營中，如此這般表明，這個與臺灣泥土從未發生過任何緣分的張愛玲，不是她要躋身臺灣文壇，而是她吸引了臺灣文壇；不是她離不開臺灣文壇，而是臺灣文壇離不開她。這種現象在文學史上可能是絕無僅有的，但卻爲我們提出了一個不得不面對的課題，不得不作爲特殊的特殊，例外的例外來對待的課題。那便是把一個不是臺灣的作家算作臺灣作家；把一個不屬於這個地區的作品，放在這個地區的小說史中來敍述。

張愛玲，筆名梁京。上海市人，一九二一年出生。香港大學畢業。一九四二年香港淪陷後回到上海，四十年代成名於上海。一九五一年由上海去香港，後又移居美國，長期隱居。張愛玲的作品有長篇小說：《秧歌》、《赤地之戀》、《半生緣》等，中篇小說《怨女》、《小艾》等，短篇小說有《張愛玲短篇小說集》、《傳奇小說集》、《餘韻》，散文集《流言》、及《紅樓夢魘》等。張愛玲的《秧歌》是一部反共小說，內容是描寫解放後江南農村一個小鎭在共產黨領導下的所謂悲慘和窮苦生活。這部作品和其他反共作品一樣，一九五四年在香港出版後，並沒有引起多大反應，就被歷史的洪潮淹沒了。張愛玲在臺灣影響最大，被一些女作家視爲標本的，是她那些以極精細的筆觸，通過離奇曲折的愛情故事，展示女人命運的作品。例如《半生緣》、《金鎖記》、《怨女》、《傾城之戀》等。張愛玲是五十年代前上海有名的，寫婚姻，寫愛情，寫女人命運的「軟性」作家。筆觸的細膩，情節的曲折，對女人心理揭示的生動、深刻，寫女人對男人狂熱的追逐，爭風吃醋，妒火中燒、及男人在女人面前的醜態，都栩栩如生。例如，她的短篇小說《傾城之戀》，在短篇的構架中，完成了一個中篇才能容納的內容，而且徐徐道來，故事曲折有致，人物躍然紙上。或委屈求全，或挺而走險，或奔戀，或鬥智，都能吊住讀者的味口，拉住讀者的視線，使你跟著作者的筆墨行走，要探求一個究竟。一個「窮遺老」的離婚女兒白流蘇，與丈夫離了婚住在娘家。她的處境和她離婚獲得金錢數量多少與有無的變化而變化。當她手中錢多時，她的兄嫂就對她好，對她「違背三綱五常」與丈夫離婚的事能夠諒解，還幫她辦離婚手續；當她的錢被哥哥化光用完，即使親哥哥，也要轟她出門：「你住在我們家，吃我們的，喝我們的，從前還罷了，添個人不過添雙筷子，現在你去打聽打聽著，米是什麼價。」明白提出「你生是他家人，死是他家鬼，樹高千丈，落葉歸根。」硬逼親妹回到已經離了婚的夫家去。這種處境對一個離婚女人來說終非長久計。否則將任人擺布，終有一天會被哥嫂奪掉飯碗。白流蘇，爲了改變處境，握住自己的命運。於是趁同住一屋的庶出妹妹寶絡和范柳原相親之際，施展出自己善於交際的手段，奪了寶絡之愛。兩次遠奔香港與范柳原鬥智鬥法，最後終於把范柳原弄到了手，成爲「傾城佳人」。白流蘇「傾城佳人」的桂冠，並不代表她外貌如天仙地玉，而是她與范柳原智鬥中表現出的「內秀」。或者是不無輕淡的諷刺之意。「內秀」和諷刺都混合在這「傾城之戀」的命題中。白流蘇能不能在和范柳原的智鬥中獲勝，不作情人作夫人，避免同居而結婚，是她改變自己處境和命運的關鍵一著。因此在和范柳原的智鬥中，既要給范柳原一點甜頭，又不能讓他輕易佔有自己，不見兔子不撒鷹。後來雖然在智鬥之戀中因疲倦作了妥協，未結婚而先作了情婦，但最後香港的淪陷使范柳原也感到眞正需要白流蘇，促使了他們的正式結合。張愛玲的《傾城之戀》雖然只是一個短篇小說，但這種故事情節和人物類型的影子，彷彿在臺灣不少同類型的中、長篇小說中，都不時地能夠影影綽綽地看見。再如張愛玲的中篇小說《怨女》和短篇小說《金鎖記》。兩篇的故事情節和人物安排大同小異。《金鎖記》中描寫了女主角七巧與姜季澤婚外戀的故事。曹七巧有點像《紅樓夢》中的王熙鳳，性格強悍、潑辣，恰好也是老二的媳婦，人稱二奶奶。請看曹七巧的出場：「衆人低聲說笑著，榴喜打起簾子，報道：二奶奶來了……」，曹七巧「一手撐著門，一手撐著腰……」這出場帶有幾分威風，給人印象頗深。這是一個很有心計的人物。她本是姜二奶奶但卻狂戀著自己的小叔子姜季澤，而姜季澤雖然和她打情罵俏，但並不眞愛她，愛的是她手中的錢。當分家後姜季澤來訪曹七巧，向她傾訴愛戀時，不小心暴露了眞實的愛其錢的玄機。曹七巧當即戳穿了姜季澤的用心，但又立即感到後悔，覺得不戳穿他，兩個人都在蒙騙中互相玩弄，各取所需更好。由於姜季澤的被戳穿場面弄的相當尷尬，雖然曹七巧極力想挽回頹勢，用團扇去敲姜季澤的肩膀，但酸梅湯卻濺了姜季澤一身，在這酸溜溜的尷尬場面中，姜季澤帶著一身酸氣離去。由於曹七巧情感生活沒有得到滿足，她把怨氣發洩到女兒長安身上。女兒長安婚嫁時，她非常嫉妒，千方百計進行破壞，以謊言斷送了女兒的幸福。而中篇小說《怨女》描寫的是銀娣與姚三爺婚外戀的故事。銀娣是姚家的二奶奶，卻在小叔三爺的引誘下和他眉來眼去，到廟裏去偷情。分家後姚三爺明來追憶舊情，表示戀意，實是爲錢而來。這種安排和《金鎖記》中的姜季澤來訪曹七巧內容和手段都一樣。所不同的是，曹七巧戳穿了姜季澤的把戲後立即後悔，幻想著不如陶醉在明知的假愛裏更有味道。《怨女》中銀娣識破了姚三爺的把戲後姚三爺卻惱羞成怒拉下臉來說：「好，你小心點，小心我跟你算賬！」。銀娣的情欲得不到滿足，竟與兒子產生曖昧的亂倫情感，並把兒媳逼死。從上述我們簡單敍述的張愛玲的幾篇作品看，只要是讀過瓊瑤、施叔青、曹又方、歐陽子等臺灣女作家小說的讀者，不難從中發現情節、人物、敍事方法、心理描繪諸方面一些時隱時現，恍恍忽忽，似有似無的重影。因而，有人把張愛玲視爲臺灣言情小說的宗師，看來不無道理。五十年代臺灣女作家中的郭良蕙、童眞、張漱涵等，雖各自寫作風格不同，但創作題材大體和張愛玲接近。郭良惠以長篇小說《心鎖》首先揭開臺灣文學中的性面紗，引起一場爭論，後來這本書被禁，八十年代才又獲重新出版。這部出版於六十年代初期的作品，在闖禁區，摘禁果方面，表現了一定的勇氣。童眞、張漱涵也均以描寫婚姻愛情糾葛，刻畫女性形象見長。

林海音雖然也是以描寫女人命運見長的女作家，但她和上述女作家，尤其是和張愛玲相比，完全屬於另一種類型。假如說張愛玲的小說是一種以描寫女人的變態心理，爲主要支架的通俗的婚戀小說，屬於現代的閨怨之學。那麼林海音的小說，則是以海峽爲線，把婦女的命運纏繞在這條被隔斷的線上，來展示出她們命運的悲苦內涵。從時代的悲劇中去揭示個人的悲劇，因而使她的作品顯示出正劇性和悲劇性。如果說這種正劇性和悲劇性是閨怨之外的文學，是比較確切的。因而她們那屬於閨怨的情感，的確被埋葬在海濤中了。

和上述兩種創作傾向的女作家作品相比，謝冰瑩則屬於另外一種類型的女作家。她的早期創作是屬於時代烙印十分強烈，幾乎可以算是記錄著時代音容和笑貌的，帶有實錄性質的報告小說式的作品。和潘人木的作品相比，她們是兩個異端。潘人木並沒有與日本人作戰的親身體驗，卻以想像的方式以個人復仇的情感去塗寫歷史，而謝冰瑩具有親身的北伐、抗日的豐富閱歷，卻以一個現實主義作家忠於生活，忠於歷史、忠於藝術的態度，去記錄歷史。因而如果說她們的作品均具有某種嚴肅性，但卻有虛假和眞實之別。謝冰瑩的《女兵自傳》和潘人木的《馬蘭自傳》雖然都是記述一個女人的故事，但卻不能同日而語。

謝冰瑩，原名謝鳴崗，字鳳寶，又名謝彬。一九〇六年出生於湖南省新化縣。出身於當地的一個名門望族，其父是清朝的舉人，任新化縣中學校長三十餘年。她從小就喜歡自由自在，反對女孩穿耳纏足，喜愛上學讀書。她是我國最早的國民革命軍中的第一批女兵。她說：「民國十五年（一九二六），正是國民革命軍由廣東出發，克服了湖南、湖北，在武漢招考中央軍較第六期（在這以前叫黃埔軍校），同時招收女生兩百多名，我是其中之一。我們要經過三個月的入伍訓練，和男兵一樣，穿著灰軍裝，打綁腿，著草鞋，還要背誦步兵操典。因爲是中國自從有歷史以來，第一次有女兵，所以我們的生活，特別感覺新鮮有趣。」②經過三個月的訓練，謝冰瑩被選入第一批北伐軍救護隊，直接參加了鄂西的作戰。一九三六年四月，因拒絕參加迎接僞滿州皇帝溥儀，被日本當局逮捕，在東京監獄中遭到毒打，經受了許多磨難，後經營救逃回了祖國。一九三七年「七·七」蘆溝橋事變後，日本帝國主義瘋狂地開始了侵略全中國的全面戰爭，千千萬萬中華兒女捨死忘生走向前線，投入保衞祖國的戰鬥，謝冰瑩在湖南發起組織了「湖南婦女戰地服務團」，親自率領，奔向前線，充分地表現了她的愛國熱忱。從一九二六年到一九四〇年，謝冰瑩先後在北伐和抗日前線轉戰多年。這些親身經歷的戰鬥和軍旅生涯，成了她極爲寶貴的創作素材，成爲她的在中、外具有廣泛影響的《從軍日記》和《女兵自傳》等作品成功的根本保證。謝冰瑩的生活閱歷相當豐富，除了當兵還當過教師、編輯和記者。曾先後擔任過《和平日報》（原名《掃蕩報》）、《中華日報》副刊、《新民報》副刊編輯與《黃河》文藝雜誌的主編，一九四八年她離開大陸到臺灣師範學院任教。謝冰瑩的著作很多，例如：長篇小說《女兵自傳》

（上中下三卷）、《青年王國材》；短篇小說集，《前路》、《梅子姑娘》、《霧》；散文集：《軍中隨筆》、《從軍日記》、《戰士的手》、《麓山集》、《在火線上》等。謝冰瑩文壇上的引路人是在大陸時期的《中央日報》主筆孫伏園和著名作家林語堂。據謝冰瑩回憶，她在北伐和抗日前線，別人休息和睡覺的時間是她最好的創作時間，膝蓋、石塊就是她的寫字臺，她抓住一切空隙拼命地寫，覺得眼前的一切如果不寫下來實在可惜。她在寫作時沒有發表和出版的欲望，寄給孫伏園只是求他保存，以免行軍途中遺失。因當時沒有隨軍記者，孫伏園收到她的稿子後，便一篇篇地當作前線來的報導發表了。後來林語堂和他的女兒翻譯成英文向國外推薦，謝冰瑩很快成爲讀者心目中的神秘人物。人們紛紛打聽，謝冰瑩是男是女，到底是什麼人？林語堂在給謝冰瑩的《從軍日記》一書寫的序中說：「冰瑩以爲她的文章，無出單行本的價值，因爲她『那些東西不成文學』（這是冰瑩的信中語），自然，這些《從軍日記》裏頭，找不出起承轉合的文章體例，也沒有吮筆濡墨，慘淡經營的痕迹；我們讀這些文章時，只看見一位年輕女子，身穿軍裝，足著草鞋，在晨光熹微的沙場上，拿一支自來水筆，靠著膝上振筆直書，不暇改竄，戎馬倥傯，束裝待發的情景；或是聽見洞庭湖上，笑聲與河流相和應，在遠地軍歌及近旁鼾睡聲中，一位蓬頭垢面的女兵，手不停筆，鋒發韵流地寫敍她的感觸。這種少不更事，氣宇軒昂，抱著一手改造宇宙決心的女子所寫的，自然也值得一讀。」謝冰瑩在《從軍日記和女兵自傳》前言中也這樣說：「那時候，我要寫的材料實在太多了，即使我整天筆不停掉，也寫不完。使我這個初次走上了寫作之路的黃毛丫頭，懂得一個原則，那就是沒有偉大的時代和社會背景，是不能寫出好作品出來的。」林語堂的序言和謝冰瑩自身的經驗之談，都無形中道出了一個偉大的眞理，即文學和生活、文學和時代，水乳相交，血肉相連的關係；也道出了一個眞正的現實主義作家成功的秘訣。謝冰瑩是我國第一代女兵的代表，這個事實就是無比新奇，千古未聞的新鮮事物，因而她的身分就是一部迷人的傳奇。但是，謝冰瑩的成功不僅是看這種自身的傳奇性，否則與她一起參軍的二百多位第一代中國女兵就是二百多個女作家了。謝冰瑩的成功更在於她自身蘊含的偉大而堅定的反封建，反帝國主義侵略，代表著新的思潮的愛國主義精神。她的《從軍日記》和《女兵自傳》就是這種精神的雕像。《女兵自傳》是作者的代表作，也是中國現代文學史上不可不提到的作品。雖然是作者按照自己的生活歷程，嚴格以眞實事實爲藍本寫成的小說，但是由於作者自身的經歷和事迹太富於傳奇色彩。加之作者文字上的剪裁、修飾和生動流暢的語言，使這部作品具有較強的可讀性。這部中國文學史上不多見的寫實之作，有這樣一些特色。其一，具有強烈的傳奇性；其二，具有引人的新鮮感；其三，具有鮮活的時代特徵。作品中那些政治色彩極濃的描寫，在日常生活中，可能被看作假話大話，可能有不可思議之感。例如作者在《打破戀愛夢》一節中寫道：「她們是切切的要求，只有兩個字──革命！她們把自己的前途和幸福，都掌托在革命事業上面。誰也知道整個舊社會不根本推翻，女子永遠也沒有得到解放做人的一天！人生需要永遠的幸福，創造全社會大家享受的幸福；戀愛是個人的私事，而且絕對不會像吃飯那麼重要的。大家在願把生命獻給民族、獻給社會的堅定信仰中，戀愛不過是有閑階級的小姐少爺們的玩藝兒而已。眞的，這就是我們的思想，這就是我們對於戀愛的見解。」假如不加說明，人們一定還以爲上面這段話是從某個馬列主義理論家論述革命與愛情關係之類的論文中，或者是從五、六十年代中國大陸某部小說中摘錄下來的；還以爲這是地地道道的無產階級作家才能寫出的話。其實卻不知這番話正是謝冰瑩《女兵自傳》中的主題思想和靈魂語言。它代表著北伐前線戰士的眞實精神狀態；它是一種時代風采的寫照；它是中國第一代女兵的愛情觀。再請看看這本書《血的五月》一節中的一段描寫：「只要不是冷血動物，只要不是反革命者，無論老的少的小脚婦人，誰都舉起打倒軍閥，打倒帝國主義的拳頭，站到飄蕩在空中的革命旗幟之下來！誰的腦海裏都深刻地藏著一個堅強的信念，明天是我們的世界，明天是新社會產生的日子，明天是我們脫離奴隸的枷鎖，開始做人的一天。」人們讀了這樣的字句，恐怕不會責備作者書中政治色彩太濃了吧！我想假如出現了這種指責，那是無需理會的，因爲作者寫的是中國第一代女兵的自傳，而不是一部閨怨型的文藝小說，因而它應該充分和如實地描繪出中國第一代女兵的眞實思想風貌和精神狀態；應該體現時代跳動的脈博，寫出中國第一代女兵的政治熱情和自豪感。這也正是這部作品和其他小說不同的重要所在，也是它在國內外引起轟動的主要原因之一。其四是具有濃郁的鄉土風味。書中四次逃婚和結婚的細節描寫，不少地方使人忍不住笑出聲來。請看《第四次奔逃》一節中關於結婚坐轎路途中的描寫：「轎子由四個人擡，門是鎖好了的，四面都用紅綢子遮著，每經過村落和市鎭的地方，必定放鞭炮，要放下轎來看新娘。最討厭的是有些不講理的女人，她揭開轎頂，一手就把你低著的頭捧起來，說著各種各樣批評新娘子的話。好幾次，我想伸手刮她兩個耳光，但又怕鬧出事來，阻礙了那些浩浩蕩蕩的行列，只有忍受著說一聲：『請不要動手，你們儘管用眼睛看好了　，『好傢伙，你這新娘醜死了！』……」。這種充滿鄉土情趣的描寫中，還顯出了這當過兵，去過前線，打過仗的新娘和一般村姑不同的個性。請看下面的文字：「我坐在轎子裏，把綢巾揭開，用吊在胸前的小鏡子照了一照，覺得自己完全變成了戲臺上的丑角，我幾乎要笑出聲來；再看這雙曾經穿過四個多月草鞋的脚，如今卻穿上了綉花鞋，實在太看不順眼；尤其這雙握過槍柄的手，如今套上這些金戒子、玉手鐲一類的東西，眞是感到無聊；最討厭的，還是扣子上掛著那兩個一斤多重的古銅錢，——她們說這些古銅錢就是照妖鏡，帶著可以驅除一切邪魔的，壓得我簡直擡不起頭來。」多麼像一隻猛虎被關在了籠子裏，一位生機勃勃，充滿革命理想的女戰士，硬被套上了封建的鎖鏈，無可奈何，哭笑不得。最有趣的是謝冰瑩被花轎擡到丈夫蕭明家裏夜幕降臨之後，她將面臨著最要命、最關鍵的決策：即保衞處女的戰鬥。是和他上床睡覺呢？還是用什麼辦法來躲過這一關？她的思想進行劇烈地鬥爭，這種心理活動的過程描寫得相當眞切動人。作爲一部小說，這本書雖然還存在一些不足，比如作者在書中一概使用眞實姓名，絕對採取不虛構的原則，大大地限制了筆墨的任意揮灑，限制了對人物的更好的塑造，這種寫法是值得商榷的，但作爲眞名實姓的傳記文學，無疑是出色地完成了作者的本來創意。「主要是表現在那個時代的女性，如何地從封建的家庭裏衝出來，走進五光十色的社會，吃過多少苦，受過多少刺激，始終不灰心，不墮落，仍然在窮力奮鬥，再接再厲……」而且，這部作品本身所顯示出的歷史和社會意義，以及作爲現實主義優秀作品的藝術價值，都大大地超過了作者在寫這部作品時的主觀想法。謝冰瑩的著作多達一千多萬字，她到臺灣和美國定居期間又有不少新作。我們在這裡是把她當作歷史和時代的見證人，把她的作品和那些反共的作品相對照來敍述的。借以用這面歷史和文學的鏡子，來對《蓮漪表妹》、《馬蘭自傳》、《秧歌》、《旋風》、《重陽》、《疤勛章》、《荻村傳》等小說作個透視。

附註：

①　臺灣《聯合文學》（一九八五年三月一卷五期）

②　《從軍日記和女兵自傳》前言（《謝冰瑩作品選》第七一九頁）

第四章　奠定臺灣女性小說的一塊基石的林海音

第一節　特殊經歷形成的大中國文化情感

林海音，原名含英。臺灣省苗栗縣人。一九一八年出生於日本，一九二一年全家從日本遷返臺灣老家。因在日本統治下的臺灣難以度日抱著一片愛國之心的父親林煥文，又帶領全家於一九二三年渡海來到北平定居。林海音在北平度過了她的童年、少年和青年。一九四八年回臺灣時，她已足三十歲，三個孩子的母親了。林海音從小出生在一個書香門第。其父林煥文是臺灣的一位具有愛國思想的知識分子，因林海音的叔父在大連日本人的監獄被日本人酷刑打死，他去收屍，精神受到嚴重刺激，回到北平不久便鬱鬱而死。那時林海音只有十二歲。父親死後，林海音孤女寡母在舉目無親的北平，艱難地生活。她小學在師大附小，初中在春明女中，初中畢業後考入世界新聞專科學校，後進北平《世界日報》當記者。北平的學生和記者生涯爲林海音成爲女作家打下了堅實的生活基礎，積累了豐富的創作素材。一九四八年林海音與丈夫何凡（夏承楹）及三個孩子返回臺灣。一九四九年起，曾先後擔任臺灣《國語日報》、《聯合報》副刊主編、《文星雜誌》編輯等職。一九六七年開始創辦《純文學月刊》，後又辦純文學出版社，把她的精力和心血，都奉獻給了文學事業。林海音是臺灣省籍最優秀的女作家之一。她的作品有：長篇小說《曉雲》、《春風》、《孟珠的旅程》；短篇小說集《城南舊事》、

《綠藻和鹹蛋》、《燭蕊》、《婚姻的故事》、《林海音自選集》；散文集《冬青樹》、《兩地》、《作客美國》、《窗》、《芸窗夜談》、《剪影話文壇》、《家住書坊邊》、《一家之主》和兒童讀物《薇薇周記》、《林海音童話集》、《猛狗唐恩》等。而且林海音也是一位優秀的編輯人材，她還編了許多書，如《純文學散文選集》、《中國近代作家與作品》、《中國豆腐》、《中國竹》、《純文學好小說》、《純文學翻譯小說》等。葉石濤評論林海音時講：「英子，就是『作客美國』，回來的作家林海音，也就是『作客北平』，回到故鄉臺灣一幌二十年的作家林海音。林海音到底是個北平化的臺灣作家呢？抑或臺灣化的北平作家呢？這是頗饒趣味的問題。事實上，她沒有上一代人的困惑和懷疑，她已經沒有地域觀念，她的身世和遭遇替她解決了大半的無謂的對抗，在這一點上而言，她是十分幸運的。」①林海音雖然是臺灣人，但她卻出生於日本，成長於北平，而到了生命開花結果的年齡返回臺灣，爲故鄉服務，因而她是墻外育苗，墻裏開花結果。和有些留學生，在墻內育苗，到墻外開花結果正好相反。一個是由世界走向鄉土，一個是由鄉土走向世界。由於林海音的特殊的生活經歷，也就給她的思想觀念和創作帶來了特殊的現象。那便是林海音的故鄉很難確定，她雖生於日本，但在日本只住了三年，一切還都處於混沌狀態，因而日本談不上是她的故鄉。她的幼年、少年和青年都是在北平度過的，這個階段是成長，成熟時期，是人的一生中最重要的打基礎，定方向，定形態的階段。林海音的人生道路，生活方向，意識形態的形成，基本上是在北平的二十多年中確定的，作爲作家的林海音在北平的生活和事業中已經孕育成熟了。從這個角度來說，無疑北平是林海音的故鄉，因而在林海音衆多的作品中所表現出的濃重的鄉愁，既不是思念出生地日本，也不是祖籍臺灣，而是成長期的生活地北平。但是，不能否認，林海音的確是臺灣人，對臺灣這塊鄉土懷有深厚的情感，從這個角度來說，臺灣又是她的家鄉。難怪葉石濤在確定林海音到底是北平化的臺灣人抑或臺灣化的北平人的問題上爲難了。不過在我看來，林海音既是臺灣人，也是北平人。她是綜合吸收了中國南方和北方兩地鄉土和風情的完整的中國人。所以在她的作品中表現出的是大中國的文化觀念；大中國的情感；是廣泛意義上的鄉土和鄉愁。

第二節　爲中國女性的命運進行抗爭

由於林海音女性作家的身分，由於她特殊的生活經歷和經驗，給林海音的創作帶來了這樣一些特點。其一，以女性形象爲描寫中心。不管是她描寫早期大陸生活的《城南舊事》，還是描寫臺灣生活的《曉雲》和《孟珠的旅程》均是這樣。《城南舊事》中貫穿作品始終的女主角英子，捨棄了自己的孩子去爲別人養育孩子的宋媽，瘋女秀貞，風塵女蘭姨娘等連起來構成一個以女人爲主的苦難的女性生活畫圖；《曉雲》中，以女主角夏曉雲和小女生晶晶，及夏曉雲的對手梁太太，還有嫁到新竹鄉下作爲夏曉雲的避風港灣的美惠等，構成一幅以女性爲活動中心的生活網；《孟珠的旅程》中，孟珠兩姊妹、自殺的風塵女雪子等，形成女性命運的交戰場。其二，故事和人物的命運維繫在海峽兩岸。《城南舊事》中的女主角由早期北平的小英子，變成了後來臺灣文壇上的卓越女作家林海音。《孟珠的旅程》中的孟珠和妹妹在「徐蚌會戰」中失去了父親，被母親帶到了臺灣，不幸母親又辭世，在這遠離家鄉的海島，兩個孤女面臨生死存亡的考驗。作爲姐姐的孟珠，自然要承擔起生活的重任。於是孟珠就靠自己的美貌和歌喉去賣唱，除兩人活命外還培養妹妹上中學、上大學。但不幸的是姊妹兩人同時愛上了一個青年許午田，而她們的監護人、大陸同鄉劉專員對孟珠由長輩之愛慢慢轉化爲情侶之愛，後來審時度勢知不可能而壓抑住情感成全了孟珠和許午田的婚事。孟珠的旅程由大陸到臺灣，她的婚姻和愛情也和海峽相聯繫。《曉雲》中的六角之戀中的人物都是大陸人。短篇小說《蟹殼黃》中的以不同手藝謀生的人物都來自大陸，而如今卻靠著臺灣的土在生活。短篇小說《燭蕊》的女主角元芳的生活和婚姻幾經周折也是纏繞在海峽這條線上。林海音自己的生活和婚姻橫跨海峽兩岸，因而對於那些命運連繫著海峽兩岸的人們，也寄於深切的同情和關懷。從各個角度，主要是從家庭婚姻的角度，來反映他們的不幸和悲哀，從而揭示出造成他們不幸命運的原因與背景；表現出時代和社會的悲劇性。其三，基本上都是悲劇演出。林海音筆下的女人，幾乎都是悲劇中的主角，沒有一個是幸運和幸福的。《曉雲》中的女主角夏曉雲，和母親相依爲命，不知戰勝了多少困苦和磨難，受盡了多少熬煎，長期守寡的母親才把她培養到中學畢業，滿懷希望她能與留美學生俞文淵相愛獲得一個好的歸宿。但夏曉雲卻偏偏拒絕了俞文淵的追求，而那麼輕率地愛上了一個可作爲父輩的有婦之夫，自己學生的父親梁思敬，而且不婚而孕。夏曉雲明明知道，不但梁思敬早年曾有日本情婦，而且自己面對的梁太太是個非常厲害的女強人，梁思敬的日本情婦就死在她的手中。這一切都顯示著她所追求的幸福不過是痛苦；她所追求的愛不過是恨。但她卻明知不可爲固執而爲之，僅憑一點對梁思敬的所謂杞人憂天式的同情就發展成了愛情，最終在她的美夢似乎將要實現時，幻想終於破滅。當她正準備和梁思敬雙雙私奔去日本度蜜月時，手腕高明，富於心計的梁太太將之不動聲色的擒獲，迫使她不得不帶著永遠沒有爸爸的腹中胎兒，隱居到新竹鄉下美惠的家中去品嘗那六角之戀的苦果。夏曉雲的悲劇和一般的社會大悲劇中的小悲劇式的愛情悲劇有所不同。在某種意義上，夏曉雲掉進悲劇深淵有自殺落網的性質，是一種侵犯別人家庭破壞他人幸福，竊奪別人丈夫造成的惡果。盡管梁思敬和梁太太之間相差八歲，夫妻的感情生活並不怎麼甜蜜，但是這樣的家庭，這樣的夫妻關係　第三者來插足，也非任何一種社會道德和婚姻法律所允許。何況梁思敬盡管不是十分愛戀梁太太，但他並沒有要和梁太太離異的意向，更沒有爲了與夏曉雲的愛情而決心放棄他太太家裏的財產，給他帶來的榮華富貴的打算。歸根結柢梁思敬對夏曉雲的所謂愛，只不過是一種不虧本的玩弄而已。假如有一天夏曉雲將孩子生了出來，她和梁思敬的關係才敗露，說不定她的命運也和梁思敬日本的那個情婦，晶晶的生母的命運差不多，以送命告終。而丈夫還是梁太太的丈夫，孩子還是梁太太的孩子，世界上只不過少了一個被玩弄的女人罷了。所以比起晶晶的生母來，夏曉雲還算比較幸運的。夏曉雲的悲劇不具太大的社會意義，基本上是女性的變態心理造成的不幸。這種悲劇如果分析和追溯其社會內容，最多也是一種資本主義社會的所謂現代文明病。即不顧一切地去追求所謂愛，那怕破壞別人家庭，那怕亂倫，那怕爲一分鐘的愛而獻出一生都在所不惜。這正是變態社會中的一種變態心理，這種變態心理在開放的資本主義社會中司空見慣。林海音的女性悲劇中，表現大陸生活的女性悲劇和傳統封建婚姻下的女性悲劇，均具有較深刻的社會意義。這種悲劇將單獨敍述。和《曉雲》一樣描寫大陸人在臺灣的婚姻悲劇的還有《燭蕊》、《晚晴》等作品。《燭蕊》中的志雄和元芳本是一對恩愛夫妻，但由於抗日戰爭的爆發，志雄南下到了重慶，在那裡又結了婚心中有愧，怕元芳不依，帶著新夫人去了臺灣，後元芳尋夫到了臺灣，一男二女一起生活。因生活困難，元芳自願和志雄離了婚，與另一個在大陸有妻子的男人結了婚。和夏曉雲的婚姻悲劇相比，元芳的婚姻悲劇有著深刻的社會內容，它和日本帝國主義的侵華戰爭和祖國的分裂悲劇連在一起，是全民族系列悲劇中一個片斷——家庭悲劇。其四，對傳統婚姻中的女性悲劇描寫的細緻入微、生動、深刻。林海音是描寫各種女性命運悲劇的好手，歸納起來，這種悲劇的性質和時代的發展變遷相連繫，呈現著兩種情形：一種是現代文明下的變態心理造成的悲劇，另一種是傳統封建婚姻造成的悲劇。相比之下，林海音對傳統封建婚姻下的悲劇描寫來更加得心應手，寓意更爲深沉。這種類型的悲劇，又以一夫二妻的三角婚姻所造成的惡果和罪孽，撼人心弦。在林海音的系列婚姻故事中，最成功的兩篇作品是《金鯉魚的百襉裙》和《燭》。前者寫小妾的不幸，後者寫大婦的悲哀。納妾制度不僅是小妾的禍坑，而且是大婦的墳墓，是一切婦女最深惡的陷阱。臺灣著名女文學評論家齊邦媛說：「納妾制度是把無情的雙刃劍，揮掃過處，血淚紛紛。不僅做妾的女子屈辱終生，宛轉悲泣，奉賢慧婦德之名放棄一生幸福的「正室」實在更悲慘」。②《金鯉魚的百襉裙》描寫一個婢女，被主人納妾，爲主人生下了兒子，但卻過著缺乏人格的生活。她一生最大的夢想是能夠享受一下正室的待遇，穿一穿標誌著可以站在人前，堂堂正正當一個妻子，不被人斜眼相看的綉有「喜鵲登枝」的百襉裙。她苦苦的盼望著，等待著，一直等到兒子結婚的那一天，彷彿那一生的希望就要實現了，但大太太許氏卻來了新的一招，她公開宣布，現在是民國了，大家都穿旗袍，一律不准穿裙子。於是金鯉魚終生的幻想頓時破滅，最後鬱悶而死。死了之後，她小妾的帽子也不能摘掉。由於小妾的身分不能改變，她的棺材只能走側門。即使死了，靈魂也不能獲得解脫。林海音以她深刻的觀察把封建制度給婦女造成的災難，揭露得極爲深刻。不僅活著深受其害，就是死了靈魂也要受它的折磨。那麼封建婚姻下的大婦命運如何呢？林海音的另一篇小說的《燭》提供了答案。《燭》中描寫了年近七十歲癱瘓在床的韓啓福太太，她在燭光搖幌中回憶著當年的事情和人物。她生第三個兒子的時候，守墳人的女兒秋姑娘第三次來到她家當保姆，照顧孩子。但就是她還在產床上過月子的時候，秋姑娘卻悄悄地投進了她丈夫的懷裏，取代了她的地位。她對此無可奈何，內心裏嫉妒、怨恨，但表面上卻不得不奉行妻子必須容夫納妾的封建禮教。秋姑娘在她面前表現的是那麼謙卑而恭順，沒有任何把柄可以治她；丈夫對自己那麼服貼，對他也說不出什麼。但夜晚每當聽到秋姑娘「在他的房裏吟吟的笑」想像中他們正在幹那種好事時，她便妒火冲天，難以克制。那笑聲，不管任何時候都足以使她神經痲木。即使三十年後燭油燙手，她也感覺不到疼痛。無可奈何，她只有裝病不起來治秋姑娘和啓福。但久而久之，她卻由假癱變成了眞癱，眞成了個廢人。不僅丈夫、秋姑娘不理睬她，就是兒子、兒媳也把她當作笑柄。沒有治住別人，反倒害了自己。爲了吸引兒孫們到床邊緩和一下寂寞和孤獨，她常喊：「我暈，我暈哪！」當兒孫們看透了她的用心，她的行爲就變成了他們談話的笑料。秋姑娘投入丈夫的懷抱，實際上使她變成了一個棄婦，雖然仍保持著正室的地位，但實際上已名存實亡；雖然物質上並沒減少她的享受，但精神上卻變得極度空虛。內心裏燃燒的無名妒火和表面上不得不表現出容忍，使她變成了一個內外矛盾，表裏不一的矛盾體。形式上她是家裏的至尊，實際上兒孫們卻不把她放在眼裏，這又給她帶來了第二層痛苦。她的痛苦也使她產生了一種心理變態，別人對她好，避免刺激她，她卻不高興。

她「恨死了秋姑娘在她面前的溫順！恨死了啓福和秋姑娘從來不在她房裏同時出現！恨死了他們倆從沒留下任何能被人做爲口實的舉動！」作者透過韓老太太內心痛苦的傾訴，實際上是在從另一個側面控訴封建婚姻制度的罪孽。其五，林海音把同情的目光集中地投射到普通的下層婦女的身上，爲她們鳴冤，替她們呻吟，表現出一個女性救助者悲天憫人的胸襟。臺灣有許許多多以描寫女性生活和婚姻戀愛題材爲主要創作傾向的女作家，但是眞正像林海音那樣，對普通的下層婦女給以極大關注，給以無私同情，始終代表她們說話的女作家，卻不多。林海音的可貴之處，一不是借寫婦女來撈名利，二不是借寫婚姻戀愛去俘虜青年讀者；三不是以欣賞的目光來看待姐妹們的不幸。她的創作動機從她一系列作品的描寫角度中透露了出來。那便是，無情的鞭笞，大聲地抗議和嚴重地驚戒。對吞噬億萬人命運的封建婚姻制度的無情鞭笞，上面我們已經進行了敍述，大聲呼籲也表現在她對每個不幸姐妹命運的敍述中。世界上不管是男是女，每個人本來都應該是平等的。但是由於幾千年的封建禮教造成的罪惡，在中國這個古老的國度裏，不僅男人不把婦女當人看待；就是依附於統治者的女人也不把女人當人看待。在封建社會中婦女是大門不出二門不邁，彷彿被關於柵欄裏的牛羊。臺灣進入資本主義社會之後，在「西化」和「性解放」的思潮下，不少婦女又變成了男人的性玩物。她們的命運比關在封建主義的柵欄中還要悲慘，林海音的不少作品都大聲地爲那不幸淪入歌場、妓院、酒吧中的婦女鳴不平。例如《孟珠的旅程》就是描寫歌女孟珠的坎坷旅程，小說中還描寫了一個被罪惡的社會吞噬生命的，非常悲慘的歌妓雪子的命運。她長的高大漂亮，有一幅美麗的歌喉，從小生長在一個殷實的小康之家，但由於婚姻不自由與一個男人私奔，私奔後又被那個男人遺棄，使她進退維谷，無家可歸。於是便被迫陷入風塵，成了女人中的「破爛」。男人玩弄她，她報復男人；社會坑害她，她對社會玩世不恭。她痛苦、掙扎、絕望，雖然小喇叭對她抱有同情，想拯救她和她結婚，但她腹中卻懷有別的男人的孩子，覺得自己又配不上一個好的男人。既不能自我解脫，也不願意讓別人解脫自己，於是只有自殺一條道可走。雪子的命運和終結，就是一分無聲而憤怒濺滿血淚的抗議書。《曉雲》中對夏曉雲命運的描寫，對她那變態心理的展示，作者雖然給予很大的同情，但事實本身卻充滿了對人生的警戒之意。細心的讀者，不會漏掉這樣一個細節；當夏曉雲挨了梁太太「一悶棍」，懷著腹中的孽種隱居到新竹美惠家裏，一天從報紙上偶然出現一個消息，梁思敬被該公司從日本調往美國，而且路過臺灣，在臺逗留數日。這個消息彷彿給了無望中掙扎的夏曉雲一線希望，可是梁思敬到日本後既沒給她來過隻字片語，在臺灣逗留期間也沒有尋找她的踪迹。這情節暗示梁思敬早把夏曉雲忘得一乾二淨。他的調往美國說不定又是梁太太的一種手段，所以此時的夏曉雲對梁思敬來說不是福而是禍，恐怕是躲欲恐不及。夏曉雲輕率獻身的下場，對那和夏曉雲相似的女青年，自有不小的警戒作用。

第三節　獨到的藝術構思

林海音的小說藝術，突出地表現在作品的構思上。歸納起來，有下列幾個特點：

一、對比手法的運用。對比手法在林海音的作品中不僅運用自如，而且形式多樣，內容豐富。上面我們敍述過的《金鯉魚的百襇裙》和《燭》，是通過篇與篇之間的對比描寫，揭露封建婚姻納妾制度的罪行，表現出納妾制度「兩刃劍」式的殘酷性，不僅置小妾於死地，而且使大婦也雨淚紛紛。這兩篇作品又像兩把利劍，從兩面向納妾制度猛烈夾攻，使其無處逃遁。這種對比顯示出巨大藝術威力。

人物和命運對比。例如《曉雲》中，作者寫了兩個姑娘，兩種命運。除了女主角夏曉雲之外，還寫了她的同學，最好的女友美惠。本來夏曉雲、美惠、李新、俞文淵四人都是好友。爲了促使夏曉雲和俞文淵的結合，在美惠與李新結婚時，特地安排夏曉雲和俞文淵作伴娘伴郎，美惠特意點明，按習慣伴郎伴娘也是一對。雖然美惠化了很多心事，夏曉雲的母親早就把俞文淵當準女婿看待了，但鬼使神差夏曉雲卻輕意的向有婦之夫梁思敬獻了身，最後落個悲哀的下場。和夏曉雲形成對照的美惠，她並不作非非之想，和李新相愛後很快結婚，小夫妻雖然避居新竹鄉下，但生活卻十分美滿。兩個少女命運對照描寫中，顯示了作者的傾向。這種傾向並不是主張夏曉雲與沒有愛情的俞文淵結合，而是對夏曉雲不切實際的變態心理的一種警戒。極力主張夏、俞結合的美惠，最後知不可能時，也放棄了自己的主張。這裡對照的意義在於引發人們對於關係到自己前途和命運的戀愛婚姻態度進行思考。人物性格對比。《孟珠的旅程》中孟珠的顧全大局，勇於自我犧牲，善於思索，自強自尊和同是歌女雪子的自暴自棄，玩世不恭，表面剛強，內裏軟弱形成明顯對照。前者自強自尊保持著自己的純潔，捨己爲人贏得人們的尊敬；而後者玩世不恭變成了「破爛」，終於毀滅了自己。

二、象徵手法的運用。象徵手法的使用，在文學作品中司空見慣，但林海音卻把作品的氣氛，人物的情緒和人物的命運融合在一起，有虛有實，虛實相間，表現出了象徵手法的獨特個性。如短篇小說《燭》中，作者將搖幌不定，忽明忽暗，借暗中一點微明，一點微明中又襯托出無邊黑暗的燭光，來象徵老婦人的風燭殘年和她悲哀的命運。同時這種燭光也象徵著老婦人此時此地的心理和精神狀況。爲了制服秋姑娘和丈夫她裝癱，後來弄假成眞，眞的起不了床，她恍恍忽忽，也弄不清自己是眞病還是假病。這燭光，是氣氛，是心境，是命運，是殘年……是多種事物的重迭和交滙，是多種情志的融合和統一，在這裡象徵產生了多角度，多層面，多難度的感覺效應和藝術效果。

三、林海音的語言含蓄並蘊含著耐人尋味的哲理意義。如《曉雲》中，風雨夜，梁思敬和夏曉雲第一次接觸，梁思敬和晶晶打著手電筒送夏曉雲回家。風停了，雨住了，他們三人走上了一座橋。這時作者寫道：「走上橋，眞奇怪，滿以爲四外的空曠，狂風一定毫無阻礙的擊過來，誰知卻意外的溫和。也許這時我們被包圍在颱風的中心了，好像說，在最中間的颱風眼中，一切反而是靜止的，多麼奇妙的大自然的現象！」這是暴風雨來臨前的寂靜。從自然現象看，剛才的風雨已經過了；從夏、梁的戀愛關係和這種關係引起的暴風雨看，卻是暴風雨的前奏。他們處在平靜中，但實際上卻是進入了颱風的包圍中心了。這裡明寫自然，暗寫人生，話語既包含著很深的哲學道理，又意在言外，令人從眼前的自然景觀預卜他們未來關係的發展變化。語言的含蓄量相當大。再如，有些作品描寫男女關係，用很多很長的篇幅才能寫出一個男人和一個女人在不正常、不合法的情況下，相戀、同居和發生性行爲的過程。而林海音描寫夏曉雲和梁思敬偷偷到外面旅館裏去同居。作者只用了幾句話，便把那複雜的過程和關係既講的十分明白，又帶有含蓄性和幽默感。梁思敬看著夏曉雲嶄新的打扮說：「這樣的髮型，使你看起來像一個婦人了。」，夏曉雲嬌情地回答：「我已經是一個婦人了！」就這一句話，便把他們昨夜的行爲道了出來。而且表現出這對非法狀態下結合的男女之間互相取悅的調情之狀。

附註：

①《葉石濤作家論集》第八四頁。

②《閨怨之外——以實力論臺灣女作家》（《聯合文學》八五年三月一卷五期）。

第五章　艱難中默默耕耘的五十年代臺灣鄉土小說

第一節　他們肩負著承前啓後的文學史命

五十年代的臺灣文學，基本上是兩個陣營，兩股潮流。一個是官方的作家陣營，另一個是鄉土文學的民間作家陣營。假如這是臺灣文學的一個冰冷的寒冬季節，但在那雪層覆蓋下，在那地氣的溫暖中，不僅歲寒三友的松、竹、梅，以自己強勁的生命在傲視風雪，堅毅地生長，而且新春的幼苗也默默地在伸葉展枝，迎接著春的到來。臺灣日據時期的老作家們，有的雖然因政治的，語言的種種原因停下筆來在爲新的起跑作準備，但有的老作家卻仍在艱難中秉筆創作。例如吳濁流、陳火泉、鍾理和等。光復後新崛起的第一代作家，他們是承前啓後在雪被下默默生長，去迎接文學春天的臺灣鄉土文學的幼芽。這批小說家有：鍾肇政、鄭煥、林鍾隆、張彥勳、施翠峰、廖清秀等。這批新一代作家的卓越代表、臺灣小說大家之一的鍾肇政，滿懷信心和希望地說：「我們不能妄自尊大，也不應妄自菲薄，我們是臺灣新文學的開拓者，將來臺灣文學之能否在中國文壇上——乃至世界文壇上，佔一席地，關乎我們的努力耕耘，可謂至深且大……」①鍾肇政的勃勃雄心，代表了臺灣光復後新崛起的第一代臺灣鄉土作家們的精神面貌。鍾肇政在這裡以「臺灣新文學的開拓者」自許，並不意味著他們無視和否定臺灣新文學之父賴和、楊逵、吳濁流等老一輩鄉土文學作家們用血汗在荒棘中和日本人的刺刀下開拓的新文學之路。鍾肇政在這裡講的「新文學的開拓者」具有新的含意。日據時的臺灣文學，以反帝反封建爲使命，雖然也有幾部長篇小說，如吳濁流的《亞細亞的孤兒》等，但基本上是以中、短小說爲表現形式，而且絕大多數作家手中握的是短篇小說的武器。表現宏濶歷史畫卷的長篇巨製還沒有被一般作家所掌握，長篇小說作爲一種藝術形式和手段，僅僅是一種萌芽。日據時期的小說創作，雖然非常艱難，有不少作家一次又一次地被抓進日本人的監獄，但那時面對的是民族的敵人，臺灣作家被熱愛民族和祖國的情感凝集在一起，大家同心同德地和敵人拼搏。到了五十年代，情況發生了根本變化。臺灣作家面對的是「反共八股」、「戰鬥文藝」，這時的臺灣鄉土小說，在主題的表現上和題材的選擇上，都和日據時期有了很大不同，需要向新的疆界進軍。日據時期的臺灣文學，除早期的新文學作品外，從三十年代中期起，一律被強制改用日文創作，光復後新崛起的第一代鄉土作家，年齡大約都在二十歲左右，他們基本上已過了學生時代，在學校受的日文教育，而今卻需用中文寫作，書寫方式上面臨著一個由日文轉向中文的革命。如鍾肇政開始創作時，是先寫成日文，然後再一個字一個字地翻譯成中文。其次，臺灣光復後，尤其是一九四九年大批大陸作家來臺，必然會出現臺灣文學和大陸文學的結合問題，光復後新崛起的第一代臺灣鄉土作家，責無旁貸地肩負著臺灣文學和大陸文學相結合的使命。因而，從上述諸種意義上來講，光復後新崛起的第一代臺灣鄉土作家無疑是一種新的意義上的「新文學的開拓者」。他們對臺灣日據時期的老作家來講，是新的一代；他們對六、七十年代崛起的新的鄉土作家如陳映眞、黃春明、王禎和等來說，又是老一代鄉土作家。因而他們肩負著臺灣鄉土文學承先啓後的神聖使命。假如說日據時期和光復以後的臺灣文學中間橫著一條江河，他們便是高架在江河上的橋樑；假如日據時期的臺灣文學和光復後的臺灣文學中間橫著一道山脈，他們就是溝通這道山脈的棧道和隧道。臺灣文學評論家彭金瑞在談到光復後第一代臺灣作家的情況時寫道：「所謂戰後臺灣新文學的第一代作家，年齡上在戰爭結束時大部分是二十歲上下，在日據下受過中等學校教育，也接受戰火洗禮的一批年輕人。他們之中雖有少部分人曾經有過日文創作的經驗，但共同的特色是他們不同於先行代作家，他們沒有日文創作的情意包袱，毅然選擇學習ㄅㄆㄇ開始白話文創作……國民政府帶來的，不是中國大陸三十年代的新文藝氣息，而是反共八股當道的戰鬥文藝，而面對所謂戰鬥文藝式的白話文學，對他們而言是一種壓力，那不是他們經驗所及，更不是他們心中想說的話，他們必須從回歸祖國的少年熱情和面對面的現實中國中調整自己……怎樣在戰鬥文學當道的文學王朝裏，表現具有臺灣人作家特質文學的出發……我們卻從中可以看出第一代作家在迷惘中不斷掙扎、探索、追求的痕跡」。②彭瑞金的這一段話，比較眞實而概括地講明了，光復後新崛起的第一代臺灣鄉土作家們的基礎、氣質、處境，使命和他們所奮鬥的過程。

第二節　五十年代鄉土作家的創作概況

雖然五十年代臺灣的政治形勢和文壇氣氛對臺灣光復後新崛起的第一代鄉土作家們極爲不利，他們承受著政治的，經濟的，文藝的種種壓力，但他們卻像春寒料峭中的禾苗，頑強地生長；雖然，他們被地域的距離相隔，但他們卻像春天的燕子不約而同的朝著一個方向所聚集；像各路溝渠的細流，向著一個目標流動；默默地長成一個叢林；悄悄地滙成一道江河。從大陸上起步的臺灣作家鍾理和、林海音、李榮春等光復後皆携家小回到了臺灣，參加了臺灣鄉土作家的隊伍，成爲光復後臺灣鄉土作家中的中堅力量。光復後的臺灣第一代作家，雖然受到排擠和歧視，但卻以他們深邃的智慧和才華創作出了響噹噹的作品，爲臺灣作家贏得聲譽，使官方的文藝機構不得不承認他們；使爲鼓勵反共作品設立的官方文學獎，也不得不考慮文學的因素而把他們的非反共作品也列入獲獎名單。例如：廖清秀以自己在日據時期的親身經歷寫成的自傳體長篇小說《恩仇血淚記》，獲得了一九五二年中華文藝獎金委員會長篇小說第三獎。這部小說，以自己親身經歷和所見所聞，作爲歷史見證人的身分，把日本帝國主義在臺灣犯下的血腥罪行，細膩地揭露了出來。日本帝國主義的鷹犬——警察，對臺灣人民的蹂躪和飛揚跋扈的惡行，以及在臺灣學校裏教書的日本教員的情形，都描繪得有聲有色。這部作品對日本人中的善惡和恩仇進行了區別，著力表現人與人之間的複雜關係和情感生活。有血也有淚，有仇也有恩，有詛咒也有愛戀。作品細膩也描寫了中國人林金火和日本女人愛子及日本男人澄人，三個人之間前前後後的愛情和婚姻糾葛。臺灣作家陳火泉、施翠峰、文心等，在五十年代鍾肇政獨力創辦的臺灣鄉土派作家交流和聯絡的唯一信息刊物《文友通訊》上，對這部這作品有肯定也有批評。一九五七年九月九日，這個刊物上刊登了臺灣作家們對這部作品的評論。陳火泉說：「實實在在，無論在形式上，或是描寫上，它是成功的。當然小毛病也是有的，有些字欠妥貼，有些情節欠合理。但這是無關宏旨的。」文心說：「是部著作，人物、心理描寫均成功，故事極好，予人印象至爲深刻。」施翠峰對這部作品分析的更加深入細緻。他說：一、布局曲折有趣，引人入勝，主題正確，的確是佳作。

二、最大的毛病是作者以空想架在不現實的地基上，因此故事的發展有三個地方說不過去：一是愛子上了哥哥的當，被澄人強姦；二是愛子恨澄人入骨而嫁給他；三是戰後愛子淪入風塵當了私娼。他概括地評價說：「理想主義的作品發展到此便一落千丈，殊屬可惜，眞是白玉之瑕。」廖清秀是光復後臺灣新崛起的第一代鄉土作家中的中堅分子。他一九二七年五月一日出生於臺灣省汐止鎮，出版的作品除長篇小說《恩仇血淚記》外，還有長篇小說《賊子龍》、《阿九與地主公》、《父與子》和短篇小說集《冤獄》。他是一位非常謙虛，但卻很有實力的作家。他說：「我自從十七、八歲時就喜歡寫隨筆、雜文之類，但我做夢也想不到自己會從事寫作，因那時我一直讀法律、政治等書，想在行政界活躍，到了民國四十年我的做官夢醒了，才開始研究文學，這幾年來雖然不斷努力，根底太差，還不能寫出像樣的作品來。」③再如：鍾理和唯一的一部長篇小說《笠山農場》未出版就於一九五六年獲中華文藝獎金委員會長篇小說第二獎，因第一獎缺，實際爲第一獎。這部作品中，作家以自己與鍾平妹的同姓之婚爲線索，展開了笠山農場勞動和生活的畫圖，把作者在發工薪時怎樣對鍾平妹一見鍾情，兩人在家庭的反對下進行秘密戀愛和衝破世俗偏見的羅網去追求幸福的情感發展過程，像詩一樣地進行了敍述。作品生動優美，藝術上達到了相當高的境界。文心（許炳成）的長篇小說《命運的征服者》於一九五五年獲臺灣《中央日報》青年節徵文獎第一名。文心也是光復後第一代鄉土作家群中的重要作家，在五十年代的鄉土作家中相當活躍。他一九三〇年二月二十一日出生。臺灣嘉義縣高級農業學校森林科畢業。作品除長篇小說《命運的征服者》外，還有《古書店》，一九六五年獲臺灣《新生報》徵文佳作獎，還有《吾師》、《諸羅城之戀》等。李榮春的七十萬字長篇巨製《祖國與同胞》一九五四年也獲中華文藝獎金委員會的獎助。李榮春，一九二四年十二月二十八日出生於臺灣省宜蘭縣，畢業於公學校，曾在大陸流浪九年。不算長的時間裏，這麼多作家均以長篇小說奪得臺灣官方的最高文學獎，不僅充分地證實了光復後新崛起的一代臺灣鄉土作家們不凡的素質和才華，而且表明了臺灣鄉土作品的藝術水平已相當高超。作爲反映壯濶歷史畫卷和廣濶生活畫面的文學樣式——長篇小說，在臺灣鄉土作家們的手中已經成熟，它標誌著臺灣小說的創作已進入了一個新的階段。如果說日據時期，臺灣老一輩作家們主要還是以中短篇小說的表現生活的工具和手段，那麼此一時期，臺灣新一代鄉土作家們則長、中、短均運用自如了。日據時期臺灣文壇的三巨頭：賴和、楊逵、吳濁流，僅有吳濁流一人有長篇小說面世，而此時期不長的時間裏就有那麼多作家、那麼多長篇小說面世並獲獎，事實表明，此時的鄉土作家已非日據時期的鄉土作家可比。但無需諱言，假如沒有賴和、楊逵、吳濁流等奠下的基石，也就沒有光復後第一代作家走出的路，沒有《亞細亞的孤兒》，沒有《恩仇血淚記》和《笠山農場》等。

鍾肇政是光復後臺灣新一代鄉土作家的卓越代表。他的創作在臺灣文壇異軍突起，下面將設單章論述。這個時期鄭煥、文心、林鍾隆、施翠峰、張彥勳等人的短篇小說，已達到了很高的水準。文心的短篇小說集《千歲松》和鍾理和的《故鄉》系列作品，不僅以現實主義的表達藝術，忠實地描繪了光復後臺灣農民的苦難生活，和正直、勤勞、樸實、忠厚的形象，而且眞實地記錄了那段窮困、苦難、凋敝、敗落的歷史景象。濃烈的鄉土情懷，眞摯的悲憫筆觸，表現了與人民同苦樂、共患難的現實主義作家的高貴品質。但是無需迴避，由於生活環境和視野的局限，這批作家的創作題材自然比較狹窄和老舊，主題仍不夠深刻。他們的創作和他們所肩負的歷史和文學史命仍然顯得很不相稱。臺灣評論家彭瑞金在《追尋、迷惘與再生——戰後的吳濁流到鍾肇政》一文中說：「異族統治下親身經歷的日據五十年帶給臺灣人民的災難、痛苦，戰爭造成的貧窮匱乏，祖先開荒拓墾留下的樸實刻苦精神面貌，成爲他們小說主要的主題，他們看視無意地反復借這塊土地上的人民克服災難的經驗，述說他們的愛與恨，表面看起來，那是個人的，屬於過去的陳述；那是感傷的，然而經得起千刼萬難鍛鍊的正是金鋼不壞之身啊！因此第一代作家在迷惘中拘謹地以臺灣的事物反映臺灣特色的寫作著眼點，經過逐步深入探索後，終於又繼先行代作家之後再一次地衝擊了臺灣的心。那就是第一代作家進入成熟的六十年代和第二代、第三代作家携手共同拓伐的。以臺灣歷史和臺灣人物爲中心的兼顧臺灣社會現實的寫實小說了。」④這段話表明，光復後第一代臺灣鄉土作家們奠定了臺灣現實主義小說的基礎，並和第二、第三代作家一起，使臺灣現實主義小說走向成熟。但是，在研究了臺灣光復後第一代鄉土作家的作品後，我們不能不指出他們的不是，那便是他們的筆基本上還都耕耘在歷史題材的土地上，對現實生活的描繪還相當薄弱。他們在藝術上還缺乏大藝術家的氣魄，史詩般的作品在這個時候還未面世，只是當鍾肇政後來的兩個三部曲和李喬的《寒夜》三部曲的出現，才改變了這種局面。雖然如此，但這一代作家對臺灣文壇的貢獻和功績，在臺灣文學史上和其他時代的作家的功績一樣，放射著強烈的光輝。

附註：

①臺灣《文友通訊》（一九五七、四、二三）。
②《臺灣文學的過去、現在與未來》第六七～六八頁。
③《文學界》一九八三年第五期。
④《臺灣文學的過去、現在與未來》第六九頁。

第六章　一顆閃亮的小說巨星——鍾肇政

第一節　鍾肇政的生平和創作

鍾肇政雖然成名於五十年代初昏暗的臺灣文壇，但他卻是那昏暗文學天幕上最亮的一顆小說巨星。鍾肇政之所以能成爲臺灣文壇這樣少有的，閃光的小說巨星，是因爲他有得天獨厚的許多人所不具備的內在因素和外在條件。鍾肇政於一九二五年出生於臺灣省桃園縣龍潭鄉。他的出生之日正是日本帝國主義覇佔臺灣三十年，妄圖以臺灣作跳板消滅中國，吞倂亞洲，獨霸世界的美夢做得正酣的時候，也是在臺灣推行「皇民化」運動，妄圖把臺灣永遠倂入日本版土活動最瘋狂的階段。鍾肇政上小學，中學及當日本人辦的小學的代用教員，對日本推行的侵略性的奴化教育，有著徹骨的親身感受。他被迫強徵爲學生兵到鐵砧山修築工事，又對日本軍隊的內幕有著較深刻的透視。抗戰勝利後鍾肇政刻苦學習漢文，大量閱讀中國古典文學作品，吸收傳統文學的創作技巧，並學習西方文學創作經驗。一九四八年，在他二十三歲那年又進臺灣大學中文系深造，均爲他的小說創作積累豐厚的生活素材和打下了堅實的藝術表達基礎。

鍾肇政，筆名九龍、鍾正、路加、路家等。臺灣客家人。一九三一年入臺北市太平公學校，後又轉桃園龍潭公學。一九四五年畢業於臺灣省彰化青年師範學校後，強行被日本人徵爲學生兵，與他的同伴一起被日本人趕到鐵砧山修築工事，目睹了日本軍人毒打和殘殺自己伙伴的一幕幕慘不忍睹的罪行，受盡了折磨和摧殘。在一次重病中差點喪生，落了個失聰之殘。日本人投降後他進本縣龍潭小學當教員，一九四八年考入臺灣大學中文系，就讀很短一個時期，因耳聾而退學。從一九七四年起，他受聘到臺灣東吳大學東語系兼任日語教授。一九七六年起任《臺灣文藝》主編，爲臺灣文壇培養新人作出了重要貢獻。一九七八年任《民衆日報》副刊主編。此外還被公推爲「吳濁流文學獎」主任委員。鍾肇政自一九五一年發表處女作短篇小說《婚後》躋身臺灣文壇，不久創作進入旺期。長、中、短篇三管齊下，尤其擅寫長篇小說，寫下了多部宏偉巨制。僅多部體的長篇小說就有《濁流三部曲》（《濁流》、《萬里江山》、《流雲》）、《臺灣人三部曲》（《沉淪》、《滄溟行》、《插天山之歌》）、《高山組曲》。其他長篇小說有：《魯冰花》、《大壩》、《大圳》、《馬黑坡風雲》、《綠色大地》、《青春行》、《八角塔下》、《望春風》、《姜紹祖傳》、《馬科利彎英雄傳》等。中篇小說有《原鄉人》、《初戀》、《摘茶時節》，中篇小說集《殘照》。短篇小說集有《輪迴》、《大肚山風雲》、《中元的構圖》等。此外還有論著和編著多種。鍾肇政的著作共達五十餘種，是臺灣文壇上的高產作家之一。鍾肇政以宏濶的歷史視野，細膩的文學筆觸，描繪臺灣同胞爲了捍衞民族尊嚴，回歸祖國懷抱，用戰爭的和文化的，公開的和秘密的，合法的和非法的種種形式，在曠日持久的歲月中與最凶惡的民族敵人進行殊死搏鬥。他的作品的綜合畫面構成了風雲流轉，刀劍與戀歌相交織的臺灣人民的戰鬥史詩。雖然這史詩中有的作品顯得有些單調和綿軟，甚至沒有充分地表達出臺灣同胞當時實際鬥爭中那同仇敵愾的氣氛和英勇無畏、誓死如歸、與敵誓不兩立的氣概，但是，作爲歷史的有力見證，作爲人民的一種願望，作爲文學的一種呼喚，鍾肇政能夠不失時機地用數百萬言的篇幅，在多部作品中反覆而不重複，概括而又獨特地對臺灣充滿血淚的鬥爭歷史，進行較完整的描繪。這種氣派，這種膽識，這種創作的成果和意識都是值得崇敬和讚佩的。

第二節　祖國、民族、鄉土意識的追尋

鍾肇政的作品數量之多，內容之豐，涉及生活畫面之廣，表達的主題之深邃，描繪的人物之衆，均不是在一篇文章中和一部小說史的一個章節中所能論述得了的。即使一部專著，也很難詳盡地道出那含量豐富的藝術世界。於是我們不得不擇重論述能夠反映和代表鍾肇政創作整個氣勢和風貌的，具有代表性的作品。一般人均認爲，發表和出版於一九六二年到一九八〇年之間的，具有大河小說規模的《濁流三部曲》和《臺灣人三部曲》爲鍾肇政的代表作品。我也如是觀。

這兩部小說的創作意圖在作品中顯露得十分清楚，《濁流三部曲》，是以作家作爲歷史的參與者和見證人，確切地說是作爲臺灣三十年代到光復之後這段歷史的主角之一，以個人的人生歷程作爲作品的主軸，將這段歷史的畫面一一串連起來，表達出臺灣同胞，尤其是臺灣知識分子從迷惘、徬徨到覺醒；從動搖到反抗；從不認識自己的民族和祖國，到認識民族和祖國；從混沌狀態下的日本「皇民」到清醒狀態下的中國鬥士，這樣一個人生和意識的發展變化過程。這部百萬字的小說中，主人公陸志龍性格發展的三個階段，也正好是臺灣人民鬥爭的三個時期，同時也分別是這部小說三個分卷的內容。

第一卷《濁流》描寫的是日本帝國主義瘋狂推行「皇民化運動」，主人公陸志龍，在這滔滔濁流中難以辨析和識清事物的本質與人生的目標，因而在那汚濁的「皇民化」濁流中，默然接受「帝國臣民」的頭銜，混沌中喝了一口又一口汚濁之水。雖然如此，但作家對陸志龍的描寫是有分寸的，他是意識上的迷惘，而不是品質上的壞死；他是隨波逐流，而不是認賊作父。因而在「皇民化運動」中他是被動的，而不是主動的；他是苦悶的，而不是喜悅的；他只能追隨和徬徨而不能認同和結合。他在當小學助教時，對日本女人谷清子愛的發狂，對這個日本軍人的妻子的沒有愛情的婚姻充滿同情。那個日本女人雖然結了婚但卻保持著姑娘的貞潔，不僅反對日本政府侵略中國，而且對陸志龍也眞心相愛，在飛機轟炸，燈火俱滅，旁無他人的情況下兩人擁抱接吻，情感達到沸點，陸志龍已「失去了主宰，聽憑自己的手臂自由行動，彷彿那是自然而然的動作」即兩人要發生性交的情況下，谷清子一聲：「陸桑……這不行哪……」，兩人中止了結合。作者在這裡劃了一道粗粗的横線，那便是日本人和中國人，侵略者和被侵略者是不能認同和結合的，陸志龍和谷清子盡管互相深深地相愛著，但他們代表著不同的民族和國家，代表著不同身分。谷清子只能被日本校長當作晉升職位的禮品送給視學強姦，懷著視學的孩子自殺，而不能成爲「有情人都成眷屬」格言的見證。陸志龍和日本軍人妻子谷清子之間發生的愛情，正是那股濁流中揚起的混濁波濤。也正是陸志龍在昏沌中喝入的一口汚濁之水。應該說陸志龍和谷清子之愛在高潮中破裂，對陸志龍是一種幸運，否則充滿奸詐，心狠手辣，對谷清子早已虎視眈眈的日本校長和視學，豈能不對陸志龍下毒手？他們弄死一個陸志龍豈不比弄死一個螞蟻還容易？這部小說的第二部《萬里江山》，是《濁流三部曲》中最重要的一部，也是陸志龍性格覺醒、反抗和走向成熟的關鍵時期。陸志龍於彰化師範畢業後，被日本人集體徵為學徒兵，調往大甲山、鐵砧山屯住，修築工事。這是一九四四年，日本帝國主義已經面臨滅頂之災的前夕，他們已瘋狂到了極點，大喊「全民玉碎」的口號，把婦女都編進軍隊，妄圖作最後頑抗。因而他們的殘暴也達到了極點，把多少臺灣同胞活活打死。然而這時由於受到世界反法西斯戰鬥形勢的鼓舞，學徒兵們聽到《開羅宣言》的簽訂和美軍在琉球攻打日本軍的消息，他們不僅作好了反戈一擊的準備：「等美軍來了，那時看看我的鎗口對準誰吧！」而且暗暗地向日本人動手了。乘日本軍官不備，猛地將其推下深淵摔死。也就是在這種形勢下，陸志龍等在鐵砧山發現了鄭成功廟和「國姓井」及「萬里江山」的石碑。這三樣東西的發現，對陸志龍的覺醒，對象徵臺灣同胞抗日的勝利均具有極大的，關鍵性的意義。「萬里江山」的石碑，預示著萬里江山展宏圖，歸我中華民族所有；「國姓井」是當年鄭成功與荷蘭人交戰，遇到危難，插劍成井，解了缺水之圍，轉敗為勝，迫使荷蘭人跪地投降，臺灣回歸了祖國。昔日的歷史是今日之鑑照，這預示臺灣重新回歸祖國時日的來臨。臺灣和臺灣同胞的命運，在這裡是個重大的轉機。這裡對鄭成功的回憶，至少有這樣幾種意義。其一，民族之魂在主人公身上眞正得到復歸。陸志龍說：「我明白了，一切謎團都解開了。原以為，自己早就覺醒了的，其實我還只不過是蒙昧的糊塗蟲而已。這次我可是眞正明白過來了。不錯，我正是臺灣人，也是支那人，卻絕對不是我和我的伙伴們口口聲聲說的日本人，「大日本帝國軍人」；其二，以鄭成功當年收復臺灣，預示著臺灣今日必將回歸祖國；其三，當年不可一世的荷蘭帝國主義統治臺灣三十年，終於跪在了鄭成功的脚下，而今統治臺灣五十年的日本，必將跪在中國人脚下；其四，鄭成功的身分，激起了他們的故國之思「——我猜到那時海岸線就在不遠處——故國就在一衣帶水的海那邊，不由得想到自己的大志不知何時方能達成？而唸了一句詩：「江山萬里今安在？」這旣是鄭成功當年題石刻碑時的心情，也是今日主人公的心情；其五，鄭成功當年英勇殺敵的獻身精神，鼓舞和激勵了今日臺灣同胞與日本人鬥爭的意志。第三卷《流雲》，比起第一、二卷來，只能算是一個尾聲。描寫了主人公陸志龍光復之後，學習漢文，當教員和努力要成爲一個作家，並爲這一理想所進行的努力。這一卷內容比較單薄。《濁流三部曲》，作爲個人自傳體小說，寫得還是相當成功的。百萬字的文字行列裏，突現出了一個在黑暗中爲回歸民族和祖國，進行不屈不撓英勇的追尋者和探索者的光輝形象，而且這個形象作爲臺灣日據時期愛國青年知識分子的縮影還是非常眞實的。但是如果把這本書視爲反映臺灣同胞從三、四十年代到光復後這段鬥爭歷史的縮影，顯然，還很不夠，難以和豐富而壯偉的實際鬥爭匹比。僅臺灣同胞在日本無條件投降的天大喜訊傳來時，那種舉臺一致，萬人空巷，熱烈慶賀的狂歡場面，及他們那內心裏掀起的巨大的情感的波濤，就沒有得到應有的描寫和反映。對《濁流三部曲》中，描寫的陸志龍的愛情，評者有截然相反的看法。有的人認爲，過多地兒女情長的糾纏，削弱了陸志龍的形象。但我卻同意李喬和吳錦發的看法，那戀愛婚姻的追求，實際上是作家在作品中埋設的另一條複線，這條複線是緊緊地圍繞著小說的主體——對祖國和民族的追求中，體現著對大地、對鄉土的認同和眷戀。因爲女人是母親的象徵，母親的偉大含意又和土地有著相通的意義。一個人和一株樹一樣是有根的。他的根深埋在女人的腹中，深植在大地的泥土中。主人公陸志龍在汚濁的洪流中，不僅認不清那是自己的民族和祖國，要展開漫長的追尋，而且不清楚自己的根紮在何處，也需展開痛苦的尋求。追尋民族和祖國和追尋自己植根的泥土，這兩條線索，這兩個主題，在作品中交互發展著。第一個追尋，到鐵砧山修築工事，發現鄭成功題刻的「萬里江山」石碑、「國姓井」、鄭成功廟，顯現了答案。因爲既找到了自己的祖先和代表民族精神的魂靈，也找到了飲水思源的遙遠的源頭。第二個追尋，是主人公陸志龍婚姻上經過一系列的失敗，直到和銀妹在星空月夜的野地裏相結合，才完成的。銀妹是臺灣的象徵，是中國泥土的象徵，是在日本帝國主義野蠻奴役下，從未變質的中國精神的象徵。作者一再描寫，她穿著日本的破軍裝，但從那破軍裝的領口處卻看到她非常潔白細嫩的機體；她蓬頭垢面，卻有一幅執拗、倔強的性格和純潔善良的心境。日本人雖然軍事政治上統治了臺灣，但卻沒有征服臺灣同胞的心靈。他們汚染了臺灣的表皮，卻改變不了臺灣人的民族素質。銀妹外表的髒，是日本帝國主義禍害的結果，銀妹機體的純潔，心地的善良，代表臺灣同胞不變的本質，代表臺灣泥土的芬芳。陸志龍和銀妹，不在室內結合，而在曠野相交，不在床上入寐，而在泥土上進行肉體融合，這是一種深沉的象徵，即鄉土的回歸和泥土認同的表現。《濁流三部曲》的成就在於作家比較完滿地完成了他預期的創作意圖，用一種虛實相間的手法，表現了那個時代的歷史眞實和藝術眞實，作出了除作者以外還沒有第二位臺籍作家的同樣的篇幅和手段所作出的貢獻。上面講到的不足雖然也是明顯的，但沒有給作品造成致命傷。

《臺灣人三部曲》，雖然也是百萬言篇幅的史詩式小說，但它的藝術構思和創作格局卻與《濁流三部曲》不同。《濁流三部曲》是以作者個人的人生歷程爲主軸，穿連起和這個主軸相關的歷史畫面，從而達到表現時代，反映歷史，歌頌祖國、民族和鄉土的宏大主題；而《臺灣人三部曲》，顧名思義，就是要從正面去描寫和表現整個臺灣人轟轟烈烈的鬥爭歷史和圖景。其創作意圖和表現格局，比《濁流三部曲》要長遠、宏大和壯濶的多。如果說《濁流三部曲》是一部以個人的前半生經歷，反映臺灣一個階段的歷史進程，那麼《臺灣人三部曲》，則是把臺灣人從移民，發家，到破戶；從醞釀，鬥爭，到勝利的生活畫卷一攬子搬進了作品。一個是半景透視，一個是全景輻射。《臺灣人三部曲》所包括的第一部《沉淪》第二部《滄溟行》和第三部《插天山之歌》，正好是臺灣人生活和鬥爭的三個時期。這部小說中，作家選取了最能表現和概括整個臺灣人歷史進程，生活經歷，精神風貌，與整個臺灣同生死，共存亡，同呼吸，共命運的陸氏大家族，作爲整個臺灣人的代表和縮影，而描繪的。第一部《沉淪》描寫了陸氏家族從大陸移民到臺灣九座寮莊後的發家過程。從來臺先祖陸榮邦到第三代信河、信溪、信海三弟兄的經歷，正是絕大多數臺灣先輩人生活經歷的寫照。作品著力描寫陸氏家族中信海老人在慶祝他七十大壽舉家狂歡的日子裏，突然傳來了清朝大臣李鴻章因甲午戰敗，於一八九五年農曆三月二十三日在日本馬關春帆樓和日本內閣總理大臣伊藤博文簽訂喪權辱國的《馬關條約》，將臺灣割讓給日本的噩耗。於是引起了全臺灣人的震怒。官降民不降，臺灣人紛紛自行組織起來，掀起此起彼伏大規模的武裝抗日的情景。這部作品，對臺灣人民自發地武裝抗日進行了繪聲繪色的描寫。那雄壯的氣慨，同仇敵愾的氣氛，英勇而慘烈的場面，誓死如歸的獻身精神，都寫得眞切感人。七十歲的信海老人把自己祝壽的盛會，變成了武裝抗日的動員會，這個陸家子弟兵的靈魂人物，很快將陸家兒女組織成了一支抗日義勇軍，武裝起來奔赴抗日前線。出征前夕，在陸家祖堂公廳及前面的卵石禾埕舉行了威武雄壯的出征儀式。燈火通明，燭光照天的禾埕正中擺著神案，上面架著三牲：鷄、鴨、鵝和脫光毛的小豬。在這莊嚴肅穆的氣氛中，排開了這樣的陣勢：「主祭人信海老人，一身長袍馬褂，銀髮飄拂，光禿的腦袋閃閃發光，一臉沈重與嚴肅地站在八仙桌後。信海老人後面站著即將遠行的年輕人：爲首的是仁勇，綱亮、綱峰各居左右，第二排是綱振、綱昆、綱青，第三排是綱企、綱嵩、綱岱，末尾兩個是維秋與維建，離三步遠是另外一批人：阿庚伯、張達、劉阿財等六個，是陸家各房的長工……」他們焚香，他們宣誓，他們三拜九叩首。主祭人信海公對天宣讀誓詞：「……惟我臺土，神州之邦，倭奴覦覬，賊軍猖狂，掠我桑梓，侵我聖疆，天人共憤，黎民倉皇，惟我神州，豈容淪喪，信民子弟，仁勇、綱青、綱侖、綱岱、綱嵩、維秋、維建及家僮廖阿庚等六名，執戈攘夷，誓與存亡，伏祈庇佑，諸事吉祥，滅彼丑虜，日月重光……」宣誓後，這支自發的農民義勇軍在陸仁勇的率領下，開赴了前線，與農民領袖胡錦、黃娘盛、李盖發、張子仁、莊鐘統等的起義軍滙合到一起，與新竹縣農民起義領袖吳湯興的起義軍遙相呼應，用最原始的武器，給予進犯的日軍以極大的殺傷和打擊，取得了銅鑼圈等伏擊戰的勝利。打出了農民起義軍的威風和威力。正像阿雲伯所說：「你們陸家人眞了不起啊，做什麼都帶頭的。如果叫信海叔當大總統，日本蕃就休想踏上臺灣的土地了……」農民說話一針見血，假如讓信海老人當總統，肯定與慈禧、李鴻章賣國賊之流大不同，臺灣決不會讓日本奴役五十年。如果說鍾肇政的長篇小說是大河小說，是史詩，那麼《沉淪》這部作品的的確確具有大河小說和史詩那奔騰雄壯，恢宏浩瀾的氣勢和氣派。眞正表現了臺灣同胞在被拋棄之後那種捶胸頓足，化悲憤爲力量，寧可玉碎，不爲瓦全，與脚下的土地共存亡的無比英勇的獻身精神和與敵人不共戴天的高尚品德。雖然，作品忠於歷史，描寫了這支武裝的最終失敗和陸氏家族被敵人剿滅的結果，但這是一部精神和意志不滅的悲壯史詩，臺灣同胞的那種英勇精神和愛國熱忱，將會因這部史詩般的作品永放光輝。這部小說的第二部《滄溟行》，是以陸氏家族的第六代子孫陸維梁爲主人公。作品描寫的背景是臺灣人民抗日鬥爭發展的第二個階段。即，當臺灣人民此起彼伏「三日一小亂，五日一大亂」的武裝抗日鬥爭被日本帝國主義血腥鎭壓下去之後，到了二十世紀二十年代左右，臺灣的抗日鬥爭被迫地轉入了「和平」抗日階段。即以政治、文化爲主的階段。如果說在前一階段以武裝抗日鬥爭爲主要形式的日子裏，農民是鬥爭的主力，那麼進入第二個抗日階段，以政治、文化爲主要鬥爭形式，由武裝鬥爭爲主轉入非武裝鬥爭爲主，除了因鬥爭環境特別惡劣，面對的敵人出奇的殘暴和臺灣地域狹窄，缺少與敵人周旋的游擊戰場諸因素之外，另一個非常重要的因素是，一九一九年祖國爆發了震撼世界的「五・四」運動，臺灣許多知識分子都直接或間接地受到了它的洗禮。從五四運動起，臺灣人民的抗日鬥爭實際上成了祖國反帝鬥爭的一個組成部分。《滄溟行》的作者爲了便於反映臺灣人民這個以政治和文化爲主要鬥爭形式的抗日階段；便將這部作品的主人公陸維梁，也塑造成一個愛國抗日的知識青年。陸維梁是臺灣非武裝抗日時期激進的愛國知識青年。他從小努力刻苦地學習祖國的文字，閱讀祖國的書籍。「他十歲時就依照族裏的貫例，由族裏的那位長輩，也是附近幾個莊聞名的漢書先生仁智叔公啓蒙，正式開始讀書。因爲他聰慧過人，所以不到一年工夫，那些三字經、百家姓、幼學瓊林、千家詩等啓蒙性書籍，全部背熟了……」陸維梁還在讀書時，就一一目睹了「聲應會」，「啓發會」，「新民會」、「臺灣文化協會」等進行的「六三法撤廢運動」，「臺灣議會設置運動」等活動，並透過《臺灣青年》大開了眼界，認識了許多新事物。」這還只是這個嶄新天地的一個小角落而已。透過這小角落，他還窺見了更偉大的廣濶天地——那是海那邊的一片廣大土地，那兒有東方第一大國，那兒有四億的人口，還有東方的第一個民主共和國。維梁清楚地認識了她——祖國，也認識了自己——漢民族。」比起《濁流三部曲》中的主人公陸志龍四十年代才從鄭成功的「萬里江山」碑前認識了祖國，陸維梁早了二十多年。無疑，陸維梁是臺灣青年知識分子中的思想先驅者之一。鍾肇政在《滄溟行》剛剛開篇不久，就這樣評價了他的主人公：「二十歲的青年陸維梁就這樣，成了一個有思想，有眼光，有毅力，也有崇高理想的現代青年。」作者描寫陸維梁深入到臺灣農村，赤牛埔等地，發動農民與日本人進行鬥爭。陸維梁發動的農民運動像星星之火，引起了連鎖反應。不久，二林、竹林、高雄等地的農民也相繼起事。於是日本人便鎭壓，在「赤牛埔事件」中陸維梁被捕，由於簡溪水醫師和林停鹿律師的救助，很快被釋放。爲了開濶眼界，將臺灣同胞的抗日鬥爭和祖國人民的鬥爭連接，從而得到祖國人民的支援，陸維梁肩負著使命，離開臺灣開始了浩濶的滄溟之行。「你還有未完的使命——不，你的使命，這才要開始呢。好男兒，勇敢地去吧！你就照簡溪水醫生爲你安排的路線，在汕頭上岸，然後經揭陽、興寧而到原鄉五華去走一圈，看看你的祖先所自來的地方，然後繼續前進，深入祖國內陸。你將這樣與祖國溶合而爲一體，爲開拓自己的前途，也爲同胞們而奮鬥。」於是，在那茫茫的大海上，陸維梁開始了「巨鯨破滄溟……」的更艱難而偉大的事業。這部作品的創意和構思是相當好的。其中不少章節寫得也非常感人。不僅臺灣人民的武裝抗日需要描繪，而且臺灣人民的非武裝抗日也需要忠實地紀錄。一般來說非武裝鬥爭的描寫不易有武裝鬥爭的描寫那麼激烈悲壯，富於悲劇美，富於波瀾壯濶高潮迭起的傳奇色彩。但是，武裝鬥爭的描寫，也不易有非武裝鬥爭描寫的那種巧妙運籌，舒卷自如，靈活變化，達到詩情畫意的境界。鍾肇政的《沉淪》和《滄溟行》體現了上述武裝鬥爭和非武裝鬥爭描寫的各自的特長和藝術境界。《沉淪》是絕望中的奮起，表現了臺灣同胞眷戀祖國，不做他人臣民，與敵人拼個魚死網破的熾熱的民族情感；《滄溟行》是希望中探求。陸維樑滿懷著深沉的希望和愛，期盼著能夠在祖國的幫助下，尋找到戰勝敵人回歸祖國懷抱之道。《沉淪》和《滄溟行》在主題的熔煉和表達上，都有深邃的思考。這兩部作品共同的不足是作者過於拘泥於歷史事實，因而手脚受到捆綁，沒有充分運用和發揮小說這種藝術形式的靈活功能。這種不足在《滄溟行》中更突出，甚至損害了作品的內容和人物形象的表達。這部作品中的陸維樑在戀愛婚姻的處理上，幾乎和《濁流三部曲》中的陸志龍同一個模式。陸志龍先和日本女人谷清子相戀而失敗，最後和臺灣姑娘銀妹結合，而陸維樑則是先與日本女人文子相戀失敗，爾後與臺灣姑娘玉燕結婚。所不同的是，《濁流三部曲》中的陸志龍對谷清子是主動的，而《滄溟行》中陸維樑對日本女人文子則是被動的；銀妹是白痴藩仔的童養媳，而玉燕是陸維樑自己的童養媳。而《滄溟行》中玉燕的形象和《濁流三部曲》中的銀妹形象相比，就遜色多了。《臺灣人三部曲》中的最後一部《插天山之歌》，描寫的是陸家的第七代子孫陸志驤，在日本東京留學，參加了秘密抗日組織，奉命與同伴李金池、蔡佳雄三人潛回臺灣進行抗日活動。但不幸在輪船上被日本特務盯住，正當他們設計逃脫敵人的盯視時，突然輪船遇上水雷爆炸下沉，李、蔡葬身魚腹，陸志驤幸而被一對打漁老夫婦救起。陸志驤雖肩負重任，回到臺灣後卻一籌莫展，始終東藏西躲，不但沒有完成任何抗日使命，反而給臺灣的抗日群衆招惹了很多麻煩。自回臺灣到日本人無條件投降，他除了在一次逃難中將一位給他帶路的臺灣姑娘搞到手，並秘密地得了一個兒子之外，別的均一事無成。作品具有戲劇性的情節是，老奸巨猾的日本特務桂木追踪了陸志驤二十個月，一直未曾得手。偏偏在奔妹生孩子的當兒，在產房裏發現了志驤，而且沒有把志驤立即帶走，還站在產床邊教志驤如何給妻子按肚子助產。桂木把陸志驤抓去只關了一夜，日本天皇就宣布無條件投降了。他像送客人一樣又把陸志驤送出監獄。《臺灣人三部曲》中的第三部《插天山之歌》雖然也有較深的寓意——人民的力量如巍峨的大山，插入雲霄，有了人民的保護就能獲得勝利。但作品中的主人公實在太軟弱無力，他不是一個抗日勇士，倒像一個膽小如鼠的逃犯；他不像一個地下工作者，倒像一個尋花問柳的公子哥；在他身上看不到，也感覺不出應該比一般老百姓更先進一點的思想覺悟，更深邃一點的思考，更果敢一點的行動。在他身上，甚至缺乏奔妹這個農村姑娘的那種機警和勇敢。在這部三十萬言的長篇小說中，陸志驤既缺乏陸信海革命老人教導出來的陸氏家族的優良傳統，作爲現代青年革命者的形象也沒有樹立起來，這一部作品和前兩部比較，也只能算是虎頭而蛇尾了。

第三節　臺灣長篇小說藝術的發展

長篇小說，尤其是多卷本的長篇小說，是文學中的重型武器。沒有它，波瀾壯濶、風詭雲譎的歷史畫卷就難以展現；沒有它，人物衆多、故事繁複的全景式現實生活就很難搬進文學的畫廊；沒有它，文學將會顯得薄弱而單調；沒有它，史詩般的文學巨著將會成爲一句空話。文學史表明，凡是描繪和概括較長歷史時期，具有重大歷史社會題材，刻畫衆多人物的文學作品，大都用多卷本的長篇小說形式來表達。例如中國的古典名著《水滸傳》、《三國演義》、《紅樓夢》等。否則，一般的文學樣式很難容納這樣豐富的生活內容。多卷本的長篇小說創作，自二十年代臺灣小說的濫觴，到五十年代，鍾肇政還是第一人。駕馭這樣重型體裁的文學樣式，必須具備一定的條件。大致是：其一，具有超人的文學勇氣和氣概；其二，具有較豐富的藝術經驗。不至於在繁亂的生活和衆多人物的迷陣中陷入混亂不能自拔；其三，具有豐富的生活閱歷和素材積累。不至於面對龐大的作品構架而無物塡充，或東拼西湊難以成篇；其四，具有堅韌不拔，曠日持久的耐力。不至於在大量的，細緻的工作中，被如山的空白稿紙所嚇倒，半途而廢；其五，具有較深厚的語言修養。不至於因語言貧乏使作品中的人物衆口一詞，而失去個性；其六，善於從不同角度觀察和概括生活。以免使悲劇人物一律上吊而死或溺水而亡，使喜劇人物一概在鼻樑上斜著一道白線，使悲痛者一律掩面痛哭，開心者一律捧腹大笑……。鍾肇政作爲臺灣文學承前啓後的人物，作爲臺灣小說的大家，作爲臺灣歷史的見證人，作爲愛國的文學工作者，是具備了上述條件的。但是生活中的辯證法常常出人意料，沿著人們看不見的內在的規律向前發展。有時具備了條件的人並不一定能夠寫出合格的好作品；而有時，看來並不具備條件的人，卻出人意料地拿出了不朽之作。這是因爲條件在不被人們的注視下悄悄地發生了質的變化。所以「大人物」亦是小人物，「小人物」亦是大人物。那些閉著眼睛，坐在滾滾激流中的小島上，以「名家」和「大人物」自居者，很可能會被洪流淹沒。而鍾肇政之所以寫出一部又一部多卷本長篇，源頭不竭愈寫愈好，證明他不但不是一個閉起眼睛坐在小島上自封的「名家」，而且是一個在洪流中不斷奮勇搏擊的文學實幹家。

多卷本的長篇小說，有古典式和現代式之分；在現代式之中又有現實主義和現代主義之分，鍾肇政是臺灣鄉土派小說家。他的作品中，一貫表現出濃郁的現實主義藝術詣趣。尤其他的多卷本長篇小說，充分地繼承了中國文學的現實主義傳統。但是作爲臺灣小說大家的鍾肇政，並不死守現實主義的藝術法則，而是以現實主義表達藝術爲主要手段的前提下，而又融滙和吸收了現代主義的象徵、暗喩、意識流、時空交錯等表達技巧。因而鍾肇政的多卷本長篇小說，明顯地發展了吳濁流《亞細亞的孤兒》，鍾理和《笠山農場》諸作品中確立的臺灣長篇小說的現實主義表現藝術。概括言之，鍾肇政的長篇小說有這樣一些藝術特色：

一、人物結構法和事件結構法交叉運用。一部長篇小說，尤其是多卷本長篇小說，結構方式非常重要，處於作品成敗的要害地位。結構方法對於長篇小說，猶如一種政體對於一個國家；一種組織形式對於一個軍隊；一個房子的框架對於房子；一種語法對於一種語言。沒有它，就沒有作品；結構不適當，作品必失敗。鍾肇政根據他作品的題材和包含的生活內容及時序的長短，對《濁流三部曲》和《臺灣人三部曲》分別採用了不同的結構方式。《濁流三部曲》，作者採用的是人物結構法。即以作品的主人公陸志龍生活和鬥爭的歷程爲主軸和中心線索，去連起在那個時期內發生的，與作品主題相關的歷史事件。《臺灣人三部曲》所要表現的歷史時序、生活內容，人物形象與《濁流三部曲》有所不同，其主要目的不是表現一個人物的經歷和命運，而是在一百多年漫長的歷史時期內，在縱橫的臺灣歷史畫廊布上描繪出臺灣數代人前仆後繼英勇鬥爭歷史圖景。如果仍像《濁流三部曲》那樣以人物結構法來結構作品，是行不通的。因而作者採取了以事件爲主的結構方式。把臺灣人的抗日史分爲武裝的，非武裝的和迎接勝利三個時期；把衆多的英雄人物的事迹含納其中，分別進行描繪。這兩種結構方式，承載著不同的文學史命，最後各得其所。

二、主線和副線隨作品情節的展開交互前進。規模宏大的長篇小說，往往是多主題、多線索，在中心主題和中心線索的牽引下，或齊頭發展，或交叉前進，或此起彼伏，或此暗彼明，或象徵，或暗示。就像一棵巨大的果樹，進行了多種嫁接。有紅花，有藍花，有白花，有紫花，當果實累累時，有的枝椏上是沙果，有的枝椏上是平果，另外的枝頭上還是掛著難以明狀卻令人陶醉的其他果實。例如鍾肇政的《濁流三部曲》的主線是通過主人公陸志龍的經歷和命運，反映臺灣同胞爲抗擊異族佔領，爲實現民族認同所進行的不屈不撓的鬥爭。在這條主線之外，還有一條副線，那就是陸志龍的愛情。在這條愛情的副線上，作家又巧妙的運用象徵手法，明寫愛情，暗寫對鄉土的眷戀和回歸，於是使這條副線上又輻射出新的意義，其思想和藝術內涵極爲豐富。最後隨著陸志龍在漫天野地裏與銀妹的結合，副線後於主線而完成，使作品歸於圓滿。

三、第三人稱的全知觀點和第一人稱半知觀點的交叉使用。全景式和半景式交互呈現。作品中人稱的選擇，就是敍事角度和敍述方式的確定。一般來說，多卷本的長篇小說比較適合運用第三人稱全知觀點，以便不受任何限制地縱橫馳騁筆墨，調整時空，毫無局限地解剖人物。鍾肇政在《臺灣人三部曲》中採用的正是這樣的敍事觀點。他可以將臺灣人民的抗日鬥爭分割成幾個階段描繪，他可以自由地選擇適合自己的地點，事件和人物進行描寫。作者在這部作品中描寫的農民起義軍，並不是臺灣武裝抗日時期最具代表性的軍隊；他所描寫的抗日領袖，並不是實際生活中最具代性的人物；他所描寫的戰役，並不是歷史上最著名的戰役。例如作品中所提到的，具有代表性的事件，即發生在一九一五年，由著名抗日志士余清芳、江定、羅俊所領導的西來庵大起義，並沒有成爲該作品的描寫對象。再如，作品中提到的，非武裝抗日時期的著名民族鬥士簡醫師（即蔣渭水），也沒有被作者選作主人公。然而正像許許多多歷史小說並沒有著力刻畫某段歷史的主要人物和主要事件，而不失爲優秀的作品一樣，《臺灣人三部曲》也並沒有因爲沒有描寫西來庵起義，沒有把蔣渭水作爲《滄溟行》的主人公，而被排斥在優秀作品之外。第三人稱全知觀點，選擇事件和人物不受限制，解剖人物也十分自由，可以從各個角度對任何人物進行刻畫，對其心靈進行開掘。而第一人稱半知觀點，在此可能要望洋興嘆。但是，第一人稱半知觀點，也有其不可取代的優越性。敍述親切，富於眞切感，攝取的生活畫面親臨其境等。尤其是自傳體小說，第一人稱最爲得心應手。所以鍾肇政在《濁流三部曲》中便使用了第一人稱半知觀點。這部小說雖然不失爲優秀之作，但卻因爲主人公個人生活和視野的局限，也給作品帶來了某些局限。

四、多角度的心理描寫。小說中對人物的心理描寫，可以有許多角度。選擇的角度愈新，創造的心理觸發因素愈眞切，心理描寫也就愈成功。心理描寫角度的選擇，決定著這種描寫的深度和質量；心理觸發因素的確定，決定著這種描寫是否眞切和鮮活。鍾肇政在人物心理描寫角度的選擇上和心理觸發因素的確立上，都有著獨到之處。試以《濁流三部曲》中陸志龍的心理活動作點剖析。其一、從道德裁判的角度來揭示人物的心理活動。例如，當陸志龍和銀妹發生了關係之後，非常擔心銀妹懷孕，並把自己供了出來。於是「呼吸急促，血從臉上倏然退下」，左思右想，無計可施之下：「我也想到，叫阿銀不要說是我吧。我可以告訴她，等我有了工作能自立後，一定娶她，請求她在那個日子來臨前爲我嚴守秘密。如果你愛我，就不應該讓這事來斷送了我的一生。噢！罪過！罪過！那分明是謊言，毫無實現的可能，我怎能說出口呢？這不正是小說裏的色狼常用的老套嗎？我沒法做出這種利己主義的勾當！」此時的陸志龍彷彿在道德的良心面前受審，是勇於承擔起責任，還是當一個責任的逃兵，他進退維谷，在風險面前掙扎著，選擇著。這裏既暴露了他性格上弱點，也表現了他最終道德裁判上的戰勝自我。其二，從自我懺悔的角度來揭示人物的心靈。陸志龍是一個非常善於自省的人物。自省，是認識自我的開始；自省，是前進的起點；自省，是實現自我價值判斷的唯一方式。在許多情況下，尤其是當陸志龍做了錯事以後，他便開始誠摯的懺悔。而這種懺悔無一不是通過心理描寫實現的。陸志龍曾經懺悔過他對愛情的不專一，曾經懺悔過他給銀妹造成的痛苦，曾經懺悔過自己政治上的混沌和軟弱等。例如，陸志龍在日本人的學校當小學助教時，曾對自己政治上看錯人的失誤作過這樣的懺悔：「我成了什麼人啦！我羡慕過他！我曾私自比擬於他，想像到如果由我來訓練青年，便要怎樣怎樣。我是個被蒙蔽的人——被自己的幼稚與顢頇蒙蔽的可憐蟲……」。再如，一次陸志龍被欲潮衝動，鬼使神差於半夜裏摸到女人房中，伸手去觸摸嬌妹的兩個乳房，在劇烈地思想鬥爭中將手縮回，並進行了自我懺悔：「啊，你幹了什麼事？你是個卑賤的人！你是個鄙汚的人！你是個穢濁的人！你還是個先生呢！」。

第六編　六十年代臺灣現代派小說的大繁榮

第一章　社會和文化背景

第一節　農業社會向資本主義社會的轉變

五十年代的臺灣，就其經濟型態來看，還是一個封閉型的農業社會下貧困的、保守的，落後的小農經濟。經過一九五三年的「土地改革」和從一九五三年開始推行的多期四年或六年「經建計劃」，提出「以農業培養工業，以工業發展農業」的經濟建設方針，使臺灣的農業有了較大的發展。糧食作物糙米的產量，由一九五三年的一百六十四萬噸增至一九六二年的兩百一十一萬噸，不僅初步解決了臺灣人的吃飯問題，而且促進了工貿業的發展。進入六十年代之後，臺灣採取了一系列有效措施，實行對外「開放經濟」。例如六十年代初期，臺灣先後頒布了《獎勵投資條例》和《加工出口條例》。改革外貿政策：實行滙率改革，稅收優惠，金融扶植等措施，使臺灣的外資和僑資投資比例迅猛增長。由於外資和僑資投資建廠和臺灣先後建成了規模巨大的高雄、臺中等地的「加工出口區」，使臺灣的廉價勞動力得以利用。以加工出口爲主軸的電子、合板、塑膠、紡織、裝配諸工業得到了大幅度的發展。上述措施，促使了臺灣經濟的「全面起飛」，「國民生產毛額」的比重，由一九五二年的百分之二十三點強，上升到一九六九年的百分之四十六點強。隨著工業的發展，農業和工業的產值也在發生劇烈的變化。一九六三年臺灣的工業淨值超過農業。一九六六年臺灣的出口貿易結構產生質變：出口的工業產品居首位，從此改變了臺灣歷來以農產品和農業加工產品爲主要出口貨物的局面。這是臺灣出口結構變化的轉折點。一九七一年臺灣又扭轉了十八年連續外貿入超的局面，成爲外貿收支變化的轉折點。臺灣的進出口貿易總額，由一九五二年的三億美元，上升到一九七四年的一百二十六億美元。從此，臺灣的對外貿易成了臺灣整個經濟的柱石、動力和生命線。

臺灣經濟「全面起飛」，經歷了一個由內向型經濟向外向型經濟的發展變化過程。在以內向型經濟爲主要經濟形式的十年，臺灣稱爲「進口代替時期」。這個時期臺灣工業發展主要是針對省內市場。根據勞力豐富資金匱乏的特點，以節約外滙支出與解決嚴重的失業爲目標，優先發展靠進口的民生必需品及技術簡單的工業消費品。例如食品、紡織、家用電器等。採取出口管制和關稅壁壘，防止盲目投資設廠。而進入六十年代初期之後，臺灣進行了經濟改革，斷然地取消了過去那種保守型的經驗觀念。實行對外經濟開放，由內向型經濟轉爲外向型經濟。臺灣稱外向型經濟時期爲「出口擴張時期」。此時省內市場已經飽和，臺灣工業大步跨進國際市場，進入國際大循環。在「出口擴張時期」，主要是輸入原料，利用臺灣的廉價勞動力與世界市場競爭，很快形成了以加工出口爲主軸以生產耐用消費品爲主要生產能力的外向型經濟體系。臺灣經濟上的六個轉折：即，由農產品爲主轉爲工業品爲主，工業產值超過農業總產值的大轉折；工業人口增長農業人口下降，工業人口超過農業人口，城市人口超過農村人口的轉折；由內向型向外向型的轉折；由農產品爲主要出口物向以工業品爲主要出口物的轉折；入超和出超關係的轉折；由貧窮型經濟向富裕型經濟的轉折。這標誌著臺灣已由保守、落後型的農業經濟向開放、富裕型的資本主義經濟過渡的完成；標誌著臺灣已由農業社會轉向了資本主義社會。

臺灣經濟的主要伙伴是美國，即由美國輸入原料和半成品進行加工後再向美國市場傾銷。其次是日本。因此臺灣的經濟開放，說穿了就是對美、日開放。臺灣實行的資本主義式的對外經濟開放，是無抗體開放式，即既開放經濟市場，也開放精神文化市場。隨著西方經濟大量地洪流般地進入臺灣，西方的精神文化、社會風俗，也一齊進入臺灣市場，因而臺灣社會文化便迅速西化。形成了經濟起飛，精神頹廢的局面。這種情況引起了臺灣思想文化界的有識之士們的隱憂，他們發起批判西化運動，構成了中、西文化在臺灣的衝突。在這種衝突中，西化受到了抑制，中國文化傳統受到了保護。臺灣從六十年代初期開始的新詩批判運動和六十年代的「鄉土文學論戰」，都是爲抵禦西方文化而興起的中國式的文化運動。由於臺灣文化界對西化的批判和廣大臺灣讀者對西方文化的抵制，使臺灣知識分子中興起了一個民族意識的大覺醒。這一覺醒是從七十年代初的「保釣運動」到八十年代初期的鄉土電影熱運動和越來越興旺的回歸潮流。臺灣社會由農業社會轉向資本主義社會經歷了一系列鬥爭，尤其是思想文化的鬥爭，經歷了由西方式的資本主義向東方式的資本主義轉換中的一系列思想文化型態的變化。目前臺灣大體上是經濟型態上以西方資本主義生產經營模式爲主，而思想型態卻是以中國傳統式的儒家思想爲主的中、西結合式的資本主義。

第二節　西方文化思潮洪水般冲進臺灣

上一節中我們主要分析了進入六十年代之後，臺灣社會經濟型態的變化，這一節中我們將分析西方存在主義哲學、佛洛伊德的心理學和泛性主義以及現代主義文藝思潮對臺灣的影響。五十年代，臺灣採取嚴厲的思想箝制政策。除了反共思想、反共文學思潮之外，不准第二家思想分店存在。許多知識青年，因思想受到禁錮而極度苦悶。他們對現實不滿而又無可奈何；他們厭惡反共八股而又無計可施，他們想衝決羅網而又深感乏力。在無可奈何中走向頹廢、絕望、墮落、傷感、消極、迷失……哀嘆：茫茫藍天何處可展翼；廣濶大地哪裡是歸宿？正在他們困頓迷惑之際，隨著金錢和商品的流入，西方的哲學思潮和文化思潮也湧進了臺灣。失落和苦悶的青年一代，一拍即合。他們首先接受的是西方的存在主義哲學。存在主義哲學產生於二十世紀二十年代初，成熟於三十年代初。它產生的時代背景，正是第一次世界大戰的炮聲殘酷地摧毀了人們的理想、信念和人與人之間的情感之時。在悲觀、絕望、痛苦的現實中，人們只能相信自我才是眞實，自己的存在才是確切的事實。因而人們自我追尋和探求，由客觀外在轉向主觀和內在。存在主義哲學正是在這樣的時代背景和思想情緒下產生的一種廢墟上的哲學。第二次世界大戰兩顆原子彈的爆炸給人們帶來更大恐懼和不安，在這種歷史背景下存在主義哲學更加廣爲傳播，形成了在西方擁有最大思想市場的一種主觀唯心主義哲學。它的主要代表人物有尼采、薩特、彭迪、卡繆、海爾格、雅斯培等。存在主義者認爲：人不是萬物的奴隸，而是自我的主人，因而他們把目光從客觀外界抽回，投入到主觀內在之中，在自我負責中顯示出自我；在對內在的追求中找到自我的價値。除了自我之外，一切都是虛幻。尼采說：「當一個人把他生活的重心不放在生活本身，而放在來世——放在虛無中——那麼，這個人就根本剝奪了生活的重心。」這是存在主義哲學以自我爲中心的最好說明。薩特在解釋他的「存在先於本質」時說：「人首先存在，碰到各種遭遇，在世界上起伏不定，——然後限定他自己。假使像存在主義者所見，一個人爲未限定者，那是因爲開始時他便一無所有。直到稍遲之後才會成爲某種東西，而那時他把自己造成什麼便是什麼。因此，無所謂人性，因爲沒有上帝創造這個槪念，赤裸裸地存在。他不是想像中的自己，而是他意欲什麼才是什麼，他存在之後，才想像他自己是什麼——這是在他躍進存在之後意欲的。人除了自我塑造之外，什麼也不是。」這種自我就是一切，自己就是主宰，自己想是什麼就是什麼，除了自我之外什麼都不是的主觀唯心主義哲學和把上帝視爲至高無上，上帝就是主宰，上帝就是一切的客觀唯心主義哲學既矛盾又統一。在以自我還是以上帝爲主宰方面，他們水火不容；在意識是第一，存在是第二方面他們又共一條戰線。存在主義這種頽廢、迷失、絕望、感傷和無可奈何的思想和感情內核，那種除了自我一切都不可信任，世界上只有我是眞實的那種純主觀信念，正好符合了臺灣六十年代苦悶、徬徨、無可奈何的一代知識青年的思想。這種哲學既可以抒發其內心的淤積，又可以幫助他們建立對自我的信心，還可以幫助他們抗拒那不滿和無奈的現實。因而這種哲學不僅被他們當作寶貝接受，而且迅速得以傳播。

存在主義哲學於五、六十年代進入臺灣，迅速被苦悶、徬徨的一代知識青年視爲瑰寶，不僅是由於他們經歷戰亂後流落在一個孤獨的海島上，而且由於思想文化禁錮弄得他們度日如年的處境和思想情結，成了存在主義最適合的土壤。另一個重要原因是因爲存在主義是西方現代主義文學的哲學思想基礎，是現代主義文藝思潮的源頭。不僅存在主義的信仰是現代主義文學極力表現的主題，而且西方現代派的文學大師們，自身就是存在主義哲學的大師和信徒。例如：薩特、卡繆等。以存在主義爲思想基礎的西方現代派的詩和小說，均成了臺灣知識界生吞活剝的文學佳餚，都被臺灣當時的文學青年視爲獨尊的祖師。例如：雖然那時已不是青年，但卻成了現代詩在臺灣第二次崛起的主要倡導者，並以倡導「新詩再革命」的領袖自詡的紀弦，於一九五六年在他們發起的臺灣「現代派」成立時宣告的《六大信條》的第一條便開宗明義的這樣寫道：「我們是有所揚棄並發揚光大的包含了自波特萊爾以降一切新興詩派之精神與要素的現代派之一群。」那時西方現代主義的詩潮幾乎獨佔臺灣詩壇，把臺灣詩壇冲刷、浸泡得鼓鼓脹脹。「現代」、「藍星」、「創世紀」三大現代派詩社的詩人們不約而同的聚集於現代派的門下。西方現代主義的理論和創作成了它們爭相宣傳模仿的對象；西方現代派的大詩人們，例如：里爾特、艾略特、龐德、波特萊爾、梵樂希、戴蘭、湯瑪斯、康明思等人的作品被他們奉爲圭臬。小說方面，宣傳存在主義思想的作品，例如：卡繆的《異鄉人》、卡夫卡的《變形人》、《審判》、《城堡》、薩特的《牆》、喬哀斯的《尤力息斯》等，被視爲時髦的必讀之作。彷彿誰沒有讀過這樣的作品，根本就是文學的白痴，不配談論文學。卡夫卡的《變形人》描寫了推銷員葛瑞阿，在變成大蟑螂之前，他有人的責任，人的感情，人的樂趣，自我尊重也被別人尊重。但當他變成了一個大蟑螂之後，就由人變成了獸，於是失去了自我，失去了尊嚴。自己不能愛，也不能被別人愛，連拉一下妹妹的裙角，聽一曲妹妹的小提琴，都成爲不可能。作者通過變形人葛瑞珂的形象描寫，告訴人們要保持自我，要維護自我的尊嚴和純淨，有自我便有一切，失去自我便失去一切。有了自我的存在，便有自我的尊嚴和價值，失去了自我，便沒有了自己的尊嚴和價值。再如卡繆的《異鄉人》通過主人公莫魯梭面對死亡的態度和決策，宣傳存在主義的生死觀念。莫魯梭被判死刑，將要被槍決，但他放棄上訴爭取生存的機會。他無所謂地看待死亡，他平靜地像面對日常生活一樣面對死亡。他臨刑前說：「人生是不值得活下去的，這是一種常識。如果一個人將眼光放遠一點看，活三十歲就死，或七十歲才死，實在沒有什麼分別，因爲在這兩種情形之下，別的男人和女人都要繼續活下去，世界也照樣發展下去。而我也一樣，無論現在死或者四十年後才死，死亡的這一關，仍然無法避免。總之是要死的」因而「生死都無不同，早死晚死都一樣。」存在主義這種不斷地尋求自我，堅決地維護自我，頑強地表現自我，無憂無慮地面對死亡的觀念，成了臺灣現代派描寫和追求的兩大最主要的題材和主題。

對臺灣現代派影響最烈的又一個因素，是沸洛伊德的潛意識和泛性心理學。沸洛伊德對人類的潛意識的發現，正好適應了現代主義文學回歸內心，追求自我和通過意識流開掘人們思想底層的自我品質的需要；而佛洛伊德關於泛性心理學又冲決了儒家思想爲中國人構築的幾千年的思想籠牢。因而使向來對性噤若寒蟬的中國人寫的小說中，也大量出現了性這個最普通，但又最神密；最神聖，但又最荒唐；最迷人，但又最可怕的怪物。雖然古代的中國文人也沒有把性當作禁區，但在儒家思想一統天下的世界裏，那種性描寫的東西，大都處於非法地位，在泛性心理學的影響下使孔夫子後代的筆下，竟然也有了母子之間、兄妹之間的亂倫之戀。佛洛伊德的戀母情結在臺灣現代派小說中屢屢出現。在佛洛伊德夢的解析的學說影響下，夢也籠罩在現代派作家的作品中，成了臺灣現代派小說一個沒有被遺忘的主題。解剖心靈，解析夢境，使人發現了潛意識深處的自我；泛性主義解開了人們思想的繩索。在特定的歷史條件和社會環境下，佛洛伊德學說和存在主義哲學一樣，成了臺灣徬徨、苦悶的一代青年衝決羅網，實現自我解放的一種武器。

一種哲學信仰和一種文學思潮的廣泛傳播，是一種巨大的社會和精神的力量。火借風勢，風助火威，終成難以抗拒之勢；臺灣文藝理論家何欣在《六十年代的文學理論簡介》一文中談到那時西方現代主義文藝思潮在臺灣傳播的情況時寫道：「那時存在主義像一陣狂風般，其力似乎不可抗的。存在主義哲學方面的著作有了譯本，獲得了廣大讀者的喜愛，薩特和卡繆的作品之分析介紹，出現在雜誌上和報紙副刊上，沒有讀過《嘔吐》、《異鄉人》，甚至卡夫卡的小說的文學愛好者，彷彿就像沒有讀過好書似的。爲什麼臺灣的讀者會那麼熱烈地接受存在主義哲學，多少有些令人不解，但這個哲學思想確曾迷醉了年輕一代。」那時臺灣宣傳和介紹西方現代派文學理論和作品最早的詩歌刊物有：紀弦的《現代詩》詩刊，賣力於前，洛夫、瘂弦、張默的《創世紀》努力於後。五十年代雷震主持的《自由中國》、李敖等主持的《文星》雜誌和夏濟安主持的《文學雜誌》對西方現代派的介紹，也起了重要作用。一九六〇初《現代文學》創刊後，第一期就是《卡夫卡特輯》。接著連續介紹了卡繆、亨利・詹姆斯、福克納、湯瑪斯・曼、貝克特等人。應該怎樣看待臺灣現代派的崛起和西方現代派思潮在臺灣的廣爲傳播，甚至佔據了臺灣文壇主角地位呢？我以爲這是一股歷史潮流，是不能也無法抗拒的，是不依任何個人的意志爲轉移的，是由臺灣那時的歷史趨勢和文學趨勢決定的。在封鎖大陸文學作品，阻斷中國傳統文學的傳播，文壇出現斷根一代的形勢下，不允許西方現代派文藝思潮的傳播，就等於爲反共八股文學幫大忙；就等於允許給臺灣青年永遠套上思想枷鎖。因而西方現代派文學思潮的傳播，無疑對於打破反共八股統治臺灣文壇的局面是一種有力的衝擊；無疑給臺灣青年以新的思想的曙光對臺灣新文學的發展是一種助力。至於主張「橫的移植」反對「縱的繼承」和其他西化弊端，另當別論。可以這樣說，六十年代臺灣現代派作家群落的形成，六十年代臺灣現代派小說的大繁榮，都和西方現代派文藝思想的輸入和傳播有著直接的連繫。

第二章　臺灣現代派小說作家群的崛起

第一節　六十年代臺灣現代派小說的出現

臺灣新詩方面的現代派運動的興起，幾乎比小說方面的現代派運動早了七、八年。自一九五三年紀弦的《現代詩》詩刊創刊，一九五〇年《藍星》、《創世紀》先後面世，一九五六年紀弦的「現代派」正式成立，臺灣新詩方面的現代派運動即進入高潮。而臺灣小說方面的現代派運動，雖然在白先勇爲首的「現代文學社」成立之前，就有李敖等的《文星》雜誌、雷震的《自由中國》雜誌、夏濟安的《文學雜誌》介紹，宣傳，提倡，也有聶華苓、於梨華等，開始了現代派小說創作。但臺灣小說方面現代派運動的眞正興起，還是在一九六〇年初「現代文學社」成立之時。

臺灣大學外文系教授夏濟安，於一九五六年九月，聯合了該系一批師生創辦了學院式文學刊物《文學雜誌》，該刊在創刊號的《致讀者》中寫道：「我們的希望是要繼承中國文學的偉大傳統，從而發揚光大之。我們雖然身處動亂年代，我們希望我們的文學並不動亂。我們不想逃避現實，我們的信念是：一個認眞的作者，一定是反映他們時代，表達他們時代精神的人。我們所提倡的是樸實、理智、冷靜的作風。我們希望，因文學雜誌的創刊，更能鼓舞起海內外自由中國人寫讀的興趣。」發刊詞的這段話至少表達了這樣幾點意思：其一是，主張繼承中國文學的偉大傳統，表現出對阻斷中國文學傳統的憤懣；其二是，時代動亂，文學不動亂。不主張以文學作政治工具，進行攻伐，製造動亂；其三是，作一個認眞的作者，能夠眞正地在作品中表現時代精神，反對胡編亂造；其四是，提倡樸實、理智、冷靜的文風，反對急功近利和在文學中出現的狂躁情緒；其五是，希望海內外的文人一起動手，實現文學的繁榮。這個雜誌到一九六〇年八月停刊。它的作者中，有相當一部分是現代派作家，例如：聶華苓、於梨華、白先勇、陳若曦、歐陽子、王文興等。這個刊物，爲臺灣文壇打開了一扇呼吸新鮮空氣的窗戶，接通了臺灣文壇和西方現代主義文學的關係。這個刊物，對當時的臺灣文壇有較大的影響，爲臺灣現代派的崛起培養了人材，進行了輿論準備，可看作是臺灣現代主義文藝思潮到來的前奏。一九五九年七月，夏濟安去了美國，該雜誌便進入了尾聲。

《文學雜誌》的一批學生作者，也是夏濟安教授的學生陳若曦、王愈靜等，於五十年代末，在臺灣大學外文系成立了一個交友性的組織「南北社」。一年後，該組織擴大改組，更名爲「現代文學社」，推選白先勇爲首任社長。參加者有：白先勇、陳若曦、歐陽子、李歐梵、王文興、王愈靜等，後來加入者有戴天、席慕萱等。「現代文學社」成立不久，便於一九六〇年三月創刊了《現代文學》雜誌，白先勇任主編。白先勇曾這樣描述《現代文學》雜誌的各路神仙：「歐陽子穩重細心，主持內政，總務出納、訂戶收發，她掌管；陳若曦闖勁大，辦外交，拉稿，籠絡作家；王文興主意多，是現文編輯智囊團的首腦人物。封面由張先緒設計，又找了兩位高年級的同學加盟：葉維廉和劉紹銘。發刊詞是由劉紹銘執筆，寫得倒也鏗鏘有力。」①《現代文學》雜誌的發刊詞中寫道：「我們打算有系統地翻譯介紹西方近代藝術學派與潮流、批評和思想，並盡可能選擇其代表作品，我們如此做並不表示我們對外國藝術的偏愛，僅爲依據『他山之石』之進步原則」，「我們感於舊有的藝術形式和風格不足於表現我們作爲現代人的藝術情感。所以，我們決定試驗，摸索的創造新的藝術形式和風格。我們可能失敗，但不要緊，因爲繼我們而來的文藝工作者可能會因我們失敗的教訓而成功。胡適先生當初倡導白話文和新詩，可是我們無理由要求胡先生所寫的一定是最好的白話文和最好的新詩。胡先生在中國文化史上燦爛的一筆是他『先驅者』的歷史價值。同樣，我們希望我們的試驗和努力得到歷史的承認。我們尊重傳統，但我們不必模仿傳統或激烈地廢除傳統，不過爲了需要，我們可以做一些『破壞的建設工作』」。從他們的宣言可以看出，這是一批生機勃勃，壯志凌雲，以創建和實驗現代派文學爲使命，高擎著現代派文學大旗，向臺灣文壇踏荒挺進的初生之犢。他們以胡適倡導白話文和新詩自比；他們以開拓者自許；他們以成功者自期；他們以破壞者和建設者自任，要作一番在他們看來前人還未問津的偉大事業。「現代文學社」的成立和《現代文學》雜誌的創刊，成爲臺灣小說方面現代派崛起的重要標誌；成爲臺灣文壇小說創作進入以現代派爲主流時期的一種顯示；成爲臺灣現代派小說大繁榮的一個開端。《現代文學》雜誌創刊後，很快顯示了這批青年男女大學生的才華和朝氣。他們一隻手創作，一隻手拉稿，還要抽出時間搞翻譯。這個文學社的成員，均以《現代文學》爲陣地，成了臺灣文壇的重要作家、理論家。也正像他們期許的那樣，他們有計劃有系統地引進了西方現代主義的理論和作品。第一期是卡夫卡專號，第二期是托瑪斯・曼專號，之後連續介紹了許多西方現代主義代表作家，如：喬埃斯、勞倫斯、吳爾芙、薩特、波特萊爾、福克納、亨利・詹姆斯等。他們自己的作品，也在《現代文學》雜誌上大量問世。白先勇的小說，除少數外，基本上都是在《現代文學》上推出的。

歐陽子主編的《現代文學小說選集》上、下册，從一個方面，展示了《現代文學》的成就和作用。由於經濟艱困和「現代文學社」的大將們紛紛西去，到美國定居，這個刊物步履艱難。曾於一九七三年九月停刊，到一九七七年七月復刊。進入八十年代中期之後，又日子難熬，乾脆宣佈停刊。臺灣文藝理論家何欣在評價《文學雜誌》和《現代文學》時說：「《文學雜誌》和四年後創刊的《現代文學》在介紹西方文藝理論、批評與重要作家方面的貢獻是無容置疑的。對於我國的作家有重大影響嗎？我想，答案是肯定的。西方文藝理論與技巧爲年輕一代的作家所吸收，所實踐。他們也影響了以前從未接觸過西方文學的作家，也影響了以後的雜誌，如《純文學》、《幼獅文藝》等刊物所發展的路向。然而也就在這個時期，西方的文學理論家和作家『不加選擇地』介紹來，又被讀者『不加選擇地』甚至是『曲解地』接受。在創作上，他們應該接受前一代的影響，但他們看不到前一代的作品，在習作模仿期他們從西方文學中發現了一個新的世界，接著有些讀文學的青年到美國去讀書，更深入地吸取了他們的意識形態，價值觀念和生活方式。」②何欣這段話對臺灣現代派文學的功過和《文學雜誌》、《現代文學》的功過，進行了概括的論述。這是比較公允之論。現代派的小說創作能夠在一個時期之內，佔據臺灣文壇的主流地位，能影響和吸引臺灣一代作家，的確《現代文學》雜誌和「現代文學社」的成員們是起了重要作用的。

第二節　現代派作家的創作主張和傾向(上)

臺灣的現代派小說作家群落，是一個比較複雜的，創作主張和創作傾向並不太一致的隔代群體。他們大體上可分爲三代人：第一代現代派作家起步於五十年代，第二代崛起於六十年代，第三代成名於七十年代。從創作傾向和創作主張上分，大體上可分爲兩類，一類是中西結合、創作思想偏向於現實主義，比較注意作品思想性的現代派，另一類是較爲西化的現代派。聶華苓、於梨華是臺灣文壇上較早，年紀也較長的現代派作家。他們比之後起的臺灣「現代文學社」的一代年輕現代派作家們年齡文齡均長十歲左右。

聶華苓，湖北省應山縣人，一九二六年出生。一九四〇年爲逃避日禍，隨母親和三個弟妹到了四川，後入中央大學外文系讀書，一九四九年去臺灣。五十年代擔任雷震主持的《自由中國》雜誌的編輯，後因受「雷震事件」牽連《自由中國》被查禁而失業。之後曾在臺灣大學中文系和臺灣東海大學中文系任教。一九六四年赴美，參加了保羅·安格爾主持的美國愛荷華大學「國際作家寫作室」工作，後來與保羅·安格爾結婚。她的主要作品有《失去的金鈴子》和《桑青與桃紅》等。長篇小說《失去的金鈴子》於六十年代初，創作於臺灣。小說以抗日戰爭時期的後方生活爲背景，描寫了中國的封建婚姻制度，給中國婦女帶來的嚴重不幸和重重苦難。作品中描寫了多出婚姻悲劇中的一群不幸女子。主人公苓子在重慶讀書，假期回到山村，暗暗地愛上了自己的舅舅，醫生尹之，而尹之卻與新寡巧巧熱戀，於是成爲三角戀愛之勢。苓子戀尹之是中國社會絕對不能容忍的亂倫之戀，其悲劇結果可想而知。作者之所以這樣安排，可能是企圖向封建婚姻制度進行挑戰。但新寡巧巧與無配偶尹之結合是天經地義的，卻活活被封建衞道者們拆散，致使巧巧被逐，尹之被害。這是對「從一而終」殘酷剝奪婦女婚姻自由的封建婚姻觀念的有力一擊。少女玉蘭，尚未結婚，男人已亡，也不得不終身守節，與人私通，又被問罪。這從另一個角度表現了封建制度的殘酷；丫丫被指腹為婚，男人卻是個氣喘病鬼，於是與人私奔，但卻沒有逃脫羅網；新姨被強制納妾，精神上受到極大屈辱。作者通過抗日戰爭期間，西南大後方的一個小山村——三星寨，看似平靜，實則混亂；表面純樸實則殘忍的生活現實，描繪了和敵戰區被日本鬼子所糟蹋的那幅悲慘畫面相對映的，另一幅用命運的鈍刀，殺人不見血，欲哭無淚的悲慘畫面。作者把這個小山村作為數千年中國封建勢力的一座閻羅殿，由於時局的動亂，從大城市中落難到此，闖進了這個閻羅殿的反叛者，苓子和尹之，他們與這個閻羅殿中不堪其苦的小鬼們——玉蘭、丫丫、巧巧等結成統一戰線，以三角戀愛，亂倫戀愛，私通，私奔等，這些封建衞道最忌諱，最恐懼的手段向他們進攻，於是打亂了這座閻羅殿的律條和秩序。雖然，他們悲劇的結果是注定的，但卻給封建的婚姻制度進行了憤怒的一擊；雖然並不能使這座閻羅殿墻倒屋塌，但卻使那些握著小鬼們生死簿的閻王們，受到了沉重的打擊。使他們感到他們面前站起了一批，從未有過的敵人。聶華苓在《苓子是我嗎》一文中寫道：「抗戰期中我到過三斗坪，那時候我才十三歲（小說中的苓子是十八歲），沒想到多少年後，那個地方與那兒的人物如此強烈地吸引著我，使我渴望再到那兒去重新生活。也許就是由於這分渴望，我才提起筆，寫下三斗坪的故事吧！」可以看出，作品中的三星寨，就是聶華苓去過的三斗坪，書中的苓子，就是作者聶華苓。對於小說的故事情節，我們沒有興趣去和聶華苓的生平進行對照，更無興趣去研究聶華苓少女時期是不是也像苓子那樣有過亂倫之戀，但是我們卻可以鐵一般地肯定，作品中表達的觀念和思想，眞眞確確是聶華苓的；其中的那些故事情節的設置，眞貞確確對封建的婚姻制度，進行了沉重的打擊。聶華苓從臺灣到美國後創作的另一部長篇小說《桑青與桃紅》，描寫了女主角桑青由一個天眞而單純的少女，因中國和世界的動亂，使她變成了瘋子易名爲桃紅的故事。桑青本是書香之家的小姐，由於日本帝國主義侵略中國，她背井離鄉到大西南逃難，瞿塘峽木船擱淺險灘不幸被困，她在這個難民的世界裏，前進不能，後退不可，於是在迷亂絕望中走向墮落和毀滅。在一群男女不斷演出的惡作劇中，她糊裏糊塗地與流亡大學生發生了性關係，失去了少女的忠貞。這是動亂的第一幕，也是桑青悲劇命運的開始。小說的第二章描寫一九四九年前夕北京城欲變未變之際，城內一片混亂。桑青住在北京一家姓沈的大雜院裏，這裡和瞿塘峽被擱淺的木船上一樣，也是一個被圍困，被擱淺，看不到曙光的絕望世界；也是一個由逃難者構成的天地。在這逃難的人群中，在這死亡的世界裏，桑青進一步走向滅亡和墮落。她明知沈家少爺沈家綱貫於喜歡攀花折柳，勾搭女人，但她卻不可抗拒地匆匆忙忙和他結了婚，於是進一步走向了悲劇的腹地。桑青受到命運的播遷，與丈夫沈家綱一起到臺灣不久，丈夫因挪用公款罪被通緝，她生命的航帆又被擱淺在臺北的小閣樓上，進退兩難，終日提心吊膽。在丈夫病重時，她和別的男人享受了性的快樂，但這卻不是一種解脫，而是在性的誘引下滑向悲劇深淵的又一步。不久，她去了美國，開始了性錯亂，性瘋狂時期。她一方面因居住權和美國移民局周旋，受到移民局的盤查和刁難，另一方面毫無節制地和周圍的男人江一波、小鄧等胡亂發生性關係，終於被美國瘋狂的社會弄成瘋狂，完全喪失了桑青的面貌和品質，變成了西方世界中的桃紅。描寫桑青死亡，桃紅降生時，作者運用意識流手法來表現意識交替時那種朦朧和恍忽的情態，筆墨十分精彩：「你死了！桑青！我活了。我一直活著的。只是現在我有了獨立的生活。你不認識我，我可認識你。我和你完全不同。我們只是借住在一個身子裏（多麼不幸的事！）我們常常是作對的。即令我們做同樣的事，我們的想法是不同的，譬如肚子裏的孩子，你要保留孩子，因爲你要贖罪；我要保留孩子，因爲我要保留一個新生命。你不和江一波見面，因爲你害怕移民局的人；我不理他，因爲我瞧不起他。你和小鄧在一起只覺得有罪，我和他在一起只覺得快活。我和你互相追迫，就和這世界上的兩大超級強國一樣。有時你佔優勢，有時我佔優勢。我佔優勢時就可以強迫你做不願做的事，譬如太空人登月球那晚，你對江一波的挑逗和折磨，在鬼鎮墓園裏你對小鄧的放蕩，事後你就覺得罪孽深重，——我就喜歡那樣子和你搗亂。因爲你限制了我的自由。現在，你死了，希望你不要復活了，我就完全自由了！」這實際上是道德的死亡，邪惡的降生，人格的死亡，獸性的降生；美的死亡，醜的降生；心靈的死亡，肉欲的降生。從這個轉折開始，實際上是作爲人的價値的桑青的徹底毀滅，是作爲沒有精神的肉體的桃紅的出現。如果把桑青的人生歷程看作是一個擱淺，接著一個擱淺；一個圍困，接著另一個圍困；一個悲劇，連著一個悲劇，一個不幸，連著另一個不幸，那麼，桑青的最後毀滅就是桑青命運的總悲劇。一般來說悲劇的最後演出也是一種反面的解脫，但桑青的悲劇總演出卻沒有得到最後的徹底解脫，因爲她和桃紅共裝在一個身體中，所以才不幸上更加不幸。《失去的金鈴子》和《桑青與桃紅》都是描寫國家悲劇下的婦女不幸命運，都帶有聶華苓的某些自傳色彩。但一個是依托歷史的橫斷面，一個是舖展歷史的縱向面；一個是暴露封建婚姻制度的殘酷，一個是表達時局的動亂給人們造成的不幸。兩部小說從創意義上來看，都是主題明確，意識強烈的主題型作品。這兩部作品又都是運用現代派的表達藝術來呈現的。尤其是《桑青與桃紅》，和中國傳統小說大相逕庭，即使和中國五四以後的現代小說相比，也大不相同。首先是作品中象徵手法的反覆運用。例如：以擱淺的小木船，動亂中的大雜院、避禍中的小閣樓，象徵著一個絕望、困頓和混亂的時代；以桑青象徵著東方的美麗和純潔，以桃紅象徵西方的荒淫和頹廢；以沈老太之死象徵一個王朝的覆滅，以塵埃覆蓋搖搖欲墜的小閣樓象徵被困在茫茫大海中風雨飄搖的現實等。《桑青與桃紅》以一種嶄新而別緻的結構吸引著研究者的興趣。一個身軀兩個靈魂，以日記形式追述歷史，以信的形式表達現在；桑青從日記中站起，桃紅從信紙上冒出。不同時代不同品質，不同性格，卻共著同一軀殼的人，在時空交錯中卻能同時出現，同步發展。這種時間上的互相穿插，不但沒有造成混亂，而且給人一種錯落有致，井井有條之感。作品中意識流的運用也相當得心應手，尤其是作家將主人公的精神錯亂和意識流表達手法揉合在一起，以精神錯亂作爲意識流的內容，以意識流手法作爲精神錯亂的表現形式，相得益彰，各得其所。

以聶華苓的兩部長篇小說爲例，在於闡明臺灣現代派小說的一部分作家，其中包括聶華苓、於梨華、白先勇、陳若曦等，在創作意識上和現實主義作家接近，他們崇尚寫實。不僅在作品中突出的強調和表現主題思想，而且追求環境的自然眞實，表現典型環境中的典型性格，追求人物性格的突出和鮮活。他們善於從歷史和時代興盛和衰敗的大背景下，展開自己作品的故事情節和人物形象的塑造；善於讓時代的洪流去冲刷人物的靈魂，在痛苦的掙扎中，在與時代牆壁猛烈的撞擊中，濺出他們心底的眞正哭聲和笑聲，血淚和話語。這些作家毫不隱晦自己文學應描寫時代，反映現實的文學觀念。白先勇在《社會意識與小說藝術——五四以來中國小說的幾個問題》一文中這樣說：「五四以來以社會寫實主義爲主流的中國現代小說：凡是成功的作品，都是社會意識，與藝術表現之間，得到一種協調平衡後的產品。換言之，也就是說小說內容主題與小說技巧形式合而爲一的作品。」陳若曦在臺灣土生土長，因而她在臺灣現代派小說作家中的地位更加特殊。就整個創作傾向看，她更接近臺灣的鄉土派作家，情感上，她和臺灣的鄉土作家，如陳映眞、王拓等相當親密，當他們的處境困難時，陳若曦爲他們奔走呼救；當他們獲得成就時，陳若曦爲他們笑逐顏開。陳若曦對臺灣的鄉土人物充滿摯愛，她曾經宣布：「我的寫作的目的便是刻畫他們的生活……」這批以反映時代和生活爲己任，但卻以西方現代派的藝術技巧爲表現手段的臺灣現代派作家們，還是祖國文學傳統的忠實繼承者，這在白先勇的創作中表現得尤爲突出。白先勇從小就廣泛涉獵中國古典的和現代的文學作品，例如：《薛仁貴征東》、《樊梨花征西》、《蜀山劍俠傳》、《三國演義》、《水滸傳》、《西遊記》、《紅樓夢》等。現代小說：張恨水的《啼笑姻緣》，巴金的《家》、《春》、《秋》三部曲等，成了他愛不釋手的伴侶。白先勇在《驀然回首》一文中這樣追憶：「一到了寒暑假我便去街口的租書舖，抱回來一堆一堆牛皮紙包裝的小說發憤忘食，埋頭苦讀。還珠樓主五十多本《蜀山劍俠傳》，從頭到尾，我看過數遍。這眞是一本了不起的巨著，其設想之奇，氣魄大，文字之美，功力之高，冠絕武林，沒有一本小說曾經使我那樣著迷過。當然，我也看張恨水的《啼笑姻緣》、《斯人記》，徐訏的《風蕭蕭》，不忍釋手，巴金的《家》、《春》、《秋》也很起勁，《三國》、《水滸》、《西遊記》，似懂非懂看了過去，小學五年級便開始看《紅樓夢》，以至於今，床頭擺的仍是這部小說。」無可否認，白先勇成爲臺灣現代派作家中塑造女人形象，刻畫女人性格的高手，《紅樓夢》的金陵十二釵，對他不無啓迪和借鑑。這一批臺灣現代派作家，是把現實主義和現代派，東方藝術和西方表現手法，相結合進行創作的。由於他們個人的創作經驗，思想觀念和藝術天賦之差異，這種結合在他們每個人的作品中表現出的程度、效果和方式也不一樣。

第三節　現代派作家的創作主張和傾向(下)

臺灣現代派小說作家群落是一個很不穩定，不斷發生分化的群體。六十年代崛起的一批年輕的現代派作家，在他們登上文壇不久，便很快分道揚鑣。除了白先勇、歐陽子、陳若曦等去了美國之外，開始走進現代派行列，後來把現代派看作異端，以覺醒者的姿態反叛了現代派，而成了鄉土派作家群的中堅人物的有陳映眞、黃春明、王禎和等。這批年輕的現代派作家發生分化之後，臺灣現代派雖然組織上並不構成一個嚴密的整體，也沒有支系和門戶聳立，但創作實踐中卻涇渭分明地顯出了兩種風格和傾向。上一節中我們論述了現代派中的寫實派作家。這一節我們將對臺灣現代派中的非寫實派作家，即西化傾向比較重的現代派作家的創作主張和傾向進行闡述。一般認爲屬於這一類型的臺灣現代派作家有：王文興、歐陽子、七等生、馬森和早期的施叔青等。這一類現代派小說家和我們在上一節中敍述的寫實派現代派小說家，是否有這樣的區別：1.爲藝術而藝術的創作傾向。王文興曾經直言不諱地說：文學的目的是什麼？文學的目的是不是服務社會？一般來說，都公認爲文學的目的是擴充人生經驗，能夠使讀者更加深刻的感受人生。我有一個個人很粗淺的解釋，我認爲文學的目的就是使人快樂，僅此而已。你不要小看這個快樂，可能這個快樂就已經包括了他服務社會的目的在內，使人快樂並不是一件容易的事。」③王文興在另一篇文章中又說：「簡單地說藝術就爲了要使人快樂。創作時自己快樂，別人看作品時別人快樂。」臺灣的李慶榮曾在《是法西斯，不是西化》一文中對王文興的文學快樂觀進行了批判。他說：「王文興說的快樂，是哪一種牌子的快樂？黃色小說能夠引起讀者性欲的衝動，是這種牌子的快樂嗎？武俠小說、殺紅蕃的電影、古羅馬將人餵獅子的快樂都能滿足別人虐待狂和被虐待狂，是這種牌子的快樂嗎？災難片也可以滿足別人幸災樂禍的心理，是這種牌子的快樂嗎？事實上，那些都是浮淺的、虛僞的、和不健康的快樂。所以，從性質上來分，快樂有浮淺的和不浮淺、虛僞的和不虛僞的、健康的和不健康的，等等分別。如果王文興不分青紅皀白，把健康的和不健康的，都認爲快樂，這不是在變相地替不健康的文學作品建立理論基礎嗎？」④李慶榮接著還從另一個角度對王文興的文學快樂觀進行了批判，就是文學爲什麼人的問題。王文興的所謂快樂，是爲多數人的快樂還是爲少數人的快樂。他認爲，王文興的文學快樂觀是爲社會上的少數人服務的。「從量來說，快樂還有多數人的快樂和少數人的快樂的分別。少數人往往把快樂建築在多數人的痛苦上面。所以，少數人有少數人的生活，多數人有多數人的生活。生活不同快樂也不同，做停車場，是少數有汽車人的快樂，多數沒有自備汽車的人是沒有分的。而且汽車多了過馬路反而不方便，這就反而不快樂了。實行節制資本，對少數有錢人來說，是不快樂，但多數人卻快樂得很。」⑤李慶榮和王文興的辯論是在七十年代中期的鄉土文學論戰中進行的，雙方的言論都不免帶有論戰的氣氛和色彩。但是我們認爲王文興一再強調文學的目的就是爲了快樂，僅此而已。起碼表現了王文興的爲藝術而藝術的文學觀。他只承認文學的藝術感染功能和娛樂功能，而不承認文學的認識功能和教育功能。他說的文學服務社會，也只限定在娛樂這一極其狹窄的地域，這樣就把文學廣濶的社會功能抹殺了，或者是局限了。王文興的這種觀念和上一節中我們敍述的那些現代派作家在自己的作品中努力去探索人生，或以人生的代言人爲價値判斷去評價別人的作品是完全不同的。例如，白先勇在評價於梨華的代表作《又見棕櫚，又見棕櫚》時這樣寫道：「直到《又見棕櫚，又見棕櫚》出版，於氏才眞正成了『沒有根的一代』的代言人，這說法正是在該小說中新創的，一語道破了年輕一代的處境。在全面描繪中國知識分子旅美生涯方面，沒有臺灣作家比得上於梨華，她的作品，從此被稱爲放逐者之歌。」⑥這個例證，同時從兩個側面說明了白先勇的文學主張和於梨華的創作傾向。2.西化和反傳統。西化和反傳統是一個問題的兩個側面。主張西化的人必然反傳統，反傳統的人必然主張西化。我們這裡講的反傳統，不是一般地批判的吸收傳統，而是對西方的全盤移植和對中國的一股腦的否定。臺灣有個相當活躍，被人稱作『文化玩童』，著述相當豐富，才華出衆的學者，名叫李敖。五十年代便開始在他主持的《文星》雜誌上鼓吹全盤西化，激烈抨擊臺灣時政，主張全面否定中國文化傳統。他的主張和紀弦在詩歌方面提出的主張「橫的移植」反對「縱的繼承」遙相呼應，對臺灣的西化之風起了推波助瀾的作用。六十年代崛起的現代派作家中主張全盤西化者，承襲了他們的理論，並將這種理論化入了自己的創作。這方面比較突出的是現代派女作家歐陽子。她的所有作品，幾乎都是按照西方的理論主張和創作模式寫成的。歐陽子在她的小說集《那長頭髮的女孩》自序中說：「亞里斯多得分析希臘古劇，談到『三條協律』，我對此非常感興趣。我發現自己許多篇小說，恰好都符合了這三條協律。像《網》、《半個微笑》、《那長頭髮的女孩》、《花瓶》、《浪子》、《最後一節課》等篇，除了回憶的部分及背景的描述外，故事都發生在一日之內，發生在同一地點，而且情節是單一的。我不敢說我的作品因此就有古典的色彩，但我總是朝這個方向努力，盡量給我的小說以一種協調的形式。」⑦歐陽子的自白和她的小說，準確無誤地把她劃入了西化派小說家。西方文藝思潮橫掃臺灣文壇，引起了臺灣有識之士們的憂慮，他們自發地起來對西化進行批判，但主張全盤西化的王文興卻站出來阻撓。他把反對西化的人們稱爲「民族本位」。他說：「那麼，民族本位的他們的第二點理論是，在文化上的仇視西方。他們認爲接受西方的文化就是媚外，就是崇洋，就是賣國，這樣的態度結果害到的是自己，因爲最後變成了不是反對西方，而是在反對文化。今天社會上任何一種西化的現象，我敢說，都是在獲取西方的好處，而不是在學習西方的害處。」⑧而文學理論家胡秋原著文對王文興的「反對西化就是反對文化」的論調進行了反駁。胡秋原說：「王文興所說的『反對西化就是反對文化』的觀點，完全是洋奴夢話。因爲西化根本不能叫文化。裝洋相，裝洋人的樣子怎麼叫文化呢？西化既不是文化，怎麼反對西化就是反對文化呢？王文興他自己根本不了解何謂西化，何謂西方文化。西方文化就是西方人的成就，他有他的弱點，但他有他的長處。然不是西方人，裝西洋人的樣子，自己忘了自己，你自己不能創造你的文化，以旁人的文化爲文化，自外於自己的民族，還覺得高人一等，這是墮落。」⑨雖然我們無意介入臺灣文壇的論戰，但秉公而論胡秋原對王文興的批評是擊中要害的，也是極有見地的，無疑會喚起所有具有民族自尊的炎黃子孫們情感上的共鳴。通過這一爭論的簡要介紹，可以看出王文興是現代派作家中理論上和創作上，都極力主張全盤西化的人。3.寫性，寫死亡，寫夢魘，寫苦悶，寫頹廢。施叔青的早期作品，是這種主張和傾向的典型。白先勇在評論施叔青的小說時說：「在施叔青的小說中，死亡——性——瘋癲，這三種混合起來的力量，如地震，如颱風，以壓倒性的威力降臨到人間，不允許任何人反抗，把人摧殘得肢離體碎，心智喪失。」⑩性、死亡、瘋癲、頹廢、變態等是臺灣現代派作家從西方現代派大師們那裡模仿、抄襲來的東西。前面我們講到的卡夫卡《變形人》中的主角葛瑞珂，卡繆《異鄉人》中的莫魯梭，薩特《墻》中的囚徒等，便是臺灣現代派作家筆下人物的前輩和宗師。我們從施叔青的壁虎夫人、蜈蚣婦人的身上，可以明顯的看到葛瑞珂由人變成大蟑螂的遺傳。臺灣文藝理論家周伯乃在《西方文藝思潮對我國六十年代文學的影響》一文中說：「六十年代的作家，有絕大部分接受了西方文藝思潮的洗禮，而承認了現代人在現代社會結構中的孤絕感。所謂失落，所謂迷失，所謂憤怒，所謂焦慮，這些承襲歐戰以來的一切流風，都紛沓而至地盤踞在現代詩人、小說家的心靈裏。」臺灣現代派小說家筆下的性、死亡、瘋癲、變態的描寫，一方面繼承了西方現代派的遺風，另一方面也是他們自己在臺灣社會西化中產生的，那種迷失、混亂、絕望、沒落情感的表現。那時，寫這些東西似乎成了一種時髦，而寫人生，寫現實，反而要承受某些壓力。人們的精神在扭曲的現實中被扭曲，幾乎到了崩潰的邊緣。一些初登文壇的青年作家，都一窩蜂似的向那迷頓、黑暗和頹廢的精神深淵中投去，猶如飛蛾撲火，面對死亡還以為是撲向光明。有位臺灣文學評論家在描述那時的情況時寫道：「現代的年輕作家似乎不願意在他們的作品裏表示他們的價值判斷，他們要求的是客觀，想要棄除的是我，不喜愛的是主題，崇尚的是描繪現象。當今文壇似乎有一股暗流，彷彿一寫親情，一寫溫暖，一寫人性光輝，就是落伍的，八股的，迂腐的，文以載道的，反之，一寫苦悶，一寫黑暗，一寫衝突矛盾，就是有深度的，有價值的……」

附註：

① 《現代文學的回顧與前瞻》（白先勇）。
② 《中國小說的主潮，中國現代小說的傳統》（何欣）。
③ 《鄉土文學討論集》第五二〇頁。
④ 《鄉土文學討論集》第六九五頁至六九六頁。
⑤ 《鄉土文學討論集》第六九六頁。
⑥ 《流浪的中國人——臺灣小說的被放逐主題》。
⑦ 《那長頭髮的女孩》第二頁。
⑧ 《鄉土文學討論集》第五四〇頁。
⑨ 《鄉土文學討論集》第七五五頁。
⑩ 《中國現代作家論》第五三九頁。

第三章　六十年代臺灣現代派小說的成就和不足

第一節　現代派小說的思想成就

人們一提起六十年代的臺灣現代派小說，便以內容貧乏，思想蒼白，精神頹廢給以概括。我以爲如此概括並非不對，但是這樣概括是不全面的，至少是把複雜的事物簡單化了。任何一個文學流派如果根本沒有思想，沒有精神它是很難在文壇上出現和站住脚跟的，按照文學發展的一般規律，不少文學流派在它打天下的時候，都是生機勃勃的，以其朝氣與活力吸引著它的信徒和廣大讀者。只是後來在發展中產生了變異，或走向了邪途，才被人們所唾棄。誠然，臺灣現代派的詩人和小說家，都不是以改革家的姿態，走上臺灣文壇的；恰恰相反，他們是以一種逃避現實，躲避災難的心情而找到了現代派這種隱晦、內向的文學形式的。如果在通常的歷史條件和社會背景下，現代派在臺灣不但不可能佔據文壇主流地位，統治文壇達二十餘年之久，而且很難被人們重視，從而一呼百應，掀起潮流，行成氣候。現代派之所以能在臺灣引起一代人的興趣，像風暴一樣襲捲臺灣文壇，正是由於有臺灣特殊的政治、文藝背景。現代派在那樣的政治文藝背景下崛起的事實本身，就具有很強的反叛性，就有一種蔑視現實的反潮流精神。臺灣文評家漁父在《意識形態的追隨者——唐文標》一文中說：「無可否認，現代詩最初的出現，是具有反叛意義的。在現實上，現代詩所要反叛的是那種令人窒息的官式文藝八股，它代表著文學工作者的抗議精神。現代詩的流傳始終沒有受到政府的扶植……」①現代派在詩和小說中使用的隱晦、象徵、暗示諸晦澀的表現方法和文字，目的之一，就是作爲一種保護自我的反抗方式。從臺灣現代派的詩和小說創作的實際看，那些內容蒼白，思想貧乏，精神空虛的作品是有的，而且還相當嚴重，但那樣的作品在臺灣現代派的詩和小說中，都只是少數。號稱臺灣現代派詩人領袖的紀弦的詩，大多數都是明朗而不晦澀的。他的代表作，長篇抒情詩《四十的狂徒》，思想性和戰鬥性幾達無以復加之境。而作爲臺灣現代派小說旗手的白先勇，他作品的主題突出而又鮮明，毫無蒼白和貧乏之感。因之用蒼白、貧乏和虛無一言以蔽之，來評價現代派的所有作品，或大部作品，實有寃枉之感，以偏概全之憾。作爲文學評論家，不應在文學中製造「寃案」，應該像法官判案那樣，逐個案子，逐個情節進行剖析，作出實事求是的結論。那麼，臺灣六十年代的現代派小說在思想上獲取了哪些方面的成就呢。

1. 總結和概括了一個政黨由盛至衰的歷史命運。這一主題在白先勇的短篇小說集《臺北人》中得到了充分地展示。白先勇的同班同學歐陽子，爲白先勇的《臺北人》寫了一本專論：《王謝堂前的燕子》。作者以唐朝詩人劉禹錫的七言絕句《烏衣巷》，來概括白先勇《臺北人》的主題思想，是很有眼力的。劉禹錫的《烏衣巷》是以六朝時的盛況已滅，時過境遷，人事已非，來感嘆當今唐王朝的衰敗。歐陽子以《王謝堂前的燕子》爲書名，其寓意十分清楚。歐陽子說：「我們讀《臺北人》，不論一篇一篇抽出來看，或將十四篇視爲一體來欣賞，我們必都感到『今』與『昔』之強烈對比。白先勇在書前引錄的劉禹錫《烏衣巷》（朱雀橋邊野草花，烏衣巷口夕陽斜，舊時王謝堂前燕，飛入尋常百姓家）就點出了《臺北人》這一主題，傳達出作者不勝今昔之愴然感。事實上，我們幾乎可以說：《臺北人》一書只有兩個主角，一個是『過去』，一個是『現在』。籠統而言，《臺北人》中之『過去』，代表青春、純潔、敏銳、秩序、傳統、精神、愛情、靈魂、成功、榮耀、希望、美、理想與生命。而『現在』，代表年衰、腐朽、痲木、混亂、西化、物質、色欲、肉體、失敗、委瑣、絕望、醜、現實與死亡。」②歐陽子這一概括相當精練、準確和清晰。一個是過去，一個是現在；過去是生，現代是死。夏志清在《白先勇論》一文中，對《臺北人》也作了這樣的評價：「《臺北人》甚至可以說是部民國史。」不管歐陽子和夏志清對白先勇的具體作品，作怎樣剖析，但《臺北人》總結了一個政黨由盛到衰的歷史，是沒有疑義的。

2.探索了中國知識分子中「無根一代」的命運和遭遇。這一主題在於梨華的《又見棕櫚，又見棕櫚》、《傅家的兒女們》、聶華苓的《桑青與桃紅》、曹又方的《美國的月亮》、陳若曦的《紙婚》等作品中，都有較突出的表現。其中集中展示這一主題的是於梨華的《又見棕櫚，又見棕櫚》。由於這部作品的出版，使於梨華贏得了「無根一代的代言人」的稱號。《又見棕櫚，又見棕櫚》，描寫了臺灣留美學生牟天磊在美國的生活和愛情遭遇。多年以來，臺灣的知識青年中曾長期，普遍地流傳這樣一個口號：「來！來！來！來臺大；去！去！去！去美國。」這個口號像航海者眼中明滅的鬼火，像漂泊者意識中嚮往的可以寄宿的小島；像飛蛾競相撲去的火焰。他們對它充滿幻想，抱著極大的希望，以全部精力爲動力和燃料向它奔波而去，但到頭來卻是不幸和毀滅。牟天磊早年出生在祖國大陸，從小隨家人去臺灣，後來又被留洋的美夢誘引到了美國，獲得了夢寐以求的博士學位，但是他卻沒有得到幸福。一股孤獨、苦悶、徬徨、游離的情緒時時跟隨著它，籠罩著他。不但進入不了美國人的世界，而且連旅美的華人世界對他也是排拒的。他在酒店當服務生，卻因端錯了菜被老板狠狠訓斥一頓。他在美國格格不入，但回到臺灣後家裏也把他當客人。在美國紮不下根，在臺灣也落不了地。因去美留學丟了未婚妻，回到臺灣又找了個女朋友結婚的條件卻是把她帶到美國去，使他大失所望。他理解不了別人，別人也理解不了他，不管走到哪裡永遠走不出自己那孤獨、絕望的精神的小島，「我是一個島，島上都是沙，每顆沙都是寂寞。」臺灣現代派作家，對這種放逐主題的描寫，並不全是消極、悲觀、絕望情緒的反映，它具有強烈而豐富的社會內涵。它是悲愴的時代感的一種折射，它是一種憂患意識的體現。白先勇在《流浪的中國人——臺灣小說的放逐主題》一文中寫道：「戰國時代中國首位偉大詩人屈原政治理想不得申而放逐，以《離騷》寄意，抒發內心的悲愴，今日臺灣的作家也爲國難沉痛，滿腔悲情，他們的作品可能也不自覺回應了這憂時傷國的偉大傳統。」③

3.讚美中國人的高貴品質。忠厚、善良、正直、賢惠是中國人最優秀的本質；寧可別人負我，而我決不負人是大多數中國人待人處事的哲學；即使別人坑害我，我也決不去坑害別人，是許多中國人的人生信條。陳若曦的長篇小說《紙婚》的女主角，上海姑娘平平，就是這樣一個中國人。她冒著很大風險自費去美國留學，到餐館去打工受到美國老板的調戲和迫害，在面臨危難之時遇到了美國青年項，他主動要求和平平假結婚，幫助平平渡過了難關，躲過了移民局的驅趕。但當綠卡快要到手之機，項卻患了比地震還要可怕的愛滋病。項患了愛滋病後，他的朋友都遠離了他，平平面臨著嚴峻的考驗，表姊打電話駡她死腦筋，告訴她：「明知要沉的船，你還留戀什麼！」並隱含著威脅的口氣說：「這是我最後一次勸你啦，以後我們不會再提你搬出的事。」而她自己對這種病也極端恐懼，「我怎麼不怕？每天睡前和醒後，想的都是他的病。看書時精神渙散，彷彿字裏行間都跳躍著愛滋病的縮寫字母。它像張爪鼓翅的禿鷹，早在我心空投下了不祥的陰影。這陰影又擴大成網，把我整個籠罩在黑暗中。」但是，在這樣的關鍵時刻，的確也是考驗一個人品質的最佳火候。此時如果平平離項而去，一不算忘本，二不會受到譴責。可是平平追求的不僅僅是水平面上的道德標準，不僅僅是不被別人譴責就夠了，而是不給自己的良心留下缺憾。她想：「在我惶惶然如喪家之犬的時刻，他伸出了援手。如今他身罹重病，見棄於父親，不敢稟告母親，鄰居疏遠，朋友漸稀。我若棄之不顧，今生今世將永遠不能原諒自己。」，「中國人知書尚義，我不能比他做得少。」項病危時，平平守在他身邊，她想：「萬箭穿心大概是專爲我而鑄造的。我心上的每一小塊土地都滴著血，呼應著他每一滴淚，然而我不能洩露自己的悲傷，還得打起精神哄他勸他，好像對方是個嬌縱不懂事的娃娃。」平平和項假結婚前只見過一面，兩人並沒有什麼感情，他們不是情感而結合，而是各自相幫而走到一起。平平之所以冒著被傳染上絕症而守候在項的身邊，並千方百計給對方以安慰和鼓勵，自然不是一種愛情的力量，而是一種高度的，達到忘我程度的人道主義精神的威力；而是一種自我犧牲的道德力量。

4. 歌頌自我解放意識。自我解放意識是當今人類社會最寶貴，也是最初級的覺醒意識。如果沒有這種意識，人們就失去了起碼的前進向上的勇氣和動力。歌頌自我解放意識在歐陽子的作品中有較明顯的體現。歐陽子作品中的不少主人公，都是生活在別人和自己爲自己早已構築好的精神的囚籠裏。例如短篇小說《素珍表姐》中的女主角理惠，就一直生活在表姐素珍的影子裏。在人們的印象裏表姐總是比她強，有了表姐存在，就永遠沒有她的獨立。於是她採取種種辦法和手段，要從表姐的影子裏解脫出來，爭得自己人格和形象的獨立。一方面她刻苦學習，學習成績由班上的第二十幾名，一下躍居第二名，蓋住了表姐素珍。另一方面，爲了表示比表姐強，她去搶表姐的朋友去挖表姐的墻角。把表姐的未婚夫搶到手。理惠的這種積極擺脫別人影子，爭取自我解放和獨立的意識是積極的，是應該受到肯定和讚揚的。但是，她在爭取自我解放過程中採用的某些手段，是不可取的。例如爲了表示自己比表姐素珍強，她去爭奪表姐的未婚夫呂士平。但當她把呂士平奪到手時，從呂士平的口裏得知，呂士平是被素珍遺棄的，她爭取到手的東西，原來是揀的別人的「破爛」而不是「戰利品」，頓時便對呂士平失去了興趣。這種對待婚姻和愛情的態度和手段，是不値得肯定與稱道的。

臺灣現代派小說在思想成就上，還有一些可以敍述，例如，對臺灣社會陰暗面的揭示，對資本主義社會制度下惡者的譴責，弱者的同情等。總的來看，臺灣現代派小說所取得的思想成就是不高的，和鄉土派小說的思想成就相比，不可同日而語。和自身的藝術成就相比，出現了嚴重的重藝術，輕思想的傾斜。因而，雖然我不同意對臺灣現代派小說的思想成就一筆抹殺，但也不同意對其思想成就作過高的評價。

第二節　現代派小說的藝術成就

假如我們把臺灣現代派小說的思想和藝術成就的總分算作十分，那麼，其思想成就可能只占三分到四分，而藝術成就大約要占六分到七分。他們在思想和藝術上存在著明顯的不平衡。臺灣現代派小說本身的缺陷，又在有些人的眼睛裏被放大，於是有的評者和讀者，便忽略了現代派小說思想方面本來就不高的成就。而使對其占總分百分之三十到四十的思想成就，恐怕還有不少人存有疑議。可是談起現代派小說的藝術成就來，肯定者恐怕是異口同聲的。那麼臺灣現代派小說在藝術上有哪些主要成就呢？

1.對人們內宇宙的開拓方式的創造。中國傳統的現實主義小說，把自己的開拓區域規劃在，對客觀的外在環境，和主人公在客觀社會支配下的外部行動，主要是形體動作的描繪上。追求主人公生存鬥爭所依托的自然和社會環境的自然、生動、細膩和眞切；追求故事情節的連續性、合理性、眞實性，以及和故事情節相適應的人物形象的逼眞和細膩，人物性格的突出和鮮明，即典型環境中的典型性格。現實主義對人們的內宇宙也有挖掘，也有不少心理活動的精彩片斷，但從總的創作方法觀察，卻沒有把開掘人類的內宇宙作爲自己藝術塑造的中心。尤其是在中國的古典小說中，也包括古典名著《三國》、《水滸》、《紅樓》等作品，對人物的穿戴、衣著、面目、步態、說話的聲音、生活習慣、嗜好、武器、戰馬、用具……等等，一一進行反復交待，細緻入微的描繪，但對人物的心理活動卻很少涉獵，即使涉獵也一筆帶過。在極力強調塑造高大全的無產階級英雄，反對寫「中間」人物的漫長日子裏，尤其是「樣板」年代，處處是「特區」，處處是禁地，作家的手脚被捆綁，人物的心靈被封閉，愛情被視爲色情，思索被視爲藏私，於是文學這個人類的心靈之學卻被割斷了與心靈的連繫。把文學變成了一種純粹的形式學，現象學，外部學。人們諷刺說那是「爹想祖母，兒想娘」的時代。李玉和、楊子榮無妻，江水英、方海珍無夫，個個都成了和尙、尼姑，個個都成了沒有血肉，沒有靈魂，沒有七情六欲的所謂英雄。這種現實主義文學，實際上並不現實，而是脫離了現實生活吊在半空中的文學。那種所謂現實主義文學還比不上臺灣六十年代現代派小說的眞實性。臺灣六十年代的現代派小說雖然將人們廣濶的社會活動轉向了人物的內心世界，雖然將人物有規則的性格活動化作了不規則的意識流動，但在塑造人，挖掘人，表現人方面確更加眞實了。人作爲一種有靈魂，有思想，有智能的高級動物，其主要活動方式有三，一是心靈，二是語言，三是形體。而這三種方式中，心靈，即思維活動是內在，語言是媒體，形體是外象。要想把人寫活，寫深，寫眞，而不揭示人物的心靈，即思維活動，是很難的。僅僅揭示人物的一般的、淺層的心靈活動還不夠，於是又有了佛洛伊德的精神分析學的潛意識，甚至還有人的無意識和集體意識。佛洛伊德對人類潛意識的發現，爲文學深入的開拓人類的內宇宙鋪設了更深遠的道路，因而佛洛伊德學說成爲現代派文學的圭臬。臺灣六十年代的現代派小說，十分注意揭示人物的內宇宙和外宇宙之間的無法調和的矛盾衝突，從人物的內心世界和外部世界的衝突中，揭示現代人和臺灣社會格格不入的矛盾。例如七等生的《放生鼠》中描寫的主人公羅武格，就是內在性格和外在世界格格不入，不斷發生著矛盾和衝突的人物。作品的開頭，有個小序，寫主角將自制的捕鼠器交給奚落他的女人們，唯一的代價是捉到老鼠後交給他。然後，他再將那灰色的大老鼠放掉。最終羅武格發現，那隻灰色的大老鼠還是被人毒死而浮屍河中。那隻灰色的大老鼠，實則就是主人公羅武格。他一直生活在現實的囚籠裏，自身的生活和事業，均不被當今社會所接納，愛情也處處受挫。他想擺脫這個世界，作了許多努力，但是走出了家庭的小牢籠，還有周圍環境的中牢籠，除了周圍的中牢籠，還有整個社會的大牢籠。想反叛，想擺脫，但孤身奮鬥終無可能。羅武格的形象爲人們提供了對人生和現實的對照思索。六十年代的臺灣現代派小說除了揭示人物的內在世界和客觀外在世界的矛盾衝突之外，還從人們內心世界自身的矛盾中去開闢第二個心靈鬥爭的戰場。前一個戰場，即內在和外在的衝突，雖然是現代派小說表現人物內宇宙的主要方法之一，但這種手法有時也被現實主義作家們所運用。描寫人物自我的心靈衝突，讓人物在自我設置的心靈的繭中進行抽絲，卻難以剝繭的方法，彷彿更多地被現代派作家所占有。歐陽子小說中的許多人物，都是在自我設置的心繭中向外撕咬，企圖咬個洞走向新天地，但是一個個卻都成了半途而廢的，失敗的心靈鬥士。《半個微笑》中的汪琪、《美容》中的美容，都是這一類人物。

2.象徵手法。象徵手法，既非現代派小說家獨創，也非現代派小說家獨有。不僅古已有之，而且爲各種流派作家，各種體裁的文學作品所使用。尤其是在現代派的詩中，幾乎達到沒有象徵就沒有詩的地步。雖然如此，但在敍述現代派的藝術手法時，這種被現代派作爲最主要的表現手段之一，且有藝術上的創新，不能不加理睬。象徵手法是一種內涵非常豐富，方法非常靈活的表現方式。它既是表現方法上的一種捷徑，也是深化主題的一種有效手段。一般來說，象徵手法有整體象徵和部分象徵之分。整體象徵是作爲作品整體構架，成爲作品主體形象，對作品起著關鍵作用，和整部作品不可分割，和作品的內容及主題思想緊密連繫在一起的一種表現方法。例如上面我們講到的七等生的《放生鼠》、施叔青的《壁虎》，叢甦的《盲獵》，歐陽子的《花瓶》等等，皆是。我們還是以七等生的《放生鼠》爲例。「放生鼠」不僅象徵著作品中主人公羅武格，而且象徵著這部中篇小說的主題——放生。整個作品的構架就是由「放生鼠」這個含意深刻而豐富的寓言故事爲基點和終點而構思。假如我們把《放生鼠》這個標題和作品前面的寓言故事去掉，而赤裸裸的用《羅武格的人生歷程》，作品的隱含力馬上烟消雲散。人們很難再去理解作品中人與環境搏鬥中的放生之意。作品的思想意義將會頓落千丈。從這部作品對整體象徵的運用上，我們可以看出整體象徵對一部作品血肉相連的重要性和昇華作品主題巨大的，化學反映式的作用。叢甦的小說《盲獵》描寫主人公在黑夜裏，拿著獵槍，看不見道路，看不見目標，失去了獵友，迷失了方向，陷入絕境，「只當我感覺到嘶嘶的痛楚的時候，我才知道自己是存在的。」假如把這個寓言式小說的題目換掉，或者僅僅去掉一個「盲」字，它的深邃的象徵意義便不存在了。那黑夜和現實之間的線就被扯斷了，人們很可能就無從理解這篇作品的思想意義。象徵手法中的部分象徵，是無關乎作品大局的，只起局部象徵作用的表現方法。這種手法在現代派的小說中是常有的。例如施叔青《凌遲的仰衷》中的那個象徵著性欲的雄性貓；白先勇的早期作品《青春》中象徵著青春死亡的，老畫家手中抓住曬得枯白的死螃蟹等。由於現代派小說家立志探索人的深層的內心世界，追求用隱含的手法來表達作品的主題和人物的情感，講求造成作品含蓄的間隔效應，因而象徵手法對他們來說是最適宜的。臺灣現代派小說家在運用象徵手法中，有這樣一些特點。其一，把象徵手法和作品的立意、構思相結合，從而把象徵和本體揉在一起，把方法和內容揉在一起，把人物和主題揉在一起，開拓了象徵的境界，擴大了象徵藝術的疆域。其二，以象徵來烘托作品的氣氛，既造成人物的生存和活動環境，又表達出某種思想內涵。例如，叢甦的《盲獵》中盲和夜的交互象徵造成的空茫、黑暗、絕望氣氛，就把作品的思想、人物、環境融入了一起。其三，根據不同事物的性質，採用貼切的象徵物。施叔青《凌遲的仰衷》中的雄性貓和《壁虎》中的壁虎同樣是象徵性，但一個象徵男人的性是處於進攻姿態，一個象徵女人的性處於被動地位。因而採用進攻性很強的雄貓和不具有進攻能力的壁虎分別作爲象徵物。

3. 意識流手法的運用。意識流是現代派小說家開拓人們內宇宙的最主要、最直接的方法和途徑。意識流手法是以現代心理學爲基礎的。是心理的文學化，或者是文學的心理化。意識流的文藝心理化不是一般意義上的文藝心理學理論，而是文學化了的心理活動流程。是文學作品中人物心緒流動的反映和記錄。最早使用這一名詞的美國心理學家和哲學家威廉·詹姆斯，也是把心理活動的形式加以形象化，用水的流動來形象地比喻思想、情緒和意識的活動方式，於是便有了「思想流」，「意識流」和「主觀生活流」等說法。但是心理學家所說的意識流和小說家在作品中所表現的意識流，雖然卻是心理活動的方式，但它們都是不同的東西。心理學家和精神分析學家是從生理和病理的角度來考察意識流，作家則是從文學的角度來描繪意識流。作家筆下的意識流不僅具有具體而豐富的情感色彩，思想內容，而且是作爲塑造人物性格，爲實現創作意圖服務的，是具有個性色彩和時代特徵的意識流。意識流雖然是一種心理活動，但它與一般的心理活動有所不同。中國的古典小說中，現代小說中也有精彩的心理活動的描寫，但那種心理活動的描寫絕不會脫離作品的故事情節、人物所處的客觀環境的，也極少連續不斷地，天上地下沒有規則的流動。在表現方法上則多半採取心理外化形式，把形體動作和內心活動結合起來。而在現代派作家的小說中，心理活動既可是心理外化的和形體內化的，即將心理活動轉化爲外部形體動作，也可以把外部的形體動作內化爲心理活動。歐陽子的短篇小說《牆》中的女主角若蘭和施叔青的短篇小說《常滿姨的一日》中的常滿姨等人物的心理揭示，都具有這樣明顯的性質。這種心理活動方式在表面看來有點和傳統文學的心理描寫方式相似，但卻也有著明顯的不同。這些作品中人物的心理活動是連續的，或者是前後數個片斷串在一起的，是運用自由聯想的方式將筆探入到人物潛意識的領域。這在傳統的心理描寫中是極少見的。另一種形式的意識流是白先勇《遊園驚夢》等作品中的意識流。《遊園驚夢》中的錢夫人面對自己地位的沒落內在裏如翻江倒海。於是，她的意識像脫韁的野馬，離開作品的情節，離開當前的時空，一會兒過去，一會兒現在；一忽兒東，一忽兒西，意識流構成了她性格的主要成因和方式。臺灣文評家丁樹南在論及意識流小說時說：「一般來說，意識小說與傳統小說的主要不同，可以從兩個方面來看：㈠作者除刻劃人物的意識活動外，並描繪人物的潛意識生活；㈡呈現潛意識生活部分以自由聯想的方式去加以表達。」④也就是說意識流小說和傳統小說的的心理描寫，最主要的區別是表不表達潛意識和用不用自由聯想式。談到了意識流小說中潛意識的含意時，他說：「意識流小說刻劃人物所根據的心理學基本原理是，從嬰兒時期起，我們爲了適應文明社會的要求，某些原始的衝動與欲望遭受壓抑，它們並不消滅，只是隱伏入潛意識，但我們心腦的意識層卻隨此隱伏而留下恐懼及其聯想，它常支配我們的人格或持續一生，或僅在危機當口（在小說寫作上，前一種情形，潛意識具有性格的意味，後一種情形則具有情勢的趣味）。此等隱伏與潛意識中的衝動或欲望只在我們意識的，經過文明洗禮的心腦不加戒備時出現——睡夢中，精神錯亂時、酒醉時；偶或在白日夢當中也會出現。那些不爲我們自己所覺察的欲望以及不爲我們自己所完全認知的記憶加上我們的意識對外界種種刺激的反映，便成爲一般書諸寫實手法的意識流小說的素材。」⑤丁樹南的這段論述，來自佛洛伊德的精神分析學。臺灣的現代派作家們在意識流的運用實踐上，已顯示出不少成績，但臺灣的文藝理論家們還沒有對他們的創作實踐進行認眞總結，言必談西方，連作品舉例都是西方的，雖然也能談出一些道理，但卻不無遺憾。意識流小說的語言也和傳統小說的語言有著很大區別。意識流小說爲了適應思想情緒在如夢似幻的境界中，如行雲似流水，如輕烟似飄霧般的漂浮，流轉，徐緩，悠然的狀貌和漂忽無定，即生即滅，如閃電似火花的特點，它需要一種較爲特殊的，專門爲表現情緒而設置的「自動語言」。臺灣文評家周伯乃在論到意識小說的語言時說：「意識流小說有一個最大特色，就是小說語言已不再是傳統小說的語言，而是接近於現代詩的小說語言。特別重視意象的重疊，是超出日常慣用的語法而創造出一種足以捕捉那些瞬現即滅的人類意識活動的語言。這種語言，亦就是超現實主義者所謂的『自動語言』，是最能展示現代人內在精神世界的語言。」⑥周伯乃認爲：「意識流小說，不是呈現出具象的世界，而是呈現出一個抽象的世界。我們欣賞一部意識流小說，不要企圖認識小說的衣飾，而要透過衣飾窺探出隱藏在衣飾裏的眞實。現代小說的精神不在外貌的顯現，而在其質的內涵力的呈現，如同現代詩一樣，其本身就具有向外擴展的張力。」這一觀點值得商榷。我以爲意識流小說並未改變小說這種文學樣式形象地（即具象）反映世界的功能。只是在形象的捕捉和塑造的方式上採取一種流動式，多鏡式，像電影疊印鏡頭，攝入了更多的東西，比現實主義小說捕捉形象的方法更靈活，更快速罷了。小說的張力大小決定形象的典型性，而不是從抽象還是具象的區別而來。

4. 時空交錯。世界上除了時間和空間外，沒有別的東西，萬物皆囊括在這兩個可以無限延長和無限擴大的怪物中。臺灣文評家魏子雲在《論小說的時空處理》一文中，對時間和空間有這樣的解說：「宇宙是一個『一』，自亦無所謂『時間』，也無所謂『空間』。那麼，時間與空間這兩個名詞，自也全是爲了我們人類而產生而存在。我們人類爲了便於記錄我們生命的歷程，遂把我們的生活歷驗以及我們所能臆知的歷史，都捻成了一根長線，截成長段短段，用分秒時日與年月等名詞來計算，稱之爲時間；又爲了便於紀錄我們人類生活的歷程，遂把不同的人種與不同的歷史，所經歷的地區，以及雖未經歷且已見及或意想及的地域，鋪成球面，用經緯線以及分寸釐度等名詞來計算，稱之爲空間。」⑦作家寫小說，就是用自己的智力和技巧處理這經度和緯度中的事情，處理這縱橫交錯的時間和空間中人的故事。因而，小說，可以說是時空藝術。在對時空藝術的處理中，能力大小、素質高下、修養深淺的不同作家，寫出的作品時空感大不相同。高明的作家可以在有限的時空中，寫出超時空的作品。創造出自己作品的獨特的宇宙，作品的形象和意義可以在任何時空中作無限的延伸和擴大。而蹩脚的作家，只能就事寫事，就人寫人，在作品中昇華不出超時空的宇宙感。超時空的作品可以代代流傳，永讀不厭；缺乏宇宙感的作品，很快就被人們淡忘。小說的時空處理，是隨著歷史的發展，科學的進步，人類內宇宙開拓的不斷深入而發生著變化的。是由單純和單一型，向多維型，多樣化的方向發展的。中國的傳統小說，在時空的處理上，均以時間爲基點。寫人，則由生到死；寫事，則由發生到結束；寫場景，則由發現到離開等等。一切均是順著時間的延長而延長，順著時間的發展而發展。例如《紅樓夢》的故事，從一塊石頭開始把《石頭記》引出來，到一僧一道携去了那塊石頭而結束。中間雖然有榮寧二府由盛而衰，衆多人物由生而亡，但都通通納入那日、月、年的順時序發展中。再如《

西遊記》雖然是一部天上、地面、海中，人間、神靈和魔鬼，可以騰雲駕霧，一筋斗翻個十萬八千里，無所不包，無所不能的神話小說，但它的基石仍然是死死地放在時間上。唐僧取經從長安爲起點，路上收了孫悟空、豬八戒、沙和尙，經歷九九八十一難，最後取到眞經，又回到長安而結束。時空處理到了現代的小說中，就大不一樣。手法豐富多彩，尤其是現代派小說，改變了以時間爲基礎的寫作方法，而主要以空間爲基點的方法。於是就有了：倒敍、插敍、中敍、時空交錯等豐富多彩的時空藝術。例如聶華苓的《桑青與桃紅》，採用的是時空交錯法，以日記的方式追述過去，以信的形式表達現在，交互發展，齊頭並進，把相隔數十年的事情濃縮到一個時空裏進行表現。而水晶的《愛的凌遲》故事則是從中間落筆，作品開篇就寫道：「她給一場夢魘驚醒的時候……」第一段寫了她目前的境況，接著第二段才開始了過去的故事：「她想起那場夢魘來。恍惚和死去的宗侃在一起。在新公園裏，一叢杜鵑樹下……」寫了一段過去三角戀愛的事，到了作品中間不時又敍述眼前：「她再度醒過來的時候，太陽已經下去了，風也靜止下來，金小姐拉下嫩綠色塑膠橫條窗簾，掩去了窗外的景色……」東方白的小說《□□》的故事，也是從中間開始向兩頭敍述。「那麼，你是說要我當你的情人？」於是便開始了向這個奇妙的故事的兩頭進行伸延。「兩年前我也有過一個情人，他很像你。」姑娘開始講這個故事的前半段，即前一個情人使她的肚子大了，遺棄了她。「給我做一個保證……」，「什麼樣的保證？」開始了作假情人，幫她到醫院裏打掉孩子的談判，眼前的故事又開始了。有的作品採用倒述的形式，可稱之爲倒時空。即先把故事的結果交待出來，或先交待眼前的處境，然後將時空倒推過去。例如叢甦的《盲獵——聽來的故事》，作品是這樣開頭的。「……它在那兒棲了很久了，也唱了很久了，其實，眞的沒有人確知道它究竟在那兒多久了……它混身披著黑得淨亮的羽毛……即黑色的鳥兒，在那黑色的森林裏……很久以前，我們聽到這樣一個故事，但是我們已經不能確切記得究竟在哪裡聽到……」於是作品的故事便由此倒述過去了。再如王文興的長篇小說《家變》採用的也是倒時空。臺灣六十年代崛起的現代派小說家們，把西方現代派文學中的時空藝術引進自己的作品，並進行了創新，從而發展和豐富了我國小說的時空藝術，把我國小說的時空藝術推進了一個新的階段。他們的這些成就，應給予充分肯定。時空藝術可以改變作品的俗套和呆板，使故事情節機動靈活富於變化，創造起伏跌宕的波瀾，達到刺激讀者感觀引人入勝的效果。過去我國的傳統小說和現代小說，對時空藝術重視不夠，因而作品結構上很少變化，給人一種刻板之感。要想改變我國小說結構上的弱點，必須講求時空藝術的創新。

5. 創造複合意象。複合意象，即是一種由此及彼，連類想像，使人們看到甲便想起乙，看見乙便能照見甲的隱含藝術，主要是用「陳倉暗渡」法來表現的。在現代派的小說中，主要利用超現實的藝術方法來實現。超現實的方法，在現代派的詩和小說中，形式豐富多彩。比如：夢境、寓言、象徵、鬼魅、神經錯亂、醉酒等等。總之通過處於非正常的精神狀態下，或現實中形式上無，實質上有的扭曲性的描寫；通過折射之光，利用讀者的想像和聯想能力，再回復到正常精神狀態下人之行爲中，再回復到現實中有的事物身上，形成一種非正常狀態和正常狀態，現實和非現實意象的重疊和複合，達到表現作者情感和思想的目的。即通過形式上的荒謬和實質上的不荒謬，來實現作家的創作意圖。這在西方現代派大師們，例如：卡繆、卡夫卡等人的作品中司空見慣。例如卡繆的小說《鼠疫》中，作者描寫了一場可怕的鼠疫，小說的主角劉醫生與同伴塔魯，奮不顧身與瘟疫搏鬥，去撲滅那場瘟疫。實際上作者是以鼠疫來象徵戰爭和暴力，作者描寫撲滅鼠疫就是象徵撲滅戰爭和暴力，反對製造死亡。卡繆在《薛西弗斯的神話》中，寫神懲罰的人薛西弗斯，永不停頓地推一塊巨石，從斜坡推上去，不管用多大勁，推多麼高，最終那塊巨石還是要滾下來，滾下後再推，再推再滾下，再滾下再推。看似災難，看似荒謬，但這災難和荒謬中卻包含著深刻的哲理，表現了人定勝天，不怕困難，不怕災難的無比堅強的毅力和勇氣。六十年代的臺灣現代派小說中的超現實手法雖然從西方現代派那裡學來，但卻適應了臺灣的需要，化作了臺灣文學的血肉。而且超現實手法在臺灣現代派作家們的筆下，變得更加多姿多彩了。我們上面引用過的叢甦的《盲獵》是用的寓言形式，以寓言中的黑暗，絕望來象徵現實中人生的茫然和無著。施叔青《倒放的天梯》以神精的錯亂，來象徵現實的昏暗。七等生則虛實相間，利用主人公思緒的忽斷忽續，忽東忽西，以「即興式的寫作，把現實的善惡的區別觀念完全拋棄，讓良知和自由的靈魂展現出來。」不管是寓言，還是夢魘；不管是象徵，還是神經錯亂，我們讀過作品後細細思索，都絕不是單純的，單一的形象，而必定有作品裏和作品外，過去和現在，夢中和夢外……的複合意象和複合形象出現。這種複合意象和複合形象是作者和讀者共同創造的，是創作和閱讀兩種過程，兩個母體的共同產兒。沒有作者的作品，這種複合意象和複合形象無由產生，但沒有讀者的思索和聯想，這種複合意象和複合形象也得不到複合和呼喚。「複合」二字便包括了兩個創作過程。白先勇在論述施叔青的小說時寫道：「施叔青的小說世界，是透過她自己特有的折射鏡所投射出來的一個扭曲、怪異、夢魘似的世界。光天化日之下社會中的人倫、道德、理性，在她的世界中是不存在的。那是一個不正常、狹窄的，患了分裂症的世界，但是它的不正常性，正如同鹿港海邊在不正常的天氣時，那些颱風，海嘯一般，有其可怕的眞實性。」施叔青作品中的不正常世界和臺灣鹿港海邊不正常天氣下的颱風、海嘯兩個形象的複合，是施叔青和白先勇共同創造的。一個是創作過程的產物，一個是評論過程的感受。文學作品中複合意象和複合形象的創造，擴大了文學作品的容納度，也增加了作品的含蓄性。

臺灣現代派小說，在內容和藝術上，都存在著一些不足，尤其是內容方面的缺陷更爲突出。比如，作家缺乏宏濶的歷史和現實視野，因而造成題材上的狹窄；作家缺乏直面現實的勇氣，因而不少作品顯露出逃避現實的迹象；有些作家不僅在藝術手法上，而且在作品取材上，都模仿西方，因而使自己的作品缺乏獨特性和獨創性；有些作品中關於亂倫的描寫，有違中國民族的道德習尙和閱讀心理；有些作品過於撲朔迷離，給閱讀者造成了不少困惑等。對於現代派小說存在的這些缺陷，應該怎麼看待呢？我認爲任何一個文學流派在其發展過程中，缺陷和不足總是難免的。而讀者和評論家對任何一個流派，一個作家，一部作品的缺陷進行批評，也是完全正常的，不必大驚小怪。但是我們在批評一個流派，一個作家，一部作品時，切忌抓其一點不及其餘，給予全盤否定；也切忌以偏蓋全，一概肯定。我們也不主張在文學流派之間以甲之長攻乙之短，或以乙之短比甲之長。正像臺灣文評家漁父所說：「我們固不必以寫實主義的文學主張作爲判斷的標準，來否定現代主義的價値；也無需以現代主義所標榜的創作技巧來譏評現實主義的落伍。在這個問題上，其實是無法以彼非此或以此非彼的。」⑧在不少事物中，他們自身的存在條件是相互制約互爲因果的。正因爲有此長處，所以才有彼缺陷；也正因爲有彼缺陷，才有此長處。例如，正因爲臺灣的現代派有逃避現實之傾向，才使他刻苦創造逃避現實之表現藝術，因而才創造了豐富多彩的表現手法。我們在文學研究中，要充分注意藝術的辯證法。

附註：

①臺灣《中國時報》一九八六、一、三一日第八版。
②《王謝堂前的燕子》第九頁。
③《臺灣文學研究資料》第二二二頁。
④《文藝選粹》第二頁。
⑤《西方文藝思潮對我國六十年代文學的影響》（臺灣《文訊月刊》第十三期）。
⑥《文藝選粹》第二頁。
⑦《中國現代文學評論集》第九頁。
⑧《意識型態的追隨者——試論唐文標》（臺灣《中國時報》一九八六、一、三〇）

第四章　六十年代臺灣現代派小說的旗手白先勇

第一節　他的創作從中國文學傳統中起步

白先勇是一個譽滿東西方的名字。不僅由於他顯赫的家世，國民黨的名將白崇禧之子，而且更因爲他是才華橫溢的小說家；不僅由於他臺、美兩棲，而且因爲他是臺灣《現代文學》的靈魂；不僅由於他是美國加州大學，聖塔巴巴拉分校的中文教授，而且因爲他是臺灣現代派小說的旗手。

白先勇，廣西桂林人，一九三七年七月出生。抗日戰爭爆發後，他們全家遷到四川重慶。還在幼年之時，不幸染上了肺癆，被關在宅舍裏達四年之久。這場肺病，幾乎使一個天眞活潑，性格外向的孩子改變了性格。他說：「據母親告訴我，小時候我是個好熱鬧又調皮的孩子，個性是外向的。在我七、八歲的時候得了肺病，在床上躺了四、五年，養病使我與外界隔絕。當我病好再去上學時我的適應能力很差，因此也變得敏感內向。後來一直到大學，我才漸漸又恢復了被埋沒已久的開朗外向的性格。」白先勇是個聰明超群的孩子，從讀小學起，他的成績一直是全班第一。他的唯一興趣和愛好，彷彿就是爲了考第一。一九四五年，他們全家由四川搬到了南京。一九四八年又遷到了香港，一九五二年，去臺灣。白先勇的童年和少年是在顚沛中度過的，因而他的小學和中學生活跨越大陸、香港和臺灣三個地區。一九五六年高中畢業後，他被一種浪漫的理想所驅使，希望將來能在長江三峽建造水電工程，便進入了臺灣成功大學的水利系。讀了一年之後，白先勇發現自己選錯了人生道路，他的興趣不在水利而在文學，又回過頭來重考臺灣大學外文系。雖然學業上躭擱了，但卻使中國誕生了一個卓越的現代派小說家。白先勇這一改行，是非常明智之舉。假如他對不感興趣的水利專業硬著頭皮讀下去，說不定旣埋沒了一個有才華的作家，也沒有希望成爲一個水利學家。一九六三年，白先勇大學畢業後赴美留學，一九六五年獲文學碩士學位，後在美國加里福尼亞大學和加州大學聖塔巴巴拉分校任教至今。

白先勇從小就對文學有著濃厚興趣。七、八歲患的那場肺癆，雖然使他成了一個小囚犯，隔絕了與外界的來往，只能從窗戶裏看看外面的天空，窺探一下窗外的人影，但卻使他因禍得福，遇上了他文學道路的第一位老師，白公館的伙頭軍老央頭。老失頭爲人忠厚樸實，善講故事，他常用中國古典文學中的傳奇故事來慰籍白先勇那顆幼小而孤寂的靈魂。他講的《薛仁貴征東》曾經久久使白先勇著迷。薛仁貴的形象是奠在白先勇文學大廈最底層的一塊基石。白先勇在《驀然回首》中講到引導他進入文學之門的第二位老師是他的中學老師李雅韻。這位北京人的語文女教師，不僅給白先勇講授語言知識，而且幫助白先勇投稿。當她將白先勇的第一篇作品推薦到臺灣《野風》雜誌發表後，白先勇非常高興。李雅韵還鼓勵白先勇繼續努力，將來一定能夠成爲小說家。白先勇文學道路上的第三位啓蒙老師是臺灣大學外文系教授夏濟安。那時夏濟安不僅教白先勇的寫作課，而且主編《文學雜誌》。由於他的嘗試，白先勇的第一篇小說《金大奶奶》才得以在《文學雜誌》上正式發表。一個成名作家發表一篇作品算不得什麼，但是處女作獲得發表不管對任何人來說，都是他創作道路上最喜悅、最激動、最難忘的時刻。處女作的發表，對任何一個作家來說都可能對他的生活道路產生重大影響，甚至決定一個創作生命的誕生。正是這個原因，白先勇對他這篇並不算十分重要的作品的發表，才給予出乎尋常的重視。他回憶第一篇小說發表時的情景說：「我記得他那天只穿了一件汗衫，一面在翻我的稿子，烟斗吸得呼呼響，那一刻，我的心在跳，好像在等待法官判刑似的。如果夏先生當時宣判我的文章『死刑』，恐怕我的寫作生涯要有許多許多波折，因爲那時我對夏先生十分敬仰，而且自己又毫無信心，他的話，對於一個初學寫作的人，一褒一貶，天壤之別。夏先生卻擡起頭對我笑道：『你的文字很老辣，這篇小說我們要用，登到《文學雜誌》上去。』那便是《金大奶奶》，我第一篇正式發表的小說。」由於白先勇長期閱讀夏濟安主編的《文學雜誌》，使他對西方文學有了較多的接觸和了解，爲他後來創辦《現代文學》作了知識上，思想上的準備。臺灣許多批評家都把白先勇和《現代文學》等同。他們說，白先勇就是《現代文學》，《現代文學》就是白先勇。白先勇和《現代文學》眞如土和苗，苗和土，山和樹，樹和山之關係。白先勇被人們稱之爲「白公子」，他的身分，他的地位，他的門第，他的財力和他的才智，都非平常人可比，因而臺灣「現代文學社」於一九六〇年一成立，就很自然地選他當了社長，《現代文學》雜誌一創刊，他也當仁不讓地坐上了首把交椅。文學社的社長好當，但文學雜誌的主編卻不好當。因爲文學雜誌賠錢很多，當頭頭需得自掏腰包。臺大外文系三年級那幫學生，除了白公子有雄厚的家庭實力作經濟後盾之外，其他任何人都不敢問津。於是白先勇因經濟、威望、才智諸因素，便當然的成了《現代文學》的主腦和靈魂。《現代文學》於一九六〇年創刊。當時的成員有白先勇、陳若曦、歐陽子、劉紹銘、李歐梵、戴天、葉維廉、王文興等。平均每個季發出一期，十三年共出刊了五十一期，創刊號只銷六、七百本，最多時突破一千本。白先勇把自己的智力和和財力全都化成了血液無私地輸給了它，連自己家裏給的津貼費，到美國教書的全部收入，都化在了《現代文學》身上。一次他將爲《現代文學》積蓄的資金分別交給兩家企業，想以獲利息養《現代文學》，不料其中一個工廠倒閉，歐陽子爲討債幾乎跑斷了腿，而血本無收。白先勇爲推銷《現代文學》，抱著刊物跑書攤，還偷偷觀察書攤上刊物的銷售情況。爲了印《現代文學》他「晚上索性留在印刷廠內死纏爛打。」辦到第十三個年頭，即一九七三年，因白先勇再無力支撐經濟消耗，《現代文學》終於停刊。事隔三年半，即一九七七年，《現代文學》又在臺灣遠景出版社的支持下復刊，到一九八六年，又因經濟艱困而停刊。白先勇不僅是《現代文學》的經濟後盾，也是《現代文學》的智力後盾。據統計，白先勇共寫了三十四個短篇小說和一部長篇小說《孽子》，除了六個短篇，即《貴婦人之死》、《金大奶奶》、《我們看菊花去》、《悶雷》、《秋思》和《夜曲》沒有在《現代文學》上發表外，其他二十八個短篇和長篇，包括全本《臺北人》，均是在《現代文學》上刊出的。因而又有人稱：「《現代文學》是白先勇的第二生命」。白先勇雖然是個名作家，但他卻不是一個多產作家，而是一個多書作家。他雖然只寫了三十四個短篇小說，而且大都文字不長，但卻出版了十二本小說及散文集它們是：《謫仙記》（文星書店，一九六七年六月）、《謫仙記》（大林書店，一九七〇年三月）、《遊園驚夢》（仙人掌出版社，一九六八年十月）、《遊園驚夢》（晨鐘出版社，一九七〇年九月）、《臺北人》（晨鐘出版社，一九七一年四月）、《臺北人》（爾雅出版社，一九八三年五月）、《寂寞的十七歲》（遠景出版社，一九七七年十二月）、《驀然回首》（爾雅出版社，一九七八年九月）、

《遊園驚夢》（劇本、遠景出版社，一九八二年八月）、《明星咖啡館》（皇冠出版社，一九八四年三月）、《骨灰》（華漢文化事業公司，一九八七年十一月）。長篇小說《孽子》，一九八三年三月由遠景出版社出版。白先勇的所有作品（除《孽子》）外均多次重複出版，說明白先勇小說魅力的持久性。這種情況在海峽兩岸的當代中國作家中，是僅見的。白先勇的短篇小說，僅在臺灣地區，先後就被選入二十多種小說選。例如：《名家創作集》、《現代小說選》、《這一代的小說》、《新刻的石像》、《現代文學小說選》、《中國當代十大小說家選集》、《中國現代文學選集》、《中國現代文學大系》等等。這一事實說明白先勇的小說普遍受到專家、讀者們的歡迎和承認。

白先勇雖然是臺灣現代派小說的旗手，但從創作思想傾向看他卻是一個具有濃郁寫實氣質的現實主義小說家；他雖然在表現手法上吸收了大量的西方現代派的東西，但他的小說中卻始終貫穿著中國小說的傳統。他的創作起步，不是萌生於西方現代派的根基上，而是躍起在中國小說的大海中。白先勇小說的人物刻畫，作品結構和語言的運用，可以看到中國古今小說的深刻影響。尤其是白先勇關於女人形象的刻劃，《紅樓夢》的十二金釵，可算是樣版。而塑造十二釵的小說大師曹雪芹，是白先勇塑造女人藝術的啓蒙老師。

第二節　白先勇小說的思想傾向

盡管白先勇的小說中還存在著某些不足，有的甚至算得上是瑕疵，但是我還是要肯定的說，白先勇的作品，是臺灣現代派小說中的瑰寶；盡管白先勇自身還存在著某些局限，但我還是要肯定的說，白先勇是臺灣現代派作家中的佼佼者。不管是作品的思想和藝術，似乎還沒有第二個臺灣現代派作家能出其右，他的小說在中國當代文學史和小說史上，自有其獨特的價值。

白先勇的全部小說，可以他的三本書作代表。即《臺北人》、《紐約客》和長篇小說《孽子》，這三本書呈現出了他的小說的整體風貌和整體性的思想藝術價值。代表了白先勇創作思想的發展脈絡和過程。白先勇《臺北人》中的十四個短篇小說，孤立地看，可以是十四個短篇，但作為一個整體來看，也未嘗不是一部《儒林外史》式的長篇。《臺北人》的主題思想和《紅樓夢》有點相似。《紅樓夢》以榮、寧二府由盛到衰，表現了封建王朝由盛到衰的歷史必然，《臺北人》則以多個門第、多個人物，由起家到衰落，概括了一個政黨由盛到衰的軌迹。歐陽子將《臺北人》中的主人公歸納為兩個人，一個是過去，即新生；一個是現在，即死亡。而實際上還可以再加以概括和簡化。《臺北人》的主人公就是一個，在大陸時期是他的過去，到臺灣之後是他的現在，而構成他的一個個細胞，就是書中的尹雪艷、樸公、李浩然、錢夫人、李彤、金大班……等等。不管他們是將老悲死，還是美人凋顏，都代表著不可逆轉的悲劇揭幕和不可抗拒的換了人間。白先勇是《臺北人》的後代，很不情願看到他們的衰敗，他在敍述這些悲劇時懷著十分痛惜的心情。甚至想用秦始皇夢想的長生不老術來挽救它的衰敗，因而創造了那個奇妙的，似有似無，似眞似假，既像羽毛，又像雪片；既像人，又像精，彷彿可以超越時空，不受生、老、病、死之神管轄的，不凋也不老的「永遠的尹雪艷」。作者幻想出這個人物，想把「物是人非」的客觀規律改變成「物非人是」，象徵著「臺北人」永遠不老。這不過是一場很不眞實的夢。但是，白先勇又是一個實事求是的，清醒的，忠於歷史，忠於生活的寫實主義作家。他的良知和歷史責任感又使他不願去塗抹歷史，不願去歪曲生活。因而面對歷史眞實他只能唱哀歌，唱輓歌，而不能唱晨曲，唱頌歌。正因爲如此，名將之子的筆下，才產生了《臺北人》這樣眞實而生動的輓歌式的作品。

最能體現《臺北人》思想的莫過於《思舊賦》、《梁父吟》、《國葬》和《遊園驚夢》諸篇。《思舊賦》是一篇只有五千字左右的短篇，作者的描寫角度和表現技巧相當卓越。寫李家的盛衰，李宅的今、昔，但卻既沒有讓主角出場，也沒有正面去描寫這個宅院的主人，而以「思舊」爲中心，讓兩個年過七旬的老僕，走到舞臺上來講見聞。由於是「思舊」，作者極力搜求衆多舊得不能再舊的意象，聚集成一個舊的集合體。舊的宅第，年逾七旬的兩個老僕人，歲暮的冬日，日暮的黃昏，死去了的李婦人，嚷著要出家當和尙，身體和精神都廢了的主人，私奔了的小姐，痴呆了的李少爺……全篇的意象中沒有一個是新生的，富有朝氣的。全都是殘破、衰敗、逃跑、老邁、痴呆和死亡。不僅如此，這一家人還衆叛親離，兩個年輕佣人在夫人死後拐物而逃，小姐和有婦之夫私奔而去，除了七、八十歲的順恩嫂從臺南來看望外，竟無一個朋友光顧。這個住宅的主人當年在南京淸涼山的公館是何等豪華奢侈，今、昔之比，眞是天壤之別。「我跟長官夫人到長官公館來，前後也三十多年了。長官一家，轟轟烈烈的日子，我們都見過。現在死的死，散的散，莫說長官老人家難過，我們做下人的也心酸……」這是歷史見證人羅伯娘所作的見證。不僅如此，就是這風雨飄搖，殘破不堪的李宅，如今想原樣保持下去，也是不可能的了，因爲它是象徵著這舊世界的最後一個殘壘。「李宅是整條巷子中唯一的舊屋，前後左右都起了新式的灰色公寓水泥高樓，把李宅這幢木板平房團團夾在當中……」這殘破不堪的舊宅第，大有被現代化的洋灰公寓吞沒、壓倒之勢。這個殘舊世界和它的主人，就要永遠從這個世界上被開除了，他們沒有復萌的希望，沒有東山再起的可能，因爲他們不僅衆叛親離，而且後繼無人。請看作者描繪的這個宅第中唯一出場，但卻沒有說一句話，猶如死屍般的李家少爺。「當羅伯娘引著順恩嫂走到石徑的盡頭時，順恩嫂才赫然發覺，蒿草叢後面的一張紋石圓櫈上，竟端坐著一個胖大的男人，蒿草的莖葉冒過了他的頭，把他遮住了。他的頭頂上空，一群群密密匝匝的蚊蚋正在繞著圈子飛。胖男人身上，裹纏著一件臃腫灰舊的呢大衣，大衣的鈕扣脫落得只剩下了一粒。他的肚子像只塞滿了泥沙的蔴包袋，脹凸到了大衣外面來，他那條褲子的拉鏈，掉下了一半，露出了裏面一束底褲的帶子。他脫了鞋襪，一雙胖禿禿的大脚，齊齊地合併著，擱在泥地上，凍得通紅通紅的。他的頭顱也十分胖大，一頭焦黃乾枯的頭髮，差不多脫盡了，露出粉紅的嫩頭皮來，臉上兩團痴肥的腮幫子，鬆弛下垂，把他一逕半張著的大嘴，扯成了一把彎弓，胖男人的手中，正抓著一把發了花的蒲公英在逗玩，蒲公英的白絮灑得他一身。」作者爲什麼這樣細緻入微地描繪這個沒有靈魂，形若死屍般的李少爺？因爲李少爺是李宅的新生代，代表李宅的未來和希望。這個行將滅亡的李宅，雖然有個後代，但卻是一個沒有希望，沒有未來，沒有生命，沒有靈魂的後代。作者不厭其煩塑造這個形象，其寓意是相當深刻的。

《國葬》是《臺北人》中的最後一篇，歐陽子說「如果《永遠的尹雪艷》是《臺北人》的序言，《國葬》更顯而無疑的，是這本小說的結語。或許，我們甚至可以說，《國葬》一篇是《臺北人》墓碑上雕刻的誌文。」①歐陽子的這一評語是很恰切的。尤其「《國葬》一篇是《臺北人》墓碑上的誌文」一語，說得深刻。白先勇把《國葬》安排爲《臺北人》的終結篇，概括、總結了全書的意義。《臺北人》的前十三篇中寫了各種各樣人物的今昔，寫了各個不同歷史時期，從辛亥革命到遷往臺灣，正像夏志清所說「《臺北人》甚至可以說是部民國史。」現在這部史寫完了，到終結了，應該在這個故去的人物的石碑上寫下怎樣的碑文呢？它不可能是「序言」中的「永遠的尹雪艷」了，所以用《國葬》來作碑文，告一終結。這篇小說寫的是一級上將李浩然的葬禮。他帶著自己手下的三員猛將，即兩位「鋼將軍」一位「鐵將軍」威風凜凜走過了生命的全程。而今他的部下老的老，殘的殘，當和尚的當和尚，在這風燭殘年聚在主子的靈前，一片哀樂聲中，送葬的隊伍由街這頭排到那頭，浩浩蕩蕩地向墳墓走去。這當年不可一世的至高權威人物，難道僅僅是一具普普通通的死屍？《臺北人》是一部內容豐富，時代感、歷史感強烈，大題材中套小題材，總主題下含分主題的十分優秀的作品。評者和讀者不管從何角度到作品中去探索，都能找到自己所要探索的東西。例如：大魚吃小魚，靈肉之爭，思親歸鄉，女性的抗爭等等。但是，不管你從作品中挖掘什麼重要主題，比起我們上面論述的總主題來，它必處於次要地位；不管你在作品中獲得多少感觸，但那歷史興衰，時代變遷的滄桑感，總是處於無法壓倒的中心地位。諸葛亮的「出師未捷身先死，常使英雄淚滿襟」，杜甫《登樓》中「錦江春色來天地，玉壘浮雲變古今，可憐後主還祠廟，日暮聊爲梁父吟」的悲悼，感傷情懷，永遠是《臺北人》的主旋律和主曲調。面對變了的時代，換了的人間作者眞要「念天地之悠悠，獨愴然而涕下」了。

白先勇的另一代表作品《紐約客》，是一曲浪子悲歌。作者以深摯的民族情感和手足之誼描繪了

「臺灣到美國去淘金的人們的悲慘遭遇和苦難命運。作者通過他筆下人物的經歷和結局告訴人們，美國也並非人間仙境，理想之鄉。或許，那裡的物質生活比東方要富一點，但那裡的精神歧視，道德敗壞，人格淪喪卻比東方的窮困還要凶惡。多少人懷著美夢，歷盡千辛萬苦去到了美國，但最終卻是事與願違，美夢破滅，不是被困愁城，就是被瘋癲、死亡拉進黑暗深淵。如果說《臺北人》中那些角色背負的是民族分裂悲劇下的小鄉愁，因爲他們雖然在他鄉，拋家別子，但他們畢竟還是在自己的寶島，自己的國土上，雖然失去了鄉土的溫暖，但卻仍有同胞的情意和關照。而《紐約客》中的角色，他們背負的卻是東西方文化、民族、生活方式、人情世故等矛盾衝突悲劇下的大鄉愁。他們是一批漂泊於海角天涯的孤魂野鬼。既失去了鄉土的溫暖，也失去了同胞的關懷；既沒有祖國可作屏障，也沒有主人公的身分可以自持，完全生活在不能自主，無依無靠，一望無親的環境裏。《臺北人》中的主要角色們如果是歷史和時代的棄兒，那麼《紐約客》中的角色卻是民族和祖國漂泊在異鄉的孤兒；《臺北人》中的主要角色們胸懷的如果是滅亡之痛，《紐約客》中的角色們胸懷的卻是流浪的悲哀；《臺北人》中的角色們如果渴盼的是家鄉，《紐約客》中的角色們渴盼的卻是中國。因而他們雖然都是遊子，但他們卻是不同意義上的遊子。例如《紐約客》中的名篇《芝加哥之死》中的主角吳漢魂，作者一再強調他是中國人。這篇作品前面作者破例地寫了主人公的簡介：「吳漢魂，中國人，三十二歲，文學博士，一九六〇年六月一日芝加哥大學畢業——」這個簡介，已告訴人們，作者在這裏要講的是一個中國留學生的故事。因爲他是中國人，所以才發生這樣的故事。吳漢魂在臺灣的家庭十分貧苦。他在美國留學，沒有經濟來源，靠的是：「每天下午四時至七時，吳漢魂到街口一家叫王詹姆的中國洗衣店幫人送衣服。送一袋得兩毛半，一天可得三塊多。到了周末，吳漢魂就到城中南京飯店去洗盤子，一個鐘頭一塊半，湊和，免強付清膳食學雜。」吳漢魂的家庭不但無力支助他留學，家中年邁多病的老母親，還要靠他負擔。」每月從房租省下來的二十來塊錢，吳漢魂就寄回臺北給他母親。」在這樣艱苦的條件下讀書，吳漢魂自然是非常勤奮和刻苦。可是吳漢魂雖然以優異的成績畢業了，但知識的增多，閱歷的增廣不但沒有使他更加清醒和具有信心，反而使他越來越迷惘，越來越困惑。這裡作者著力描寫了西方文化和美國的生活環境，構成了扼殺中國人生命的巨網。請看吳漢魂和他所處的外界環境是怎樣的格格不入：「各種噪音從四面八方泉湧而出，音量愈來愈大，音步愈來愈急，街上卡車像困獸怒吼，人潮聲一陣緊似一陣的翻湧，整座芝城，像扭扭舞的爵士樂，野性奔放的顫抖起來。吳漢魂突然感到一陣莫名其妙的急躁。窗口的人影，像幻燈片似的扭動著。乳白色的小腿，稻黃色的小腿，巧克力色的小腿，像一列各色玉柱，嵌在窗框裏。吳漢魂第一次注意到這些渾圓的小腿會有這麼不同的色調。一群下班的女店員，踏著急促的步子，走過窗口時，突然暴出一陣浪笑。吳漢魂覺得一陣耳熱，太陽穴開始抽搐起來。」這段描寫，表明一個中國人，不但適應不了美國的生活環境，而且不能與之調和，不是捲起行李離開，便是被它吃掉，彷彿沒有第三條路可走。吳漢魂不僅對美國的社會環境無法適應，就是對他萬里迢迢，隔洋渡海到西方來學習和追求的西方文學，也感到極度厭惡和鄙棄。「書架上砌著重重疊疊的書籍，莎士比亞全集、希臘悲劇精選、柏拉圖對話集、尼采選粹。麥克米倫公司、中午公司、雙日公司、黑貓公司。六年來，吳漢魂一毛一毛省下來的零用錢全換成五顏六色各個出版公司的版本，像築牆一般，一本又一本，在他書桌四周豎起這堵高牆中，將歲月與精力，一點一滴，注入學問的深淵中。吳漢魂突然打了一個寒噤。書架上那些密密麻麻的書本，一刹那，好像全變成了一堆堆花花綠綠的腐屍，室內這股冲鼻的氣味，好像發自這些腐屍身上。吳漢魂胃裏翻起一陣噁心，如同嗅中解剖房中的福馬林。吳漢魂一把將椅背上的西裝外套穿上，奪門衝出了他這間地下室。」吳漢魂六年來日日夜夜和這些著作打交道，一個字一個字的讀它誦它，把它們吸收到腦子裏，但卻從來沒有聞到它們那撲鼻的臭氣，爲什麼博士生畢業了，就要走出校門了，而突然發現其臭，突然看到它們是腐屍而急不可耐的要離開它們呢？我以爲這是他開始麻木，後來覺醒的結果。作者給主人公起名爲「漢魂」，暗示主人公雖然被西方文化薰陶了六年之久，但始終「漢魂」不滅，「漢魂」未變。他雖然與腐屍打交道，六年被埋在腐屍中，但卻沒有被腐屍所浸透，所感染，所腐爛。這說明東方文化是相當堅韌、頑強和根深蒂固的。在東西方文化衝突中，中國文化是不會輕易屈服，輕易滅亡的。這裡充分的表現了白先勇的文化觀念。由於吳漢魂的漢魂不滅，因而他寧可軀體死亡，而靈魂不投降。吳漢魂之所以投芝加哥的密西根湖而死，不能僅僅看作是受了老妓女的騙，而無顏再見江東父老。這樣看似乎把複雜的事物簡單化了。吳漢魂之死是靈魂不屈的表現，是東方文化不屈的表現，是軀體的悲劇，靈魂的頌詩。白先勇在《紐約客》中處處突出中國文化不向西方文化屈服，融合的觀點。《謫仙記》中那位「中國皇帝的公主」李彤，是中國女人和東方美的象徵，作者不僅強調她是「中國皇帝的公主」，而且一再以象徵著中國和東方美的紅楓葉來裝飾她，比喻她，讓她「左邊耳際卻插著一枚碎鑽鑲成的大蜘蛛，蜘蛛的四對足緊緊蟠在鬢髮上」，讓她在西方的世界中穿一件閃光緞子旗袍，這一切無疑在強調李彤的中國特點。盡管此人玩世不恭，但她卻與西方世界格格不入，保持著相當的距離，以至最後到歐洲旅途中在威尼斯河中跳水自殺。李彤的自殺和吳漢魂的自殺，表面原因可能有所差別，但其本質原因卻是一樣的，那便是不能和西方文化屈服和融合，不能在中西方文化衝突中被融化，被消滅。《紐約客》中的另一個短篇小說《安樂鄉》中的女主角依萍，強迫女兒說「我是中國人」當她說出「我不是中國人」時，便暈眩嘔吐，幾乎氣絕。我們生活在中國大地，時時受到祖國母親撫愛。日日可以聞到中國泥土芬芳的人，可能並不突出感到「中國」兩個字的分量，可能並不明顯地覺察「祖國」兩個字的意義。但是，長期生活在異邦，受到外國人歧視，受到異族文化煎迫的遊子們，「中國」和「祖國」二字卻有著難以形容的親切感和自豪感。爲什麼所有旅居海外的作家們，如白先勇、陳若曦、於梨華、聶華苓等等，一再描寫遊子在海外的不幸遭遇和憂親思國情懷？爲什麼在他們的作品中一再展示中西方文化撞擊中遊子們的思想和情愁？這是因爲他們和他們作品中的主人公一樣熱愛祖國，思念祖國，渴盼祖國，不願在中西方文化衝突中屈服和投降。他們處在中西方文化衝突的火線上，他們日日面對那些需要他們決擇的問題。這些遊子創作的海外文學，成了當今中華文學的一個重要組成部分。它的題材、主題和情感，是我們生活在國土上的作家所無法表現的。我們上面敍述的《臺北人》和《紐約客》兩部作品，還可以從書名上來辨識它們的意義。兩本書雖然都描寫了鄉愁，刻劃了遊子，但鄉愁的性質不同，遊子的身分不同，因而一個叫「臺北人」，一個叫「紐約客」。一個用「人」，一個用「客」，是有深邃的思考的。

白先勇的另一部代表作便是他目前唯一的長篇小說《孽子》。《孽子》是一部很特殊的長篇小說，它以同性戀爲題材，但卻是表現社會的沒落、腐朽爲主題；它描寫的也是「臺北人」，但它描寫的卻是臺北人的不肖子孫；它描寫的比《臺北人》中的環境更加黑暗和汚濁，但在這更加黑暗和汚濁之中卻透出了更多一點的光明；它描寫的同性戀王國很小很小，只有臺北新公園蓮花池旁的三百米地域，但這個王國的臣民卻西達美國，東通日本。這部小說的故事極其簡單，即被家庭和學校遺棄的一批《臺北人》的第二代孩子們按物以類聚，人以群分的法則，自動地滙集在臺北市的新公園中，結成團夥，打架、鬥毆、盜竊、賣淫、殺人無所不幹。他們的長輩在大陸上失去了家園，到了臺灣；他們在人世間失去了窩巢，逃到地下，在沒有白天只有黑夜的天地裏，幹著見不得人的勾當。作品中一再強調，這是一個「王國」。這個王國有首領，有家譜，有領土，有事業，有臣民，有活動規律。

他們的首領是楊教頭。楊教頭是怎樣一個人物呢？他「穿著一身絳紅的套頭緊身衫，一個胖大的肚子箍得圓滾滾的挺在身前，一條黑得發亮的奧龍褲子，卻把個屁股包得紮紮實實隆在身後，好像前後都掛著一隻大氣球似的……手中擎著一柄兩尺長的大紙摺扇，扇一張，便亮出扇面『清風徐來』，扇底『好夢不驚』，八個龍飛鳳舞的大字來……楊教頭自封爲公園裏的總教頭。他說，我們這個老窩裏，地上有幾根草他都數得出，在他手下調理出來的徒子徒孫，少說些，怕也不下三、五十人。他常揮舞著他手上那柄兩尺長的摺扇，一桿指揮棒似的，猛地戳到我們前來，喝罵道……」。這個流氓頭子雖然對這個王國中的臣民具有無上權威，但卻並無力給他的臣民們以保護和出路。」我們那個無政府的王國，並不能給予我們任何庇護，我們都得仰靠自己的動物本能，在黑暗中摸索出一條求存之道。」

他們的家譜是掌握在像行政主管一樣的人物郭老手中的《青春鳥集》。郭老是個照像的出身，有一手漂亮的照像手藝。他的那個《青春鳥集》中聚集著這個王國的歷代全體成員的玉照，展示著這個王國發展演變的歷史。

這個王國的疆域怎樣呢？「說起我們王國的疆域，其實挾狹得可憐，長不過三百公尺，寬不過百把公尺，僅限於臺北市館前路新公園裏那個長方形蓮花池周圍一小撮土地。我們國土的邊緣，都栽著重重疊疊，糾纏不清的熱帶樹叢：綠珊瑚、麵包樹，一棵棵老得鬚零落的棕櫚，還有靠著馬路的那一排終日搖頭嘆息的大王椰，如同一圈緊密的圍籬，把我們的王國掩蓋起來，與外面世界，暫時隔離。」

這個王國的活動規律怎樣呢？「在我們的王國裏，只有黑夜，沒有白天。天一亮，我們的王國便隱形起來，因爲這是一個極不合法的國度。」

這個王國的事業是什麼呢？這是最重要的，是白先勇這本書的題旨，是孽子之孽的主要原由，也是讀者所關切的話題。「周末的晚上，我們到齊了，一個挨著一個，站在蓮花池的臺階上，靠著欄杆，把池子圍得密密的。池子的周圍，浮滿了人頭，在黑暗中，一顆顆，晃過來，晃過去，在繞著池子打圈圈。在幽暝的夜色裏，我們可以看到這邊浮著一枚殘禿的頭顱，那邊漂著一綹亷白的髮鬢，一雙雙睜得老大，閃著欲念的眼睛，像夜貓的瞳孔，在閃著精光。低低的，沙沙的，隱秘的私語，在各個角落，嗡嗡營營地進行著……」這是在犯罪，這是在賣淫，這是男妓們和自己的同性戀伴侶在進行著最齷齪的勾當。他們不僅在他們的「國土」裏活動，而且「一窩蜂鑽進新南陽裏，在那散著尿臊的冷氣中，我們伸出八爪魚似的手爪，在電影院的後排，去捕捉那些面目模糊的人體。我們躲過西門町霓虹燈網的射殺，溜進中華商場上中下各層那些悶臭的厠所中。我們用眼神，用手勢，用脚步，發出各種神秘的暗號，來連絡我們的同路人。我們在萬華，我們在圓環，我們在三水街，我們在中山北路……」

實際上臺北市的大街小巷，各個角落，所有見不得人的地方都有他們的幽靈在遊蕩，都有他們的同類在犯罪，都有他們散發的臭氣和腥味。黑夜絕對是他們的天堂，而當天一亮，他們的事業就暫告一段落。「我們手裏捏著一疊沁著汗水的新臺幣，在黎明前的一刻，拖著我們流乾精液的身體，放肆而又虛脫，漫步蹭回各自的洞穴裏去。」

以上述各個方面的描寫裏，我們可以看到這個團夥的組織形式、活動形式、作案規律等等。同性戀和男人賣淫，而且那麼狂猖，那麼大膽，活動地域那麼廣濶，犯罪的人數那麼多，恐怕是資本主義世界的特產。他們不是孤立的，而是帶有國際性的。和臺北的新公園相對照，相呼應的是美國紐約的中央公園。小說中的王夔龍便是一個勾通臺北和紐約的國際男妓。「中央公園裏，也有我們的同路人嗎？」，「唉！太多了，我上了岸，第三天晚上，便闖進中央公園裏去，就在那個音樂臺後面一片樹林裏，一群人把我拖了進去，我數不清，大概總有七八個吧。有幾個黑人，我摸到他們的頭，頭髮好似一團糾纏不清的鐵絲一樣。他們的聲音在黑暗咻咻的喘著，好像一群毛聳聳的餓狼，在啃噬著一塊骨頭似的。」臺灣的男妓是西化的產物，因而，雖然臺北的新公園和紐約的中央公園相隔萬里之遙，但臺北新公園裏的同性戀王國和美國紐約中央公園的同性戀王國卻有著血親關係。新公園的同性戀王國是中央公園同性戀王國的支系和派生物。白先勇有意識地將大洋兩邊的同性戀王國連繫起來，是有其事實根據和內在思考的。

讀了《孽子》，將之和《臺北人》連繫起來思索。我們可以毫無張冠李戴之慮地說，這孽子是臺北人的孽子，這孽子是「臺北人」人的不肖後代。作者在作品中屢有交待。比如，書中綽號叫楊教頭，自稱爲同性戀王國中的「開國元老」的楊金海，就是官宦人家子弟。王夔龍則是達官顯貴王尚德的獨子，有人以爲這是白先勇的化身。臺灣《新書月刊》負責人袁則難在訪問白先勇時直言不諱地問道：「龍子與你本人有許多地方相似，例如令尊大人生前也是大官……我不知道該不該這樣問？」白先勇答道：「你是說家庭背景相像是嘛？我想絕對不會是自傳，我一輩子也沒殺過人。可是龍子那種性情心態我是可以明白的。」②不管龍子是不是白先勇本人，但龍子的身分、地位、背景和白先勇的地位相似卻是眞的。除了楊金海、王夔龍、傅衞這些達官顯貴出身的之外，其餘均出身於中下層軍、政官員家庭中。人物方面，《孽子》和《臺北人》有著極密切的傳承關係。「臺北人」是被歷史遺棄的一代，是走向崩潰的一代，是對歷史欠債的一代。他們的第二代究竟怎樣呢？白先勇用「孽子」二字作了回答。其實我們在《臺北人》中就已經初步看到了這些「臺北人」的沒有希望的後代。在《思舊賦》中，順恩嫂，猛然在蒿草沒人，蚊子成群，青苔滿地的後園盡頭發現的那個幾乎失去了人形的白痴李少爺，就領教了「臺北人」的未來。《孽子》中，作者又從另一個角度，再次更明確，更集中，更徹底地將「臺北人」的後繼者的面貌展現在我們的面前。他們不過是一叢生長在毒根上的毒芽。讀者可能會注意到，白先勇非常注意描寫和追尋他們走向犯罪道路的根源。這種根源有幾個方面。其一，他們的家庭均有類似前科。比如，阿青的父母是老少配在沒有愛情，只有肉欲的情況下，阿青的母親爲阿青的父親生了兩個孩子後與一個喇叭手私奔了。小金寶的母親是一個暗娼，靠賣淫維持家計。阿玉的母親睡了數不清的男人，不以爲恥，反以爲榮，阿玉至今還弄不清楚自己是誰的野種。作品中有這樣一段描寫：「『你一共到底跟幾個姓林的男人睡過覺？』『夭壽！』小玉母親一巴掌打到小玉腦袋瓜上，笑駡道：『這種話也是對你阿母說得的嗎？還當著外人呢？也不怕雷公劈？』，『阿青，』小玉指著他母親笑道：『阿母從前在東雲閣紅得發紫，好多男人追她，比麗月還要紅。』『麗月算什麼東西，拿她來跟你阿母比，也不怕糟蹋了你阿母的名聲，小玉母親撇著嘴，滿臉不屑，』從前我在東雲閣當番，隨隨便便的客人，我正眼都不瞧一下呢！哪裡像麗月那種賤料子？黑的白的都拉上床去。」不但母親為自己的嫖客多而自豪，兒子也為母親的嫖客多而驕傲。這些舖墊，是在為這些孽子們的劣行探索家庭根源。其二是這些孽子們一個個走向犯罪道路，名字被寫在同性戀王國的家譜上，都是被家庭趕出家門，被學校趕出校門，失去了家庭和學校教育和保護的一群。其三，這些孽子都處在不良的社會環境中，他們被別人坑害而又去坑害別人。其四，這些孽子們之間互相影響，互相拉扯，在犯罪的道路上愈走愈遠，越陷越深。他們不但賣淫，而且失去了人的理性和良知，到了殺人不眨眼的地步。一次龍子找阿風，碰到阿風正在公園裏與一個老酒鬼講價錢，老酒鬼出五十塊錢阿風就要跟他走，而龍子攔住阿風，叫阿風跟他回家，阿風不肯，龍子一把揪住阿風說：『那麼你把我的心還給我。』阿風指著他的胸口：『在這裏，拿去吧。』龍子一柄匕首，正正地便刺進了阿風的胸膛。阿風倒在臺階的正中央，滾燙滾燙的鮮血噴得一地——。而龍子也坐在血泊裏摟住阿風的屍體瘋掉了。白先勇在《孽子》中除了表現作品的中心主題，還探索了這些孽子們走向犯罪的原因；探索了長輩、社會、家庭對後一代長成的意義。白先勇在《孽子》中充分地表現了人們最無耻和最醜惡的一面，挖掘到了人們靈魂的最深層，但他卻沒有讓這個世界徹底毀滅。他仍然以寬慰的心情給了這個最黑暗、最陰沉、最醜惡、最凶殘、最無耻的世界放入了一點點希望的光芒。他們有的從良，有的就業，有的萬里尋父，作品有這樣一個耐人尋味的結尾：「在一片噼噼啪啪的爆竹聲中，我領著羅平，兩人迎著寒流，在那條長長的忠孝路上，一面跑，我嘴裏叫著：一二一二一二一二」。白先勇在談到這本書時說：「雖然書裏寫的人物是同性戀的，可是《孽子》傳達了作者對人的同情。這本書如果有點成功的地方，我想就在這裡。也有人從文化的觀點去研究這小說，著眼於其中的描述的父子關係和父權社會的狀況。《孽子》所寫的是同性戀的人，而不是同性戀，書中並沒有什麼同性戀的描寫，其中的人物是一群被壓的人。」說作品中沒有寫同性戀似乎不符合事實。如果說《孽子》是同性戀的作品，但主題不是同性戀，通過同性戀者的活動表現了社會人事的滄桑，倒是實情。

雖然，白先勇寫長篇小說不像寫短篇小說那麼得心應手，《孽子》的藝術上還存在著一些瑕疵。例如作品的結構比較鬆散，有時有點銜接不上，主次人物不夠分明，以致平用筆墨，故事情節變化不大，以至失之單調等。但應該說，這是一部開闢了新題材，新領域，有著相當深刻寓意的作品。

第三節　以意識流爲中心的多元化表現藝術

作爲臺灣六十年代現代派小說的旗手，白先勇是以他豐富的現代派的表現藝術來奠基的。所有評論白先勇作品的學者，幾乎都一致肯定白先勇是臺灣作家中東、西方文學表現手法相結合的集大成者，幾乎都異口同聲地肯定白先勇意識流手法的運用，在臺灣現代派作家中是最成功的。從某種意義上說，白先勇對中國文學貢獻最出色的有兩點，其一是他以一個藝術家的眞誠與良知比較眞實生動地描寫了中國一段很重要的歷史滄桑的歷史必然。其二是他以一個藝術家的聰明才智爲中國文學提供了嶄新的藝術視境。下面將扼要敍述他的表達藝術。

1.意識流。意識流是形象地說明人的思想、精神、意念連續不斷地活動形式，是表現人們潛意識的一種方法和途徑。西方現代派作家用它來表現人物內在的心理活動，因而構成了現代派文學和現實主義文學區別的重要標誌之一。佛洛伊德的精神分析學認爲，人的一生中會產生無數的思想和意識，而隨著環境的變遷在意識的浮沉中，有的表現了出來成爲表意識，有的潛入底層成爲潛意識。那些潛入人們心靈最底層的意識，如果沒有客觀外界的刺激，呼喚和引發，可能當生命完結時，它也不會再現。但是，在一定的條件下，比如被某種悲傷和喜悅情緒的激發，那些像沉入河底的細小物質，就可能隨著眼前的情景成串地牽引出來，於是就成了或連續不斷，或斷斷續續的意識流動。一般來說，意識流多產生於今、昔或甲、乙的境況對比中。例如法國當代作家普魯斯特的心靈世界，便是以時間爲軸心而旋轉的。他常常以痛苦的心情視察，發現人們被命運擊敗後，怎樣走向墮落和滅亡，於是鑽入主人公的潛意識世界，將他們的潛意識暴露在讀者面前。白先勇所有的作品，幾乎都是描寫人物今昔，彼此，甲乙對比的，因而極易構成內心動蕩和衝突。尤其是他寫得最好的，可爲傳世之作，放進中國文學寶庫與那些閃光的經典相比而不遜色的《臺北人》中的人物，都是悲今弔昔式的典型。他們都有榮耀的過去和悲苦的現在，他們都有天堂、人間的變化經歷，他們都有榮辱之痛。在他們的生活中比比皆可喚起對過去的回想，他們每個人的胸海中都有一個裝得滿滿蕩蕩的潛意識的世界。因而在他們身上運用意識流手法，可以說是最有效，最適合的。白先勇在作品中運用意識流手法，主要是把人物置於內心矛盾的尖端，使之酸甜苦辣感慨萬端，潛意識便通過自由聯想從心靈的底層源源湧出。在白先勇的小說中，意識流表現最成功的是《遊園驚夢》和《秋思》，而這兩篇作品中又以錢夫人和華夫人這兩個有著顯赫的過去和沒落的現在的人物，最爲典型。這兩個人物在許多方面都十分相似，她們都是死了丈夫的大官太太，她們都有極度的嫉妒心和虛榮感，她們又卻是被邀請到勝過她們一籌的竇太太和萬太太作客，所不同的是錢夫人的潛意識觸發在竇夫人家裏的宴會上。這時她的思想已受到了許多刺激，當錢夫人到達竇公館門口時，門的兩旁排滿了官家的黑色小轎車，而她錢夫人都是坐計程汽車來的。一下顯出了高低貴賤的區別，使錢夫人還沒有進主人家的門，情緒上就澆了一盆涼水。進入竇公館之後，當年和自己不能相比的桂枝香如今成了顯赫的竇夫人，在南京遠不如自己丈夫錢志鵬的次長竇瑞生如今卻當了大官，成了竇公館的主人。這怎能不使她無比傷情呢？尤其是席間程參謀和蔣碧月親蜜和調情，更觸發了她當年和情人鄭彥青的一段情緣及她的親妹妹十七月月紅的奪情之恨。於是她便進入了如醉如痴，似夢似幻，如假如眞，像今像昔的恍忽狀態之中，於是當年南京的濶綽、豪華、威風、顯赫、奢侈便一起湧現在眼前。由此我們可以看出錢夫人的意識流，主要是從頹敗、沒落，己不如人，豪華已過，無可追回的情緒中觸發的。而《秋思》中的華夫人雖然也是應正在飛黃騰達的駐日大使萬夫人家中作客而引發意識流，但她的意識流不是從己不如人或今不如昔的頹敗情緒中觸發，而是從一種對萬夫人的怨恨和嫉妒情緒中升起。她處處表現出對萬夫人的藐視和不服。「萬呂如珠——那個女人，也懂得茶道、花道嗎？」，「『摩登外婆！』好像她自己還未曾當過祖奶奶似的。」第二點不同之處是，錢夫人和華夫人雖然都是今昔之嘆，但作者卻採用了不同的表現手法。《遊園驚夢》

中主要借《遊園驚夢》這齣戲爲手段來演出。《遊園驚夢》是根據中國古代戲劇家湯顯祖的原著《牡丹亭》改編而成。故事講的是杜麗娘和柳夢梅的愛情故事。杜太守的千金杜麗娘在花園中遊玩，回房後夢中和公子柳夢梅相遇，後來就患了相思病，而且一病不起，相思而死。後來果眞有個柳夢梅使杜麗娘復活，兩人喜結良緣。錢夫人當年是唱崑曲的女戲子，作了錢志鵬的塡房之後，便一夜之間成了將軍夫人。但一個不滿二十歲的女子豈能在一個六十歲的老頭子身上滿足情欲，於是便與鄭彥青偷情，戲內戲外正好成了同臺戲。如今由這齣戲來勾動錢夫人的五臟六腑，從而表現出她的沒落感，是非常恰切的。而《秋思》中的華夫人，雖然人到秋天，但卻不服老。她是一個慣於養花的官太太，當年在南京菊花「一棒雪」曾在她的生活情趣中起過重要作用。這「一棒雪」曾經和她一起渡過了歷史滄桑，記錄著和象徵著她的榮華富貴與衰落破敗。因而菊花「一棒雪」最能觸到她的靈魂：「一陣涼風掠過，華夫人嗅到菊花的冷香中夾著一股刺鼻的花草腐爛後的腥臭，她心中微微一震，她彷彿記得，那幾天，他房中也一逕透著這股奇怪的腥香，他守在他床邊，看著醫生用橡皮管子，插在他喉頭上那個腫得發亮，烏黑的癌疽裏，晝夜不停地在抽著膿水，他床頭的几案上，那只白磁膽瓶裏，正插著三枝碗大一般的白菊花，那是她親自到園裏去採來插瓶的。園裏那一百多株『一棒雪』都是棲霞山移來的名種，那年秋天，人都這樣說：「日本鬼打跑了，陽澄湖的螃蟹也肥了，南京城的菊花也開得分外茂盛起來。他帶著他的軍隊，開進南京城的當兒，街上的老頭子老太婆們又哭又笑……」這一大段意識流是由菊花引出來，並和菊花有密切關係。第三點不同之處是，《遊園驚夢》中的意識流安排在錢夫人到達竇府之後，而《秋思》中的意識流則安排在華夫人去萬夫人家的出發之前。第四點不同是，《遊園驚夢》

中的以「驚夢」象徵著錢夫人從過去的回憶和迷醉中驚醒之意。正在錢夫人沒完沒了地想著她當年在南京的種種，與妹妹爭奪一個男人，直到「——寃孽、寃孽、寃孽——天——……美夢正酣的時候。蔣碧月站了起來，走到錢夫人面前，伸出手微笑道：「五阿姐，該是你『驚夢』的時候了。」而《秋思》中的菊花，卻是另一種象徵，它代表著歡樂時的悲哀，繁盛中的凋殘，鮮艷下的霉爛，芬芳中的惡臭，「華夫人跨進了那片菊花叢中，巡視了一番，她看到中央有一兩棵花朵特別繁盛，她走向前去，用手把一些枝葉撥開，在那片繁花覆蓋的下面，她赫然看見，原來許多花苞子，已經腐爛死去，有的枯黑，上面發了白霉，吊在枝椏上，像是一只爛饅頭，有的剛萎頓下來，花瓣都生了黃銹一般，一些爛苞子上，斑斑點點，爬滿了菊虎，在啃噬著花心，黃濁的漿汁，不斷的從花心流淌出來……」那一片秋風落葉凋零中站立的一兩株特別繁盛的菊花，只是一種假象，不過是腐屍上覆蓋的一層鮮艷的紅布罷了。我們僅舉出《遊園驚夢》和《秋思》這兩篇人物的命運、身份、地位、性別、經歷、處境和當下的行動都基本相同的人物身上產生的不同方式、不同原因、不同象徵的意識流，就可領略白先勇運用意識流的熟練程度和千變萬化不拘一格的多樣性藝術構思，並且可以從這不同樣式的意識流描寫中看出白先勇廣泛捕捉意象，以一物喚起普遍聯想，將短暫的思想閃光化爲永恆的藝術美感的藝術家的卓越才智。

2. 多樣化的象徵手段，構成作品中深邃的歷史感和時代感。翻開白先勇的小說集許多具有象徵內涵的作品篇名展現在眼前。例如：《國葬》、《思舊賦》、《遊園驚夢》、《歲除》、《冬夜》、《秋思》、《永遠的尹雪艷》等等。作品中運用象徵是大多數作家的本領，並不被某些作家所獨佔，但是在作品中以某種特殊事物作爲象徵手段，從而形成自己作品特有的內涵和色彩，卻不是所有的作家都能作到的。白先勇作品中的象徵手法，有一個特殊的手段是採擷衆多的歷史上的事物喚起古今的共鳴，從而形成自己作品特有的、濃郁的歷史感，突現在己作品深邃的時代性的主題。例如《思舊賦》的標題，原是出自魏晉時期竹林七賢之一的向秀筆下。這是他爲懷念他的好友，竹林七賢的代表人物嵇康所寫的一篇賦的標題。《思舊賦》是思念舊日好友之意。嵇康當年爲反對封建禮教，反對權貴，放蕩不羈，語言尖露，因而觸動了當權者的尊嚴被司馬政權處死。向秀日後從嵇康的舊居前經過，看到棟毀屋塌，人事皆非，又聽到鄰居悲悽的笛聲不覺喚起對嵇康的懷念悲悼之情，於是感慨萬端寫下此作。白先勇借向秀的這個題目，實是借古人之酒杯澆今人心中之塊壘。但值得注意的是白先勇用這個題目喚起的情感與古之向秀有所不同。向秀是一種悽切的悲憤感，白先勇是一種無可奈何的惋惜情；一個是以正義之心控訴邪正之罪，一個是以悲懷的心情面對被歷史洪流的吞沒。《梁父吟》原是杜甫《登樓》一詩中的句子。原詩是一首七言律詩，全詩爲：「花近高樓傷客心，萬方多難此登臨。錦江春色來天地，玉壘浮雲變古今。北報朝廷終不改，西山盜寇莫相侵。可憐後主還祠廟，日暮聊爲梁父吟。」鄭板橋曾將杜甫此詩中的兩句「錦江春色來天地，玉壘浮雲變古今。」以蒼勁雄渾的筆觸寫成對聯。作品中的人物樸公將鄭板橋的這一眞迹懸在書房之中。白先勇便借這兩句詩來抒發今之感慨。杜甫原詩以三國時無能昏君劉禪信奸佞遠賢臣造成亡國之哀，來暗諷唐朝當時的當政者無能昏聵釀成大難。《梁父吟》劇中的樸公以諸葛亮自喻，表明自己請纓有志報國無門的情感。陳壽的《三國志》中《諸葛亮傳》中曾有：「亮躬耕隴畝，好爲梁甫吟」之句。《梁父吟》中作者一方面悲嘆失敗之不可避免，另一方面又寄懷某種空寂的幻想，將　孫中山遺囑中的「革命尚未成功，同志仍需努力」作爲座右銘。《遊園驚夢》的標題，上面已經說過，它是來自湯顯祖的《牡丹亭》改編的崑曲《遊園驚夢》，人們從這個標題中可以把錢夫人與古之杜麗娘作某種聯想，不過，我以爲作者並非呆板地以古喻今，或以今比古，而是爲凝集某種歷史的失落感、滄桑感，與作品中主人公的情緒產生共鳴，從而形成一種古、今對應。《臺北人》書前，白先勇所引，並用以點題的劉禹錫之《烏衣巷》一詩，更具象徵意義。全書的思想和主題，在這首古人的詩中被概括無遺。這些古典象徵天衣無縫地，恰如其分地在小說中和今之人物性格和思想情感渾然地溶爲一體，使白先勇的作品熔中西和古今於一爐，既可以使讀者品嘗到西方現代派的表現藝術，又可以勾起讀者對古之沉思，從中發現某些歷史的規律性，看到相隔幾千年的時空中，卻演出一些故事、人物、內容彷彿極其相似的戲劇性的奇妙現象，從而給讀者以衝擊、以激發、以思索，在撫今追昔中看到歷史的奇觀：「沉舟側畔千帆過，病樹前頭萬木春。」

3. 熟練地運用色彩藝術。文學作品中的色彩藝術古已有之，而且它已越來越多地成爲當代作家們表達主題、塑造人物的方法和手段。在中國當代作家中關於色彩藝術的運用，還沒有人能趕上白先勇。我曾在《論白先勇作品中的色彩描寫》一文中，集中對白先勇在塑造「永遠的尹雪艷」和「中國皇帝的公主」李彤兩個人身上分別成功地運用「白」和「紅」兩色，進行了論述。我以爲，沒有白就沒有尹雪艷，沒有紅就沒有李彤。白，象徵著妖，象徵著夢幻，象徵著虛無和永恆，象徵著殘白的雪，象徵著酷烈的光。這雪能把一切都埋沒，這光能把一切都熔化。因此，有了尹雪艷，大官小吏，巨商大賈，朝野人物都挨著死，碰著亡，一批批，一個個被那雪吞沒，被那光熔化。她一出現，幾乎所有的人噤若寒蟬，被白光窒息。她比《西遊記》中的白骨精還要厲害十倍百倍。白骨精雖然受到唐僧愚昧的保護，但畢竟有孫悟空的火眼金睛可以識破她，金箍棒可以降服她。而今既無孫悟空的火眼金睛，也無孫悟空的金箍棒。因而面對這烈性墮落劑和腐蝕劑只好聽之任之。由大陸到臺灣，由百樂門到尹公館構成一條走向死亡的線。作者雖然精心地塑造了這個白骨精式的「永遠」不老的女人以象徵不老，但藝術卻產生了反效果，變成了「永遠的尹雪艷」之不死就是不幸，因爲「臺北人」沒有能力抗拒那雪的呑沒和光之熔蝕的。例如徐壯圖之死，徐太太和徐家的親友本來都遷怒於尹雪艷，恨不得要找尹雪艷算賬。但當尹雪艷突然出現在徐壯圖的靈堂時，所有在場的人都像服用了痲醉藥一般，頓時窒息地變成了群啞，又像黑暗的地下室突然掉進一個燃燒到最高點的白色火球，頓時一切都被它燒焦熔化。「正午的時候，來祭弔的人早擠滿了一堂，正當衆人熙攘之際，突然人群裏起了一陣騷動，接著全堂靜寂下來，一片肅穆。原來尹雪艷不知什麼時候像一陣風一般的閃了進來。尹雪艷仍舊一身素白打扮，臉上未施脂粉，輕盈盈走到管事臺前，不慌不忙地提起毛筆，在簽名薄上一揮而就地簽上了名，然後款款地步到靈堂中央，客人們都倏地分開兩邊，讓尹雪艷走到靈臺跟前，尹雪艷凝著神、斂著容，朝著徐壯圖的遺像深深的鞠了三鞠躬。這時在場的親友大都呆若木鷄。有些顯得驚訝，有些卻是忿憤，也有些滿臉惶惑，可是大家都好似被一股潛力鎭住了，未敢輕舉妄動。」多麼像個常勝將軍在百萬敵中如入無人之境。尹雪艷這個白色的妖精毫無疑問是個尅星。尹雪艷不管在什麼場合，什麼時候永遠是一身潔白，白色的皮膚，白色的衣衫，白色的綉花鞋。而《謫仙記》中的李彤，不管走到那裡都是一身鮮紅。《謫仙記》中四個姑娘代表第二次世界大戰中的「四強」，「李彤自稱是中國人，她說她的旗袍紅得最艷。」由此可見作者讓李彤處處一身紅色打扮，是要以紅色象徵中國。作者這樣形容李彤「像一輪驟然從海裏跳出來的太陽，周身一道道的光芒都是扎得人眼睛發疼的。」，「她那一身的紅葉子全在熊熊燃燒著一般，十分的惹目。」李彤這一輪中國的太陽，升到了西方的天空中，她在那裡玩世不恭，任意闖蕩。最後終於墜入威尼斯河中。色彩在白先勇的小說中，不僅是主人公形象的重要組成部分，而且滲入到了人物的性格之中；色彩不僅是主人公外在的裝飾，而且浸入了人物的血液中；色彩在白先勇的小說中不僅是釀造氣氛的手段，而且是作品主題的象徵。假如從尹雪艷身上抽掉白色，假如從李彤身上除去紅色，那麼這兩個形象鮮明性格突出的人物不僅會頓時暗淡，而且她們所象徵的主題會驟然消失。此外《秋思》中「一棒雪」的白色等，對作品和人物亦有著重要意義。誠然，我們不能把文學創作中的色彩藝術強調到不適當的地位，但作爲諸藝術手段之一的色彩藝術，在文學創作中彷彿也不應當被冷淡。

4.以數字結尾造成詩一般含蓄無盡的意境。

在白先勇的小說中，有兩篇的結尾非常新鮮而特殊。一篇是短篇小說《金大班的最後一夜》，另一部是長篇小說《孽子》。這兩篇小說均是用數字作結，以有數來表現無數，以脚下來展開長遠，讓小說在故事完結時，把意念推向遙遠，構成全篇氣象和主題的複合，使小說具有了詩一般的含蓄意境。先請看《金大班的最後一夜》。作品描寫風塵女金班頭金兆麗，由上海百樂門舞廳到臺北的夜巴黎，當了二十年舞女，如今是最後一夜當舞女，明天就要搖身一變成爲老板了。在舞女生涯的最後一夜，金兆麗遇到了一個童子男。他長得眉清目秀，趣青的鬢毛還沒長老，頭髮梳得十分妥貼，透著一陣陣貝林的甜香。他靦覥，他臉紅。把這個人摟在懷裏使金兆麗頓時想起了她當年在上海百樂門舞廳時的那個小情人月如。「那時她心中充滿了感激和疼憐，得到了那樣一個羞赧的男人的童貞。一刹那，她覺得她在別的男人身上所受的玷辱和褻瀆，都隨她的淚水流走了一般。她一向都覺得男人的身體又醜又臭，她和許多男人同過床，每次她都是偏過頭去，把眼睛緊緊閉上的。可是那晚當月如熟睡以後，她爬了起來，跪在床邊，借著月光，痴痴的看著床上那個赤裸的男人。月光照到了他青白的胸膛和纖秀的腰肢上，她好像頭一次眞正看到了一個赤裸的男體一般，那一刻她才瞭悟原來一個女人對一個男人的肉體，竟也會那樣發狂的痴戀起來的……」此刻金兆麗把懷裏這個小男人當成了當年的月如。正當金兆麗夢酣意甜想入紛紛之際，那個男的卻說：「這個舞我不會跳」停下了脚步，金兆麗像餓狼抓住了綿羊，像餓鷹抓住了小鷄，豈肯罷休。她說：「『不要緊，這是個三步，最容易，你跟著我，我來替你數拍子』說完她便把那個青年男人摟進懷裏，而腮貼進了他的耳朵，輕輕地，柔柔地數著：一二三——一二三」這個數字結尾很妙，人們盡管去想像事情未來的發展和演出。這裡二十年前的上海百樂門舞廳和二十年後的臺北夜巴黎產生了重影；這裡二十年前的月如和二十年後的小男人發生了重疊；這裡金兆麗多年的夢幻重新復活；這裡一齣新戲又在舊的夢幻中上演；這裡頭一個結束正是後一個開始的前奏；這裡兩個舞臺的脚步聲同時產生交響；這裡一切含蓄在一二三、一二三……無盡地重復和前進之中。我們再來看看長篇小說《孽子》的數字結尾。這部作品寫了一大批「孽子」們的故事。作者顯然是含著淚水在痛惜地敍述的。可能是由於作者不願讓他們徹底走向毀滅，想在作品的結束時上揚一下，來一點光明和希望。《孽子》結束時，故事的敍述者李青在新公園的亭閣內遇上了一個從鶯歌鎮流浪來的少年羅平，李青看到羅平，想起了當年他進入公園參加同性戀團伙時的情景，於是他不忍在寒流之夜把羅平丟在公園，於是提出讓羅平和他一起到他的家裏大龍峒過夜。他們兩人肩並肩，在忠孝西路了無人迹的人行道上跑了起來，此時李青「突然記了起來，從前在學校裏，軍訓出操，我是我們小班的班長，我們在操場上練習跑步總是由我帶頭叫口令的。在一片噼噼啦啦的爆竹聲中，我領著羅平，兩人迎著寒流，在那條長長的忠孝路上，一面跑，我嘴裏一面叫著：一二、一二、一二、一二」作者不僅把李青和羅平的跑步起點定在臺北新公園同性戀的老窩，多年來他們的犯罪之地，而且把他們起跑的時間放在除夕之夜，舊的一年的結束，新的一年的開始。毫無疑問這預示著另一條道路，另一個時期，另一種人生的開始。那一二、一二的數目中包含了多少新的出現，新的開始。白先勇在小說中創造了詩的意境。這是一種含意深邃的結尾，這是一種令人感動的創造。

附註：

① 《王謝堂前的燕子》第三〇七頁。

② 《兩訪白先勇》。

第五章　跨越流派的女作家陳若曦

第一節　一條坎坷而崎嶇的路

陳若曦這個名字，不僅爲東西方世界所矚目，而且在中國的大地上有著濃郁的傳奇色彩；不僅她的小說吸引了廣大讀者，而且她與丈夫段世堯博士在那「史無前例」的年代的極不平凡經歷雖然給她和她的家庭帶來了痛苦，但卻成就了一個著名的作家。假如陳若曦沒有那一段經歷，可能也就沒有《尹縣長》等作品，陳若曦也就無緣成爲海內外作家中，以身歷目睹集中批判和徹底否定「文化大革命」的第一人。

陳若曦，本名陳秀美，臺灣省臺北縣人，一九三八年出生一個世襲的木匠家庭。她父親是個民族觀念極強的老工人，一生痛恨日本帝國主義，堅決反對日本人搞的「皇民化運動」，拒絕學日語，拒絕改日本名字。日本人一投降，他便立即將孩子們的日語教科書全部燒毁，並修好一個揀來的破收音機，讓孩子們收聽「國語教學」節目。因受到家庭的薰陶和影響，陳若曦從小仇視日本入侵者，排斥一切日貨，直到大學二年級，「受夏濟安老師游說去看了武俠片《宮本武藏》，才有所改變。從此，我把日本人民、文化和政府區別開來。」①陳若曦在臺北一女中和歐陽子、瓊瑤是同班同學。她走上文學之道，一是愛好文學的同學之間互相影響，二是因家庭貧窮，要靠掙稿費上學。她說：「除了爭取學校的獎學金外，我唯有努力寫稿賺錢——後者可能是我後來走上文學創作的原始動力吧！」②中學時期，她最感興趣的是教育，其次是新聞，因受到臺北一女中女校長江學珠獻身教育終生不嫁的影響，「在她六年的身教言教下，我也一度矢志不嫁，準備走教育救國的道路。我理想的國民學校是十年制，強迫教育。那時最愛在白紙上塗畫理想的校舍，必定留出寬大的空地，供師生耕耘花園和菜圃。」③，「除了教育，我對新聞也感興趣，曾夢想做個無冕王。」但是由於家庭貧苦，無力供她上大學，「爲了走讀省錢，還是投考了臺灣大學外文系。」就這樣陰差陽錯陳若曦沒能成爲教育家，而成了一位作家；她中學時代在白紙上畫的一疊疊美妙的教育藍圖，沒能變爲一座座校園，卻變成了一部部動人的小說。陳若曦進入臺大外文系之後，便開始了她的文學生涯。文學史上有許多作家詩人躋身文壇的方式彷彿都極爲相似。臺灣著名女詩人蓉子從小就做詩人夢，一次老師命題作文，她鼓著極大勇氣，用一首詩當作文交了，然後等待老師發落宣判。不料喜出望外，老師批下來：東西不錯，字不好。就這麼一個不雅的，但卻是肯定性的簡單批語，爲中國詩壇喚醒了一顆詩的靈魂。而陳若曦和蓉子旣不是同鄉，也不是同學，又不是同行，但她們躋身文壇的方式卻幾乎完全一樣。「臺大一年級的國文課是必修，規定上下學期要交一篇作文。我嘗試以小說代替，寫了《周末》和《欽之舅舅》。」果然《欽之舅舅》受到老師的賞識和推薦，成了陳若曦小說道路上第一塊基石。接著在夏濟安老師的鼓勵下她又寫了《黑眼貓》等，在夏主編的《文學雜誌》發表。那時《文學雜誌》稿費很高，陳若曦的稿費和當家庭教師的收入，除了交學費，自用外，還常常貼補家裏，援助媽媽。大學三年級時，陳若曦和白先勇、歐陽子、王文興、李歐梵、戴天等在原交友組織「南北社」的基礎上，組成了臺灣「現代文學社」，創刊《現代文學》雜誌。陳若曦是六十年代臺灣現代派小說作家群中的活躍人物和骨幹作家。她和白先勇等這批初出茅廬的青年作家興起了六十年代的臺灣現代派小說運動，臺灣現代派小說運動也造就了這一批現代派作家。陳若曦在談到那時的情況時說：「白先勇當社長，王文興和我管小說，戴天管詩，李歐梵負責文學評論和翻譯等，歐陽子理財。爲了節省稿費支出，我們規定同仁要定期寫稿，我便是這樣逼出了幾個短篇小說。」一九六一年陳若曦大學畢業，一九六二年，她的第一本小說集《招魂》（英文）出版。這本書的版稅正好爲她赴美留學提供了旅費。一九六三年，她在美國「霍大」遇到了學流體力學的段世堯，他們一見鍾情，從此，在段世堯的帶領下，陳若曦的生活走進了一個五味雜陳，然而卻是充滿新鮮感的傳奇之路。

陳若曦從小對從未謀面的祖國山河，抱著神奇的，宗教般的虔誠和嚮往。她「常常抱著徐霞客著作，跟著神遊名勝古跡。那時，日夜嚮往的是有朝一日登泰山觀日出，上西藏高原採雪蓮，不辭千里去尋找長江的源頭……」如今有了段世堯這個最知心的人作嚮導，可以一展童年、少年、青年時期無比美妙的夢想，又回大陸投身建設，爲改變窮困的中國貢獻才智，眞是千載難得之良機。這種美妙的理想和爆滿的愛國熱忱，使陳若曦的觀念和性格都發生了變化。「我的工農家庭出身，以及五十年代臺灣的社會和政治情況，在在都激發我要求改革的心情。終於，從害怕政治，我一變而熱衷政治。」④他們在回國之前忙碌地奔跑於美國東西海岸聯絡成立愛國讀書會、小組等。一九六六年夏天，陳若曦夫婦滿懷虔誠經歐洲回到大陸。他們的悲劇就在於他們生不逢時。飽學之士，卻遇到了一個不要知識而且破壞知識的年代；一腔愛國熱忱，卻遇上了一個個人崇拜的年代；想有所作爲，卻遇上了一個不准有作爲的年代；夢想改造國家，卻遇上了一個被改造的年代。於是他們在回國七年的時間裏，不得不在驚訝、錯愕、痛苦、迷惘和忍耐中度過。一九七三年，他們終於在徹底失望中覺醒，於是飲恨含憾離開了自己從小就憧憬的國土，經香港、加拿大又到美國定居。

陳若曦的出身、經歷和學識交互的對她的創作產生著影響。她的作品不是一幅素描，呈現著純淨的，單一的色彩，而是一幅色彩斑斕的油畫，由多種線條和多種顏色構成。既不是純現代派的，也不是純鄉土的；既有存在主義哲學的影響，也有象徵主義藝術的吸收；既是寫實的，又有超現實的。在創作思想和題材的選擇上，陳若曦接近臺灣鄉土派，基本上是一個現實主義的寫實派作家。她在《陳若曦自選集》的自序中說：「我小時候生長在鄉下，家裏來往的親友不是務工便是務農，樸實無華。也許生活方式略有不同，但是他們對生活的追求，和生活的奮鬥，照樣的狂熱熾烈，七情六欲的表達更加眞實、健康……這時，我下了決心，寫作的目標便是刻畫他們的生活。《辛莊》、《婦人桃花》和《最後夜戲》便是這種嘗試。」從想當作家起就決心要描寫工農的生活，表現他們的思想和情感，這是一個現實主義的鄉土作家最基本、最可貴的自我創作定向，這也是鄉土作家和現代派作家最根本的區別和分野。但是，陳若曦大學學的卻是西洋文學，生活的經歷，同窗的友誼，老師的教誨，又把她逼進了現代派作家群，使她成了現代派運動中的骨幹分子。因而她又是從現代派的大門裏跨進大學王國的，她不可能不接受現代派的主張，受到現代派的感染。「《現代文學》標榜西方現代技巧，對文學上的意識流和哲學上的存在主義，一概進行橫的移植。有這麼整整一年，我醉心於此，並刻意模仿，《巴里的旅程》便是這段時期的代表作。大四時，我忽然領悟，這樣模仿永遠寫不出『異鄉人』

的思想感情，東方究竟是東方。於是回頭再寫我所熟知的鄉土人物。《辛莊》發表，承黎烈文教授鼓勵，我從此和鄉土寫實主義結了緣。」⑤陳若曦創作題材和主題上偏向於鄉土寫實，表現方法上偏向於現代；有的作品偏向於鄉土，有的作品偏向於現代，因而，我們認爲陳若曦是一個跨越鄉土和現代之間的作家。陳若曦的著作很多。例如：短篇小說集有：《尹縣長》、《陳若曦自選集》、《老人》、《城裏城外》、《陳若曦小說選》、《陳若曦中篇小說選》等。長篇小說有：《歸》、《突圍》、《遠見》、《二胡》、《紙婚》等。散文集有：《文革雜憶》、《生活隨筆》、《無聊才讀書》、《天然生出的花朵》和翻譯小說《奇妙的雲》，此外，還有不少譯著和論文等。

第二節　徹底否定文革，深切洞察人生

陳若曦的小說創作，以生活的自然流程斷爲三個時期，界限非常鮮明。第一個時期爲大學時期，即創作道路上的探索時期；第二個時期爲去國以後，即徹底否定文革時期；第三個時期爲八十年代，即以中、長篇創作爲主走向成熟和深入時期，和任何一個作家一樣，陳若曦在邁向文壇的初期，思想活躍，激情充沛，進取心切，像一個酷愛鮮花的少女初入花海，五彩繽紛，應接不遐，有點手忙脚亂，不知應該在何處停下脚來，確定自己獨鍾的芬芳和色彩，而是東採一朵，西擷一片，造成作品的題材、主題和風格的極不統一。那時，雖然陳若曦的作品不多，但卻截然地分爲兩類。一類是接近鄉土派的作品，如《最後夜戲》、《辛莊》和《婦人桃花》等；一類是模仿現代派的產品，如《欽之舅舅》、

《巴里的旅程》、《喬琪》等。但是，即使在這創作路向還沒有確定，創作風格還沒有形成的創作初期，陳若曦的選材還是以鄉土題材爲主的，陳若曦主題思想的表現也沒有像早期的施叔青那樣，陷入夢魘、死亡和性的迷陣中難以自拔。她的作品思想仍然是明確而清晰的，仍然是積極而健康的。她的具有代表性的早期作品《最後夜戲》，描寫了臺灣地方戲，即歌仔戲且角演員金喜仔的辛酸血淚。金喜仔本來是一個很紅的演員，但是由於歌仔戲受西化之風和電影的衝擊，一年不如一年，一天不如一天，加之金喜仔受到西化之風的毒害染上了毒癮，嗓子和身體俱被弄壞，並遺毒嬰兒，因而處境變得極爲困難，受到老板的訓斥。老板惡狠狠地對她說：「早告訴過你啦，歌仔戲院不是養孩子的地方，那個時候那麼想要孩子，爲什麼不跟那個茶商去？嘿！今晚居然沒有討照片的！金喜仔不是我翻臉不認人，這樣下去總不是辦法，弟兄們要吃飯哪。合同下個月滿，你多多考慮考慮吧。我可是把話說在前了。」作者通過金喜仔三下蘆州鄉三次演出的變化，把演員的命運和歌仔戲的命運操在一起，說明其每況愈下的原因和背景。從演員角度來說：第一次來時十八歲，年輕漂亮，充滿魅力，於是不僅戲票一搶而空，而且還賣了百多張站票，如今人老珠黃拖兒帶女竟然要被遺棄；從歌仔戲的角度說，附近一家電影院正在放映美國電影，「女人不穿上衣，露出大腿，和男人親嘴……」中國的鄉土文化被西方的色情文化所呑噬，觀衆無情地被拉走，於是瀕臨絕境。作品寫得深刻之處在於作者沒有孤立的去描寫金喜仔的不幸命運，也沒有孤立地去表現歌仔戲的衰落，而是把金喜仔的不幸和歌仔戲的衰落與臺灣社會變遷的背景相連繫，從而發掘出了其深刻的社會和歷史意義。就像一件兇殺案，不僅抓獲了作案的兇手，而且逮住了背後的教唆犯。《灰眼黑貓》突出地表現了反封建的主題。天眞活潑而美麗的農村姑娘文姐的情侶被滿腦子封建思想並貪財的父親拆散，將她賣給當地首富朱家的惡少。朱家是表面仁義道德，實際男盜女娼的活地獄。朱家父子好色成性，父親三個老婆，其中一個姨太太被大太太虐待致死，兒子朱大年「吃喝嫖賭無一不精」。這樣的家庭就預示了文姐的不幸。文姐過門後，一次一個灰眼黑貓蹲在衣櫥裏，不久朱家老頭暴死。朱家把黑貓和文姐看作是惡兆，於是把朱老頭之死歸罪於黑貓和文姐，對文姐進行虐待，將文姐的孩子奪走藏起，致使文姐精神受到刺激瘋癲而死。作者把黑貓和文姐的命運連在一起，不僅造成了一種撲朔迷離的神秘氣氛，而且揭露了封建迷信的危害。雖然這反封建的主題並不新鮮，但作爲出生在臺灣農村的陳若曦，剛剛踏上文學之路，就以自己的筆爲自己姐妹的不平而呼喊，自有一股親切感人的內涵。陳若曦爲了表現作品的主題思想，不管在任何一部作品中，都比較注意作品和人物的歷史和社會背景的描述。比如，被人們稱爲「失敗」之作，也被陳若曦自己說成是「有這麼整整一年，我刻意模仿，《巴里的旅程》便是這段時期的代表作。」的作品裏，也通過巴里這個主角的眼睛，攝下了許多具有時代色彩和思想內涵的生活鏡頭。其中有招搖過市的妓女；有蓬頭垢面被警察拿著哨棒追趕，要把她捉進「敬老」院的老女乞；有「憔悴著一張黃臉，瑟縮坐在石階上，懷裏揣著一個鉛灰嬰兒」卻找不到嬰兒父親的失足的女青年；有起哄將一個流氓漢擲向那對母子以開心的圍觀者……這些社會背景本身就具有思想意義，就是作品主題的呈現過程。了解了這一點，再去讀陳若曦其他作品就會明白，那些生活細節和見聞的描述，並非等閑筆墨，而是透露作品思想和情趣的一個不可缺少的窗口。

陳若曦創作的第二個時期，即去國後的「傷痕」文學，在陳若曦的整個創作中，佔有舉足輕重的意義。她的《尹縣長》中的六個短篇具有強烈的現實意義。「文化大革命」被稱爲「十年內亂」，它給中華民族造成的損失難以估量。可以估量的是物質的損失，不可估量的是精神的墮落，是沒完沒了的後遺症。特權、不正之風已滲透到社會的每一個毛孔中和每一個細胞裏；坑曹拐騙，墮落無耻等敗德行爲充斥於社會的各個角落。無疑，這些既是文化大革命的後遺症，也是「文化大革命」後的新產品。要想清除這些東西，振興中華，必須構築巍峨的精神大厦，徹底否定文革應是這座巍峨精神大厦的奠基工程之一。在這奠基工程中，陳若曦是有一分貢獻的。一九七三年陳若曦離開大陸到香港後便寫出了《尹縣長》和《耿爾在北京》這兩篇《尹縣長》集中最優秀的作品，先後在香港《明報》上發表。而那時，國內的「文化大革命」還在進行中，因而不可能被人們認識和理解。這兩篇小說先在海外華人中引起一片混亂，不少人寫文章批判她，攻擊她。有人甚至在信末寫『祝不當漢奸』」。陳若曦當時簡直成了千古罪人，她承受的壓力之大可想而知，作一個先知先覺是何等不容易。陳若曦對文革的懷疑甚早，她說「六六年夏天，我們終於離開美國，經由歐洲去大陸。八月在巴黎等簽證時，從報上得到老舍自殺的消息。我一向崇拜老舍，他的死使我對於蓬勃開展的文化大革命，很快發生了疑問。」⑥陳若曦對文化大革沒有一個緊跟、懷疑、否定的過程，而是還未踏入國土便發生了疑問。到國內親身經歷了一段時日之後，她更加確定了自己的認識。因而她的反對和否定文革，既有旁觀者的清醒，也有親歷者的感受。她在脫離險境後呼出第一聲對文革的詛咒和吶喊，是完全可以意料的。她懷著對中國的愛，對同胞的愛，寫出的否定文革的作品和懷著幸災樂禍的心情希望中國毀滅的反華叫囂，本質是不同的。陳若曦說：「我並不欣賞中國七十年代以前的共產主義制度，但是仍然擁護社會主義的一些理想。而自小養成的強烈民族主義意識，也不允許把自己變成中國的敵對者。我是臺灣人，最是思念故鄉的親友，然而怕當『反共作家』，也怕誤會爲『反華』者，我一直不敢作返鄉行。」⑦陳若曦在《尹縣長》集子中體現的思想面是比較開濶的。《尹縣長》中通過尹飛龍的被殺害，揭露了「文化大革命」殺害的是忠實共產黨的幹部，並徹底地破壞了共產黨的對待起義人員的政策；通過耿爾和老傅等形象的描寫，揭露了「文化大革命」對知識分子的迫害；通過對晶晶和冬冬形象的描寫，揭露了「文化大革命」連兒童都不放過的殘酷；通過對任秀蘭等形象的描寫，揭露了文革是一場內訌、內亂。就思想的深邃性來看，《晶晶的生日》和《耿爾在北京》最爲突出。《晶晶的生日》中作者刻意描寫了兩個兒童。一個是晶晶，一個是冬冬。他們都天眞、活潑、純潔、無瑕；他們的腦子裏是一片期待春播的處女地；他們還沒有能力去分辨政治風雲中的好和壞；更無法去判斷大人物之間的是與非。路線鬥爭、階級鬥爭對他們來說風馬牛不相及。但那些信奉左傾的人們，卻硬要把六、七歲的兒童也捲進政治風雲中，半夜裏拿來錄音機對孩子進行逼供，這無疑是對幼小靈魂的一種強姦。「文化大革命」竟然革到六、七歲兒童身上，把兒童當作互相攻擊陷害的工具，從而也就看出了這場所謂「大革命」的實質了。《耿爾在北京》中，寫得最具思想深度的人物是小晴。小晴這個溫柔美麗的姑娘愛上了一個比她大三十歲的知識分子耿爾，倆人不僅熱戀著，而且就要準備結婚了，但是，一場「大革命」不僅摧毀了他們的愛情和婚姻，而且由於小晴參加工宣隊，變成了一個毫無情意的政治機器。「大革命」不僅迫害知識分子，摧毀人們的幸福，而且破壞和扭曲了人們的情感和性格。作者把著眼點放在「文革」對人們情感和性格的摧毀和扭曲上，就突破了表層性的揭露，把思想深化了一層。熟知陳若曦的臺灣現代派詩人葉維廉對陳若曦的《尹縣長》集子中體現的思想這樣評價，他說：「她在小說裏的抗議，不是那簡單而含糊的『反共』二字可以說明的，我們或可如此說，她基本上是相信社會主義的可行性的，她反對的是現行制度硬化後的形式。」⑧由於視野的限制和情感衝動之故，陳若曦的《尹縣長》偏於揭露而疏於剖析。而且對於「文革」悲劇的根源過於歸咎某個人的責任，而缺乏對它產生的歷史和時代背景的分析，這表現作者觀察事物的全景性和深邃性、判斷事物的冷靜性和科學性還比較欠缺。這和陳若曦是屬於感情形態的作家，關係極大。

七十年代後期，陳若曦即進入了以中、長篇小說爲主的創作階段。此一階段，她以成熟的筆觸探入了海外遊子生活的領域，奮筆疾書他們的生活和命運，他們的情感和品質。這些人中有大陸人，有臺灣人，他們互相幫助，互相關懷，又互相結合，在這遠離故土的美國構成了一個獨特的華人世界。例如，長篇小說《突圍》，描寫了美國大學教授中國文學的華人教授駱翔之。他是杭州人，有著深厚的民族情感。六十年代曾打算回國教書，但是由於理想中的《近代中國文學史》沒有寫成功，想先立名後回國，加之母親的阻撓，便沒有成行。進入七十年代後，因臺灣留美女學生「美月闖進了他的課堂，也攫住了他的一顆心。他愛美月，興趣也跟著轉到臺灣。爲考慮要利用大學休假去臺灣教書一年。可是孩子有心理毛病離不開美國。當然，文學史還沒有完稿也是一個藉口。」他和美月結婚生子後，感情便慢慢淡漠，於是又和從杭州來美留學的姑娘李欣欣打得火熱。兩人曾背著美月在外同居，並允諾離婚後與李欣欣結婚，氣得太太離家出走。太太出走後，家中留下一個患「自閉症」的孩子，弄得他狼狽不堪，使他認識到妻子在家裏的重要性，不但打消了離婚念頭，而且急盼妻子回家。而作品中的另一主角李欣欣，杭州人，因多年代駱翔之的老母給翔之寫信，便蓄謀通過駱翔之的幫助去美國留學。當她到達美國後，因各方面都要靠駱翔之之幫助，便和五十九歲的駱翔之一起鬼混。「他親吻著欣欣的髮辮，像朝聖一般地虔誠。頂禮膜拜之後，濕熱的雙唇才移到光滑濕潤的額頭，順著眉心下滑。像往常一樣，她閉上了眼任憑他愛撫，好像嬌羞得不忍張眼看，又馴順得像隻羔羊。只有越來越粗的呼吸告訴她，她的心和他息息相通。當他把熱吻頻頻印在她耳垂和頸項之間時，欣欣忽然張開了雙唇迎上來。一口咬住了他，便用力回吻起來。兩隻手抓緊他的肩膀，有如螃蟹的兩隻前脚，牢牢把對方掐住。」她期盼著駱翔之家庭破裂，急待著駱翔之與太太離婚，她像一個闖進別人果園裏摘桃子的盜賊，膽怯心虛，但卻又執著任性。當破壞了駱翔之的家庭，給美月造成了精神上的巨痛之後，她還有一套自欺欺人的理論，把責任推得一乾二淨。最後駱翔之夫婦和好，欣欣卻在經歷了一場巨大的感情上的波折之後，在自我矛盾中作了失敗者。「我的理智說，你應該馬上走；可我的身體說，你要留下來。我就是這麼掙扎過來的。翔，隨你吧，如果你願意面對明天的麻煩——不過，也是最後一次了。」書名「突圍」，有著強烈的象徵意味。從表面看是小琴從自閉症中向外突圍，從隱蔽的深層象徵意看，是李欣欣從不正當的情感和愛情關係中向外突圍。小琴雖然沒能完全衝出「自閉症」的羈絆，而欣欣卻在客觀情勢的逼迫下突出了情感之圍。作品不是簡單的描寫三角的男女情感糾紛，探索家庭和睦之道，而更深一層的意義和更博大的視角，是在探討中、西文化的衝突。作品中的林美月是個賢妻良母型的人物，是中國傳統文化的代表，即使浸泡在西方文化的大染缸裏，她也不變顏色。盡管兵臨城下，我自巍然不動。在中西文化衝突中失落的一群是駱翔之、李欣欣及與李欣欣同來美國的上海姑娘姚莉，以及完全西化了的劉一良的妻子芳妮劉。姚莉的事情作品中描繪不多，不過從她所說的：「欣欣，不是我愛打扮，現在是待價而沽呀！怎麼能不注意穿著呢？……」便可看出她的人生價值觀和開放程度。最終，姚莉的命運比李欣欣還悲慘，被破窗而入的暴徒強姦並殺成重傷。芳妮劉不僅英文名字性感，床上功夫好，而且有一套完全與中國倫理道德相反的婚姻家庭觀。她說：「美月，你可能把婚姻看得太神聖了。我認為婚姻是一場交易。當然，更高尚的說法，應該說是一門藝術，不管怎麼比喻，女人在婚姻裏起著決定性的作用。但是這種作用，我寧願是幕後的，你懂嗎？……」她還要用自己丈夫的精子去找別的女人作工具生子，以代替自己懷孕。不過，在中西方文化衝突中互有輸贏，駱翔之的美國學生湯姆和蘇珍對蕭紅和蕭軍的崇拜，可看作是東方文化西漸之表徵。陳若曦描寫中西文化的互相衝突和滲透，完全是通過人物的生活、情趣、愛好，通過人物的性格活動來體現的，而不是以作家的說教來表明，因而更具有說服力。陳若曦的另一部長篇小說《紙婚》和《突圍》的題材、主題乍看相似，細究則不同。這部小說描寫了中國大陸姑娘平平自費到美國留學，為了籌集學費到餐館去打工，受到老板調戲，因反抗老板的調戲，被餐館老板告發，美國移民局限期叫平平出境。在平平進退兩難的處境中美國青年項幫助了她。「在我惶惶然如喪家之犬的時刻，他伸出了援手。」為了使平平能拿到綠卡，獲得永久居住權，項和平平進行了假結婚，即「紙婚」，騙過了移民局的眼睛，幫平平度過了難關。但是當平平獲得了永遠居留權，按照原來商定的時間將要離開項之際，項卻患了不治之症——愛滋病。愛滋病是一種非常兇惡而危險的傳染病，通過精液和唾液傳播。平平雖然和項同室分居，但兩人卻一起共餐，傳染的可能性是很大的。此時如果從個人考慮，平平正好趁機離開項去讀自己的書，但是平平卻在項衆叛親逃的情況下留了下來，對項進行了無私的體貼和照料。顯出了炎黃子孫爲友朋臨危不懼的無私品德和崇高靈魂。如果說這部小說和《突圍》一樣是表現海外華人孤寂的漂泊靈魂，倒不如說它側重於東西方文化的對比，從而表現西方世態的炎涼，人情的冷漠。平平的假美國丈夫項患愛滋病後，父親見棄，朋友紛紛逃離，而唯有一個中國姑娘和他的一個同性戀伙伴朱連在他身邊幫助他。這在中國同樣的情況是難以想像的，起碼父母和兄妹不會棄之不顧。不僅是美國人，就是在美國文化長期薰陶下的中國人，也變得冷冷冰冰。平平剛到美國是住在早在美國定居的姑媽家中。在中國，姑媽幫助侄女是人之常情，不僅是道義而且是責任。尤其在一望無親的地球的另一面，不要說有骨肉之親，就是仇人異邦相逢，也會化解而伸出援手。但平平的姑媽是怎樣對待平平的呢？「住她家八個月，我當了不折不扣的全時傭僕，又給她油漆了客廳和臥房。說好油漆工錢按法定最低工資每小時三塊半計算，由她代存。等到我九月入學找她拿錢時，竟然一錢不剩。原來她也照算我的房租伙食，兩相抵消掉。學費八百元要另外向她借才行。據說這是美國作風，親戚歸親戚，金錢歸金錢，風馬牛不相及。一氣之下，我搬去上官公寓住，晚上到餐館打工賺錢。就因爲學生身分禁止打工，我被告發了，這才會遭到移民局限時遞解出境的下場，也才被逼上演了這齣假結婚的戲。凡此種種，始作俑者不是她嗎？」在中國人看來如此把侄女逼上絕路，應該是極不道德的行爲，應該是十分內疚和愧對家人的，起碼難以面對故土的兄弟和母親。然而在美國，不僅司空見慣，而且心安理得。作者以事實對中西文化進行了對比，從而告訴人們還是中國的親情、鄉情、友情值得懷念和眷戀。陳若曦的《紙婚》還觸及了一個相當新的題材，即同性戀和愛滋病。作者是把同性戀和愛滋病作爲一對因果關係來描繪的。由於同性戀，因而導致愛滋病；也因而愛滋病成了對同性戀、即男妓行爲的致命打擊和嚴厲懲罰。作品中寫道：「男同性戀者進行肛交，易撕裂腸壁，病毒乃進入血液。目前研究，血液是主要傳染途徑，精液次之。」因而作者通過平平之口說出了自己的主張：「我並不同意朱連的觀點，但我遵重他的意見。他也響應卜醫生的呼籲，應爲玻璃圈內急需建立性理論，並自我克制，才能免於淘汰的命運。」在作者看來，同性戀和愛滋病是一對「罪與罰」的關係，因而項不治而死，朱連自殺身亡。《紙婚》以事實告訴我們，同性戀應該扼止，否則人類將被淘汰和毀滅，這就是結論。

第三節　象徵、哲理、情趣

閱讀陳若曦的作品，感到有一種巨大的衝擊力。這是激情的洪流，這是意識的衝擊波。它襲捲著，推動著讀者的心靈隨著作品激情的洪流向前，無岸可泊，無站可停。這種情況最突出地表現在她早期和中期的作品中，這主要是情感和意識太露之故。葉維廉在評價陳若曦的早期作品時說：「他那時期的小說，情緒激溢，語言誇張，著重戟刺，小說的進展被強的未受節制的主觀意識及偶發而具爆炸性的潛意識活動所左右，而這些文字現象又是由於她缺乏一種熟思的完整觀念的視界，作爲她所批判或抗拒存在現實的準據。因而也無法構成強烈的悲劇意識。」葉維廉的這一評價是對的，然而他卻認爲：「這和她第二時期的作品形成鮮明的對比。」對此，本人持有不同之論。葉維廉所說的陳若曦早期作品中「情緒激溢，語言誇張，著重戟刺」的現象，在她中期的作品中不但沒有消失，而且還有某些發展。不過這種現象並非全屬貶抑，應該一分爲二。情緒激昂之作，好處在於感染力，撞擊力強，易於造成作品的昂揚旋律，明快節奏。而缺點在於不能異常冷靜地運用思索，易使作品和人物表面化，難以開掘更深的主題。陳若曦《尹縣長》中的篇章之缺乏歷史和時代的宏濶視野，缺乏人物命運和時代命運相連繫，相交織的深邃思索，就是上述原因造成的。陳若曦進入中、長篇爲主的創作階段後，便注意克服這種局限，運用哲理的手段和象徵手法使主題得到深入。陳若曦創作中運用得較爲成功的藝術手段，形成了她作品的較爲顯著的特色。

1.哲理手段的運用。哲理在文學作品中是深化主題的有效手段之一。像混水中之明礬，像藍天中之陽光，像晨霧中之輕風，像顯像之藥水。有時小說中經過大段大段的故事情節和人物活動的描寫之後，如用具有哲理性的語言稍稍一點，其意義便驟而昇華，給人撥雲見日之感。比如陳若曦在《紙婚》等作品中就多次運用哲理手段來激勵和啓迪人們的思考。她在《紙婚》的後半部中安排了一個《等待果多》的話劇。「第二幕可說雷同第一幕。兩個男人（他們不知怎麼會永遠在一起，想分手又懶得行動）仍然光說不作地等待果多，而果多仍差小男孩來通知，『今天不能來，但明天來』他們便繼續等下去。」而「果多是誰？也許是我們的希望；命運或救世主，也許是另一個自我。我以爲這果多同時也是個騙子。他讓人翹首以待，卻總叫人失望；一再延宕，但又偏偏留下許諾『我會來』。這是一首期待落空後，萬分無奈，但又倖存一線希望的輓歌。」這是同性戀者、愛滋病患者的情緒，也是他們的生活。他們的命運不可捉摸，他們的未來不可預測，他們面對的是希望但又是絕望。作者用極有哲理意義的果多的故事來象徵他們的處境把劇中和劇外溶爲一體，頗能體現作品的思想。陳若曦的作品中正常體現一種辯證法的思想。例如《紙婚》後半部的《感恩節前夕》一節中寫道：「每個人有各自的理由感恩戴德，但是一個人的甜食卻可是他人的砒霜。當衆多美國人爲了紀念最早移民安抵美洲大陸，紛紛購買火鷄並製作南瓜餅過節時，電視卻揭露了歷史的另一面。印第安人也集會紀念同一個日子，但目的在憶甜思苦，他們抗議白人鯨呑土地和殺戳族人；控訴白人摧毀文化並且滅族滅種。」美國這感恩節對印第安人來說不但無恩可感，而且是激起憤怒和仇恨的契機。

2. 象徵手法的運用。《突圍》是多層象徵手法的套用。就作品的整體來說是一種人物命運的集體「突圍」；是一種觀念形態的「突圍」。這是整體性象徵。但「突圍」又象徵著小琴從「自閉」中向外突圍，這是第二層象徵。以小琴的「自閉症」來象徵李欣欣從不正當的情感和愛情關係中突圍爲第三層突圍。整部作品就是以整體象徵套部分象徵，以大象徵套小象徵結構而成的，因而我們可以這樣說，《突圍》這部小說，是一種象徵結構法。陳若曦的早期作品許多運用象徵手法非常成功。像我們上面談到的《灰眼黑貓》中灰眼黑貓和文姐不幸命運之間的象徵性，《巴里的旅程》中以自然環境的黑暗象徵著社會現象的汚濁等。陳若曦的中期作品中，也不乏用得令人叫絕的象徵手法的例子。例如《耿爾在北京》中，耿爾的第二個情人小金因科學院研究所領導上不批准他們的婚姻，造成小金無奈與別人結婚。小金結婚後，一次他們又不期而遇，小金告訴耿爾，她已經和別人結婚了。這時作者寫道：「兩人默默地走過了一盞路燈。背後的燈把他們的身子投影在路上，他們就踩著這黑影往前走著。」這旣象徵他們倆當時昏暗的心情，也象徵他們倆今後的關係和他們的幸福已經完結。耿爾命運未卜，小金嫁給了一個她不愛的，身體不好，在家養病十多年，兩個孩子都成了家的老幹部。

3.諷刺中釀成幽默情趣。《尹縣長》中，尹飛龍被紅衞兵槍斃的場面，雖然是慘痛的悲創，但卻釀成了非常幽默，令人深思的諷刺效果。那便是尹縣長對著紅衞兵的槍口連連高呼「毛主席萬歲！」槍斃者和被槍斃者都是忠於毛主席的。高呼「毛主席萬歲！」者表現了無以復加的愚忠，到生命最後一刻還拼命表白心迹。但這口號的呼出又恰恰變成了與對手鬥爭的一種武器，因爲對手也還忠於毛主席，如果捂住他的嘴不讓他喊「毛主席萬歲！」將是一種反對毛主席的行爲，而讓他喊又槍斃他。豈不更是一種犯罪？這是不加修飾的以白描手法使事實本身放射出了巨大的諷刺力，這諷刺力又造成了濃郁的幽默感。作品在這裡顯出了巨大而深刻的思想威力，旣揭露了「文化大革命」的殘酷，也暴露了愚忠行爲的可笑。

4.細膩生動的細節描寫。小說的感染力雖然是一種作品的綜合效應，但是，生動、眞實、細膩的細節描寫，卻是造成作品感染力的主要因素。作品細節的眞實、生動旣是好小說的基本條件，也是寫好小說的關鍵所在。它要靠作家精細的觀察，準確的捕捉和概括，還要對自己筆下的事物和人物作宏觀和微觀的把握和控制。陳若曦是一位細節描寫的高手。首先請看她對耿爾的一個細節描寫。一次耿爾下館子吃飯，作者寫道：「一個年輕的服務員送來了一幅碗筷，耿爾點了幾盤牛羊肉，外帶粉絲白菜和燒餅。等服務員算了賬，他就付了鈔票和糧票，把收據壓在碗下。乘別的座客忙於點菜付錢，他從中山裝的口袋裏掏出一個小瓶，取出兩團酒精棉花，把一隻筷子拿到桌下，用棉球揩拭了一番；小碗也如法炮製。」這個細節不僅充分地表現了耿爾的身分和性格，而且表現了當時的氣氛和環境。首先耿爾來吃飯前就事先準備好了酒精棉花球，說明知識分子科研人員的精細，事先準備酒精棉花球，又說明館子在文革氣氛中的一貫髒和亂。耿爾把手伸到桌子下面拭擦筷子是有思想活動的，一是，怕別人罵他窮講究；二是，當時知識分子的處境不好，動輒得咎，形成一種下意識地避禍動作。再請看《突圍》中作者描寫林美月出走後，駱翔之和她通了電話，向她說出「美月，這個家不能沒有你，孩子需要你，我……我也離不開你」時，「她痴痴地盯著電話機，周而復始地咀嚼著丈夫的話。雙手交叉貼在胸口時，才發現手在顫抖。心情卻是輕鬆的，好像剛剛經歷了一場疾風驟雨，現在雨過天晴，心上也是一片爽朗。」這細節生動逼真地說明了一個被迫出走者獲得期待後的形體和心靈狀態。

附註：

① 《速說四十六年》
② 《速說四十六年》
③ 《速說四十六年》
④ 《速說四十六年》
⑤ 《速說四十六年》
⑥ 《速說四十六年》
⑦ 《速說四十六年》
⑧ 《陳若曦的旅程》（《尹縣長》第二十三頁）

第六章　著力探索心靈藝術的歐陽子

第一節　沒有童年的女作家

被稱爲臺灣大學外文系才子派的女作家歐陽子，常常爲自己沒有童年而嘆息。的確，一個作家的童年猶如一切植物之幼苗時代，幼苗茁壯的樹和先天不足的樹，其生長發育便大不一樣。歐陽子在臺灣現代派作家林中，是一個才華出衆，但卻先天不足的作家。因而使他的創作受到一定影響。正因爲她沒有童年，先天不足，她的作品大都生活基礎比較薄弱。歐陽子爲了彌補生活上的不足，在藝術上拼命進行追求；爲了彌補社會經驗不足，刻苦向書中吸收間接的經驗；爲了彌補外在的不足，努力發掘人物的心靈世界。

歐陽子，本名洪智惠，一九三九年出生於日本，臺灣省南投縣人。歐陽子的祖父洪煉，生前是當地的一名鄉紳，也是臺灣的名士，十分重視對子女的培養，日據時代將歐陽子的父親洪遜欣送到日本留學。洪遜欣學成後留在日本廣島法院任職，因此歐陽子便出生在日本廣島。由於洪遜欣調到岡山市法院任職，全家才免於原子彈之災。歐陽子的童年，即小學時代在日本度過。一九四五年日本帝國主義投降後，洪遜欣辭去日本法院之職，帶著妻女返回臺灣。歐陽子的童年丟在日本，對她的文學創作是個相當大的損失。她說：「就創作來說，我在日本度過童年的事實，對我十分不利。絕大多數的人，記憶中的童年，是溫馨的，美好的；童年時代接觸的人物，在回憶中多是樸實無華、善良無比。我自己也有一些這樣的童年記憶和印象……在我有了國家觀念之後，尤其在我了解了日本侵華的歷史之後，當然就不願意也不能夠再提的了。試想，有過日軍在南京的大屠殺，我還有什麼心情，什麼權利，去追敍我心愛的一年級老師，在抗戰末爲『大日本國』慷慨捐軀，所帶給我幼小心靈強烈震撼？所以，在寫作生命中，我是一個沒有童年的人。這是很吃虧的。看看中外古今多少文學作品，特別是長篇小說，都和作者本人的童年經驗有不可分離的關係！」①歐陽子在臺北一女中讀書時，即十三歲便開始寫作，高中畢業時她發表的散文竟也剪貼了厚厚的一册。歐陽子說：「高中時候，直到大一，我的專長是寫抒情文與散文詩。文字充滿濃厚的夢想色彩，總是寫得淒婉哀愁，柔腸寸斷似的，卻贏得國文老師『意境超軼』，『美哉斯文』等佳評。有的同學比喻我是『張秀亞第二』，更使我得意萬分。」歐陽子開始寫小說，是進入臺灣大學外文系，到了二年級和陳若曦、白先勇等一起創辦了「現代文學社」，出版了《現代文學》雜誌之後。自從寫小說後，歐陽子的文風一變「超軼」而爲「冷靜的心理寫實」。她說：「在上《英國文學史》的時候，夏教授偶然閑談起年輕人寫文章的通病。那便是溫情意味太濃，形容詞太多，陳腔濫調遍布，內容虛幻不實，不客觀，不冷靜，缺乏理性控制……我覺得簡直就是針對我而說的。夏教授也是同樣一句話：『人生不是這樣的。』所以，後來我們辦《現代文學》，我試寫小說，就乘機把作品的風格和題材改換了，開始以冷靜分析的手法，從事心理寫實。」②

歐陽子是臺大外文學系畢業的，大學四年攻讀西方文學。大學畢業後於一九六二年又赴美留學，進入愛荷華大學小說創作班專修西方小說，一九六四年獲碩士學位。一九六五年隨丈夫到美國南部德州奧斯汀市定居。歐體子先後曾在愛荷華大學、伊利諾大學等研讀亨利·詹姆斯、海明威、福克納、蕭伯納等的小說和戲劇，《基督山恩仇記》、《簡愛》、《小婦人》、《查泰萊夫人的情人》等西方名著曾強烈地打動了她的心。佛洛伊德的學說、西方的存在主義哲學、美國心理學家阿藍·佛羅姆的心理學對歐陽子也有深刻影響。因而歐陽子的小說，在臺灣現代派作家中是屬於反傳統的西化之作。

歐陽子在談到她的創作受到西方文學的影響時說：「那時我剛修過福克納，滿腦子都是他的作品。學期報告我寫的是『《當我垂死時之結構與語調》』我採用從愛荷華創作班得的新批評法，詳細論析福克納的這一名著，當時極受教授的贊賞。大概因爲我太用心寫這分報告，印象久留不去，數月後寫小說《近黃昏時》，我竟也跟著試驗起多重觀點的運用，不同語調的運用。甚至小說人物，母子之間的曖昧感情等等，也有點是取自《當我垂死時》。所以後來我的小說遭受攻擊，有人罵《近黃昏時》不像中國人的作品，我也無話可說。」臺灣批評界對歐陽子的小說有褒有貶，褒者大都從作品的藝術技巧方面給予肯定；貶者大都從內容方面進行批評。的確，在心靈解剖方面，不管是臺灣的現代派作家，還是鄉土派作家，都無人與歐陽子相抗衡。因而「心靈的外科醫生」和「心靈藝術家」的稱號，對她來說當之無愧。但就作品內容之貧血和蒼白而言，臺灣批評家們也無疑擊中要害。何欣在《歐陽子說了些甚麼》一文的結尾，這樣概括歐陽子的作品：「《秋葉》集裏的人物，便都是些缺乏思想，缺乏性格的浮萍。我們無法相信臺灣大學文學院裏那批高材生就只生活在以報復以詭計爲基礎的愛情裏，我們也難以相信三、四十歲的婦人們生活目標只不過是宜芬、麗芬變態性衝動，或蘭芳、敦敏的阻撓兒子戀愛以免自己陷於空虛。也許由於這些，《秋葉》集裏的故事都缺乏力量，推著故事發展的那種洶湧大浪的力量，也缺乏聲勢奪人的緊張；更缺乏咄咄迫人的現實感。」歐陽子的小說不算多，甚至可以說是太少，但人們卻都承認她是臺灣現代派中的大家之一。假若歐陽子的作品不是在藝術上有著不可取代的獨特地位，假若歐陽子的作品毫無內容可言，歐陽子是不可能得到這頂桂冠的。

第二節　蒼白中呈現的紅暈

一個嬌小蒼白的姑娘和一個茁壯的紅臉大漢相比，自然是不能同日而語。但那嬌小蒼白的姑娘之所以能維持生命，活在人間，也自有血液循環系統。有時在她那蒼白，甚至焦黃的臉上，也會泛出桃花一樣的紅暈。我們評價一個嬌小蒼白的姑娘，不應和一個茁壯的紅臉大漢相比較。在評價歐陽子的作品思想時不應以陳映眞和黃春明的作品主題來要求。歐陽子小說的主題有下列幾點値得一提。

1. 進行人生「突圍」，爭取性格解放。這一主題在歐陽子的小說中一再被表現，被突出，也是她作品中最生動，最重大，最深刻的主題了。這一思想表現得最突出、最成功的是《素珍表姐》。作品中的女主角理惠和她的表姐素珍從小一起生活，一起長大。但是素珍卻處處高她一頭只要有素珍在，彷彿就沒有理惠的身影。理惠像一個小人永遠被素珍的影子掩蓋著；理惠被套在大帽中的衫帽，永遠沒有出現的時候。「素珍的陰影，卻總是覆罩著她，濃濃重重，使她一次又一次喪失了自己」。理惠在素珍面前也充滿自卑感，她「對表姐唯命是從，跟著跑前跟後，由她發號司令。」到了初三之後，理惠開始覺醒，她感到素珍成了她前進道路上的一座大山，壓得她透不過氣來，如果不搬掉這座大山，她便沒有人格，不能獨立，更不能發展。於是她運用一切方法，也包括不光彩的手段，要超過素珍，把自己變成強者。學習上她發憤圖強，由全班的第二十幾名一下躍居第二名。她奪表姐的女朋友余麗眞，她也不惜像瓊瑤《烟雨濛濛》中的女主角陸依萍奪其同父異母妹妹的未婚夫一樣，去奪素珍的未婚夫。在這種生命突圍，個性解放的鬥爭中，理惠雖然沒有大獲全勝，但卻有了出人頭地的時刻。應該說理惠是歐陽子筆下個性解放中唯一的女英雄。《秋葉》中的敏生，爲了從父親的孔孟之道說教的束縛中獲得解放，他不惜和自己的後母宜芬進行亂倫之戀。當宜芬脫光衣服赤條條地站在他面前時，他神魂顚倒，跪地而呼：「你愛愛我，給了我，好嗎？」要不是宜芬在千鈞一髮之際突然控制自己，喊出：「不行，敏生，不行」他們兩人便在性衝動中纏在一起了。敏生要爭取自我解放的手段雖然是不正當的，但他的動機也不無可取之處。在歐陽子人物的畫廊裏邁出自我解放步子的除了理惠，第二位可能就要算是敏生了。歐陽子的小說中還有一類自我解放者，是沒有成功的藾中「英雄」。比如《半個微笑》中的少女汪琪，她很不情願扮演「人家要她扮演的角色：用功、規矩、拘謹、持重，雖然她明明知道這並不是眞正的自己，她沒有辦法，她是個懦夫。」汪琪也曾多次爲恢復自己眞正的角色，去掉罩在頭上的假面具而設想過，激動過：「等著吧，我終會解脫的！我知道我終會解脫的！只要機會一到……唉，唉，總有什麼要發生的，一定的，不管這事件性質如何，不管這事件怎樣發生……我總有預感，終有那麼一天，我的生活將因某件大事的發生而全盤改變……」她的失敗就在於她是一個口頭革命派，不但沒有任何實際行動，而且一面幻想著解脫卻一面繼續在做藾。因而只能：「她絕望了，從來沒有這樣絕望過。她眼看自己辛辛苦苦脫下一幅假面，原不過是爲的另換上更可怕，更虛假的一幅。她永不得爲自己生活，她永遠必須演戲。」和汪琪一樣，《美容》中的美容，也是一個套著假面具的人。她們不一樣的是美容是一個外表十分完美，內裏十分醜惡的少女。她不但沒有汪琪那種自覺和願望，而且執迷不悟，一個勁地向汚泥濁水中鑽去。如果說汪琪是一個藕中「英雄」，是一個口頭革命派，那麼美容卻是掉進濁水中的一塊汚泥，內外混濁一團。

2. 中西方文化衝突。這是許多海外作家筆下常出現的主題，也是他們生活中，思想上常常遇到，並引起撞擊的問題。歐陽子的小說《考驗》中，描寫了中西方文化衝突的兩條線索。一是，由一百多位臺灣和香港的留學生及中國教授們形成的反對西方思想，固守中國文化的「中國集團」。他們「總是聚在一起，吃中國飯，說中國話，固守一切中國習慣，並堅持排拒一切美國思想，美國作風。」他們在汪洋的西方文化大海中，凝聚成一個獨立的中國精神的小島，抗擊著西方文化風暴的衝擊，抗拒著西方精神的侵入。另一個線索是女主角美蓮和美國青年保羅的戀愛。美蓮認爲東方文明「已經過時，不合時代潮流的文明」，而保羅卻是中國傳統文化的崇拜者。常暢談「他對東方精神文明的傾慕，對西方物欲主義的厭惡，並大大讚揚儒家思想，把孔子捧得比神還偉大。」這兩個各自叛背自己文化的青年男女，雖然他們在外表上有著各自的吸引力，但由於文化觀念的各自背叛，而終於愛情之絲斷絕。作者似在表明傳統文化的根深蒂固，東西方文化之難以交融，即使在各自背叛的情況下，也難以合而爲一。中西方文化的衝突，在《秋葉》裏表現得尤爲突出。中國文化的象徵啓瑞，雖然在美國教書，但卻出汚泥而不染。爲了維護中國文化，美國籍的妻子出走後與中國新寡宜芬結合；爲了維護中國文化，他下課回家第一件事便是脫掉西服，穿上中國的長袍，爲了維護中國文化，他不喝咖啡，不吃三明治，而喝中國茶，吃中國式的稀飯；爲了維護中國文化，他從小就教敏生說中國話，認中國字，給他灌輸儒家思想，教他中國禮儀和倫理道德。而這篇作品中啓瑞的混血兒敏生，是中西文化衝突的交點。他身上既有中國人的血統，也有美國人的遺迹。東西方文化在他身上滙集，又在他身上爭奪，因而他「長期地探索自我的掙扎，我問自己，我到底是誰？我究竟是爸爸，還是媽媽？是東方人？是西洋人？是中國人？是美國人？……兩股力量，在我胸中，相扯相鬥，輸贏難分。我有被撕裂的感覺，永遠痛苦，得不到安寧。」歐陽子通過敏生這個人物，將東西方文化衝突人格化，從而表現出這鬥爭的尖銳性和內在性。不過在歐陽子的筆下，中西方文化衝突中東方文化是倘失敗的角色。《考驗》裏一百多人構成的「中國集團」反對中國姑娘美蓮與美國人保羅的關係，但美蓮卻頂住壓力投進了保羅的懷抱；《秋葉》中啓瑞化了那麼大精力去爭套敏生，但卻在不動聲色的西方文化面前失敗。敏生不僅幾乎奪去了他的少妻宜芬，粉碎了孔孟的長幼尊卑之道和孝悌觀念，而且最終離啓瑞而去，到芝加哥去尋找他的母親去了。這裡作者以異國的一男一女結合又分裂，來顯示東西方文化之不可調和，以敏生反對父親，嚮往母親，而最後又奔向母親，來顯示東方文化在較量中之失敗。這裡雖然是作品中人物之活動，但通過對人物的刻劃和褒貶，也表達了作者的文化觀念。和許多留美作家把東西方文化衝突和濃郁的鄉愁結合在一起，從而表現出對中國傳統文化的深切眷戀相比較，歐陽子的作品在表現中、西方文化衝突時，卻和鄉愁沒有關係，兩者是隔離的。這種情況也多少看出歐陽子對於中國傳統文化的態度和別的旅美作家，如陳若曦、白先勇、聶華苓、於梨華等人是有區別的。

3.描寫沒有愛的婚姻之不幸。沒有愛情的婚姻是不幸的，這雖然爲人們所公認，但是卻因種種原因沒有愛情的婚姻卻層出不窮地發生。而且，很多又都是發生在當事人自願的情況下。在現代社會裏由於生存的需要，有的人利用優越的經濟條件和地位，去購買色相和情欲，而另一部分人卻因生存需要去出賣自己的色相和情欲，於是感情上的缺陷被金錢、榮譽作了掩蓋；於是婚姻上的不平等被別的欲望所填補。這樣雖然沒有愛情，但卻雙方自願的婚姻就屢屢發生。歐陽子小說中描寫的那畸戀和性變態中的男女，尤其是那些三、四十歲而「紅杏出牆」的女人，大都是這種情況。《秋葉》中的宜芬，原來的丈夫鴻毅是個飛行員，「飛行訓練尚未完結，就遇難身亡」自己成了一個年輕寡婦，身價頓跌，因貪戀比她年長二十歲的啓瑞「有雄厚的經濟基礎」，又有「很高的聲望」，委身於他。但金錢可以滿足她的生活欲望，提高她的享受，卻滿足不了她感情需要，解決不了她欲火的衝動，於是當敏生向她挑逗時，她赤赤條條地脫下了所有的衣服，「突然覺得自己枉費過去的青春，一下子全都回來了，取之不盡似的。」《近黃昏時》中的四十多歲中年婦女麗芬「小時候算命先生總說你命好，現在瞧瞧，你落個什麼下場。嫁得個不是你丈夫的丈夫。剩得個不是你兒子的兒子。」這說明她與比她大二十多歲的丈夫永福是一樁不幸的，沒有愛情的婚姻，因而就和一幫小男人們鬼混。「那些男孩兒們，一個個來又一個個走，總是把從你身上學到的，用到年輕女孩子身上去。」於是她成了一個性欲狂，死死抓住與她兒子一樣大的，兒子的替身余彬不放。《花瓶》中的女主角馮林本來熱戀著自己的表哥，但卻與自己不愛的石治川結婚，於是兩人互相爭鬧，進行報復，差點在月光下被丈夫掐死。「爲什麼沒把我掐死，諒是你怕，你沒有這膽量。」《網》中的余文瑾本來愛著唐培之，但卻和沒有愛情的丁士忠成了鴛鴦，所以婚後還暗與唐培之來往，兩人的信被丁士忠抓獲，鬧出了一場不小的風波。《魔女》中的魔女與丈夫結婚二十年還每月背著丈夫去和情人約會同居，最後受到女兒報復。在歐陽子的小說中，除了《最後一課》外沒有一篇不是描寫愛情的，但奇怪的是卻沒有一樁愛情是美滿幸福的。全都是殘缺不全，或移情別戀，或三角並進，或始戀終棄，或老少搭配，或奪愛報復，或母子亂倫等等。歐陽子的筆下雖然全是殘缺不全的不幸愛情，但是由於這些人物奇特的心理和越出常規的行爲，卻沒有釀成眞正的悲劇意識。那些激人悲憫的悲劇意識，都被悲劇角色的反常行爲驅跑了，或冲淡了。因而很少能激發人們的同情和共鳴。比如：人們雖然同情麗芬的不幸婚姻，但卻更加譴責她玩弄男性的性欲狂；人們雖然憐憫宜芬的遭遇，但卻不能原諒她在敏生面前裸體相對；人們對余文瑾寄以同情，但卻對她無端地跪地求饒的行爲莫名奇妙。歐陽子爲了追求作品的戲劇效果和新奇表現，在某種程度上卻以犧牲作品的悲劇意識和人物性格作了沉重的代價。

第三節　心靈藝術上的突破

歐陽子小說的成就突出地表現在她對人物心靈的解剖上。她在《那長頭髮的女孩》一書的自序中說：「對於人類複雜微妙的心理，我一向最感興趣。我喜歡分析探究人類行爲的動機。因此，我的作品內容，常是敍述並解析一個人在某種情況下，面臨某種難題時，會起怎樣的反映，會做怎樣的抉擇。他之有此反映，做此抉擇，一定有其必然的道理，而這道理常可從他的環境，他的過去，或他的天性中，追溯得出，分析得出。」③從這段話中我們看出，一，歐陽子創作的目的和動機都是建立在挖掘人物內心世界的基礎上的；二，歐陽子探索的是人物心理活動的全過程，並非心靈片斷；三，歐陽子是把人物放在面對難題時的心靈撞擊和抉擇上；四，探索人物作出此種選擇的內外因素。像歐陽子這樣，把創作的重心放在對人類內宇宙的開拓上，有計劃，有目的，有策略地去探索人物的心靈世界的臺灣作家，還是不多見的。這種創作路向，實現了這樣的轉變：一是文學功能由反映和描繪人的社會生活等的外部世界，向人的心靈，即內部世界的轉變；二是創作方法上的由反映，描繪可見世界向開掘和探索隱秘世界的轉變。因而在歐陽子的作品中大量的不是描繪和反映人物的社會活動和外部形態，而是探索人物那種未公諸於世，或不便公諸於世的心靈內幕。為了達到這樣的目的，歐陽子為自己鋪展了通向心靈的廣濶之路。

1. 選擇情節不太複雜，人物比較少，但卻具有豐富心理內涵的事物。這種選擇可以避免把大量的筆墨揮灑在故事和情節的交待上，而把節省下來的筆墨充分地運用到人物內心世界的刻畫上。比如《花瓶》，始終就是兩個人物，情節也非常簡單。小說男角石治川和女角馮琳，夫妻倆生活在沒有愛情的婚姻中。石治川狹隘、自私，把妻子當作玩賞的「花瓶」，一心要在妻子面前顯示大男子的自尊，但卻無能為力。他的一切，甚至連心理活動都被馮琳看得一清二楚。一天夜裏，「石治川坐起身，聚精會神地凝望這沐在月光中的美女。於是，慢慢地，他開始愛撫她的肉體，他首先將手擱在她的小腿上，然後緩緩向上移動。他撫摸她平滑的大腿，豐滿的臀部，接著又撫摸她柔軟的小腹，隆起的乳房。最後，他將手停留在她脖子上。她的脖子是如此細小。這般纖弱，只需他用力一扼，十來分鐘即可解決一切。他自信有這股力量。一切都極簡單……」連石治川這樣細微、隱秘的罪惡心理，也沒能瞞過馮琳。「爲什麼不把我捏死？諒是你怕，你沒這膽量。」石治川既愛她，又怕失去她；既想在她面前擺出大男人的樣子，但又妒火攻心，沒有諒解她與表哥藕斷絲連的氣概，既想獨占她，又想在占不了時捏死她；既想捏死她，又沒有殺人的膽量，於是只能「全身軟癱，精疲力竭，再也動彈不得。」石治川這個人物集狹隘、自私、嫉妒、猜忌於一身，這樣的人物心理內涵最爲豐富，最適合作心理揭示的對象。女角馮琳、美麗漂亮，不甘受無愛情婚姻的熬煎，於是紅杏出牆，和表哥明來暗往。她在石治川面前，一切都明白如鏡，但卻大智若愚，不到關鍵時刻不出擊，出擊必勝，打得對手無招架之力。這樣富於心機的人物，當然也是心靈藝術家最樂意解剖的對象。《花瓶》人物只有兩個，故事極其簡單，但心理內涵卻極爲富豐，最適合心理開掘。和《花瓶》一樣，《半個微笑》等，也是人物少，故事簡單，但卻心理內涵極爲豐富的典型。

2. 讓矛盾衝突去撞開人物深邃的心靈。人們的心靈有如原子，有外殼有核心，不經原子旋轉加速器撞碰，就很難見到原子核而輕放出能量。如果說原子旋轉加速器是擊出原子心靈火花的手段，那麼矛盾衝突，則是擊出人類心靈火花的機器。正因爲如此，歐陽子與一般作家不同，不是先從人物出發來結構故事，而是先選擇有衝突的事件來設置人物。她說：「我差不多的小說題材，都是關涉小說人物感情生活的心理層面，以及他們的自我覺悟過程。多數人寫小說，常是先想出一個人物，然後圍繞著這一人物，構遷出情節故事。我卻有點不同，我總是首先想到一種處境，或困境，繼而推想，一個具有某種性格的人，在陷入這樣的困境時，會起怎樣的心理反應？會採取怎樣的實際行動。而這個主角最後採取某種行動，或顯露某種表現，一定和他對於該困境所起的心理反應，有直接而必然的關聯。」

歐陽子這裡所說首先選擇一種困境，然後看人物怎麼對待這種困難，有怎樣心理反應，就是選擇矛盾衝突，就是要在激烈的矛盾衝突中觀看撞擊的火花，從而捕捉人物心靈的眞蒂。因爲深埋在心靈深處的東西，不像人物的形體活動，只需要進行一般觀察便可獲得，如包藏在外殼內的核桃仁，必須敲碎外殼才能到口。歐陽子尋找困境的過程就是尋找敲開人物心靈外殼的武器，把人物心內的核桃仁裸露出來。例如《魔女》中倩如的母親魔女，與丈夫婚後二十多年的時間裏，固定藉口每個月去鹿港看母親而去和情人趙剛同居一次。而趙剛卻是一個玩弄女人成性，「有時收養情婦，有時情婦收養他」的人。倩如父親死後，倩如母親和趙剛結婚的唯一條件是能和他結婚，她可以忍受一切屈辱，吞嚥趙剛給她的一切苦果。撞開這樣女人的心靈世界是件很困難的事，但作者卻抓住她是「魔女」這特點，揣摩「魔女」必然最經不起嫉妒之火的攻擊，於是便設置了由她的女兒倩如把一位風騷的女同學美玲塞給趙剛，嫉妒之火使魔女發瘋，嫉妒之火燒開了這顆麻木的心靈。歐陽子不僅善於選擇矛盾，而且非常善於組織矛盾，隨著作品情節和人物性格的發展，適時的把矛盾激化，引入高潮，使人物的心靈在矛盾的巔峰上獲最充分的展示。例如《花瓶》中，馮琳和石治川開始打著啞謎，給石治川一種錯覺，以爲馮琳的精心打扮是要陪自己去看電影，以爲自己占了上風，控制著馮琳。當馮琳問他今晚是什麼電影時，他還內含殺機地說「孽戀」，給馮琳以傷害。但在他得意之時，馮琳卻出其不意地說出：「我的意思是，我還沒有決定到底要赴那一個約會。」於是徹底撕碎了石治川一直當作命一樣護衛的男子漢的自尊，也頓時將矛盾推向了高峰。石治川失去了常態「突然，一股憤怒以排山倒海之勢向他襲來。他一反往常，衝向馮琳，將肩膀猛力一拽，把她轉了個一百八十度……」石治川開始了歇斯底里大發作，最後終於又敗下陣來。

3. 把人物置於自我矛盾的狀態中。上面說的以矛盾衝突撞開人物心靈的外殼，多半是在兩個人，或兩人以上的外在矛盾衝突。而歐陽子選擇矛盾的角度還有一個很重要的方面是自相矛盾的狀態。主人公在一團矛盾亂麻中糾纏，既不能安心，又不能擺脫，或者還沒感到需要擺脫。最典型的作品是《半個微笑》、《網》和《美容》等。例如《半個微笑》中的少女汪琪，一直被套在一個假面具裏，她明明知道「用功、規矩、拘謹、持重……這並不是眞正的自己」，很想突出重圍，還其生動活潑的少女眞相，但她沒有勇氣。因此，一直在自我矛盾中打滾，一直在內心裏痛苦地呼喊，像一株被堅硬的石板壓在下面的幼芽，欲伸難伸。「大家都把她看成一個過分『正經』的女孩子，正經得只會唸書，連個電影都不看。但我不是呀！我並不是這樣的呀！汪琪心裏吶喊著：就算我是的話，也是你們這批人把我逼出來的呀……」汪琪生活在自己做的繭裏，不滿那繭，卻又無力咬破那繭，因此只有永遠在自我矛盾中糾纏，這種自我矛盾正是心理描寫的最佳溫床。《美容》中的美容，是一個外表和內心極不一致的人，外美而內醜，她永遠在陰謀詭計中爲自己盤算和坑害他人。她把同學汪麗作替身塞給雷平，竟然做得不露聲色。在她摔掉雷平幻想到美國當博士夫人時，雷平還被蒙在鼓裏，「他覺得美容這女孩實在太完美，太不同凡響，自己眞正配不上她。」作者還極力誇張美容的外表美，造成和內心醜惡的巨大反差，以突現心理矛盾的內在效果。汪琪和美容雖然都處於內在的自我心理矛盾中，但她們是不同類型的人，她們代表的矛盾的質也不相同。

4.心理活動細節的眞實可信。人物心理活動細節的眞實可靠，不僅是人物性格的基礎，而且是心靈藝術成功的最根本的依據。沒有人物心理活動細節的眞實，其他心靈藝術的主張都將落空。歐陽子對人物的心靈探索，雖然在某些人物身上不無突兀之感，例如對《牆》裏少女若蘭，對《網》中少婦余文瑾的情感和思想轉變過程的描寫，就不能令人信服，但一般來說，歐陽子心靈藝術的成功，「心靈藝術家」桂冠的獲得，在很大程度上，是建立在人物心理活動細節的眞實上的。《美容》中對美容心理活動細節的描寫，就達到了令人拍案叫絕之境。例如，當美容摔掉了雷平之後，她進行反思，看自己行爲有沒有漏洞時作家寫道：「她相信自己並沒有出任何差錯。也許，在離開青龍的門口之前，她應該停一步，回頭，留戀地投給雷平最後的一瞥。她當時急於離開，沒想到這樣做。但她想，這樣一個小疏忽，總不致太要緊的」。又如，她摔了雷平，目的是投進富家子弟張乃廷的懷抱，但她要控制投進張乃廷懷抱的速度和節奏，審時度勢，見機而行。「她想明天，也許後天，張乃廷會再次試邀她看電影，或去聽音樂。這回她該不該再拒絕他呢？上次他邀請她，她笑著拒絕，輕輕說了聲：『也許以後！』使得他雖然被拒，心裏還是樂陶陶的。但她決定，最近之內，她必須再繼續含笑婉拒，否則被人碰見和他在一起，就搞得一團糟了。她必須牢牢記住，自己現在是傷心人。從明天起去學校不能太打扮。晚上千萬不能睡飽，白天才露出疲倦困頓的樣子。」這心理活動細節中，每一個動作，每一個字都包含著豐富的內容。比如她拒絕張乃廷的邀請，是笑著拒絕，而且留個香甜的尾巴「也許以後！」這中間有許多心理活動過程，笑和「也許以後！」是心理活動反映出來的答案。「牢記自己是個傷心人」，不能太打扮，不能睡飽，都是經過一番心靈思索的。這些心理活動不僅符合主人公的身分，而且輕含諷刺意味。再如，當她想到要和張乃廷訂婚到美國去，又想到美國遍地英俊瀟灑長得高高的博士時，心情無比暢快。「她覺得整個人要飛起來了似的。不由自主的，她開始哼起快樂的小調，但突然她想起自己是傷心人，趕忙住口，將頭髮一把掠到耳根後，自責似的扮了個鬼臉。」這些細節眞實地如同鑽進了美容的心裏面，又如同這個內外不一的美容就在你面前表演一樣。

5. 心靈活動外化和形體動作內化。歐陽子對人物心靈的剖析是有節制的心靈活動，和那種脫離作品情節，脫離人物眼前環境的雲天霧地，忽東忽西，忽然過去，又忽然未來的意識流有所不同。她的人物的心理活動不少是採取心靈外化和形體內化，把人物的心理活動和人物的形體動作融入一起的方法。上面我們講的美容的心理活動細節，採用的就是這種方法。例如美容的笑，做鬼臉，裝作傷心人的樣子，都是心靈外化的表現，同時也是形體內化的反映。再如：《牆》中若蘭的心理描寫，有一段心理外化和形體內化非常精彩的段落：「平常在家裏，如果姐姐不在旁邊，若蘭避免與姐夫閒談，她怕姐姐疑慮的眼睛暗中追踪。如果姐夫找她說話，她就用很大的聲音回答，讓姐姐也能聽得清楚。夜裏乘涼，如果姐姐起身回房，若蘭也一定慌忙起身，不肯多待一分鐘。每次若蘭穿上一件比較漂亮的衣服，她會覺得對不起姐姐。她時時躲著撫玩姐夫給她的別針，可是一次也不敢別在身上。」這段心理描寫充分地體現了一句中國的俗話：「心中有鬼」。由於心中有鬼，若蘭的每一舉動都不自然，而這不自然的動作，正是心理活動的結果，這些心理活動的結果都是以一種扭曲方式，爲了掩蓋眞實內情而呈現的。她明明愛著姐夫，卻偏要大聲和他說話；她明明想和姐夫在一起，但姐姐一進屋她必得馬上跟著走；她明明喜歡姐夫送的別針，但卻不敢拿出來炫耀。因而這每一扭曲性的動作背後，都有一段心理活動，而這些動作既體現了心理活動在形體上的轉化，又都帶著形體內化的濃郁色彩。這種形體內化和心靈外化，不僅生動眞實飽含幽默意味，而且可以濃縮和凝聚心理活動的過程，使心理描寫變得凝練、精粹、深刻、動人。這種心靈外化和形體內化的方法，是心理描寫中較爲優秀的方法，它繼承了中國傳統文學的心理和形體相結合的藝術傳統。

附註：

①《關於我自己——回答夏祖麗女士的訪問》（《臺灣作家創作談》第一六〇頁至一六一頁）。

②《關於我自己——回答夏祖麗女士的訪問》。

③《那長頭髮的女孩》第二頁。

第七章　主張全盤西化的王文興

第一節　王文興的生平與文學主張

王文興是六十年代初崛起的「現代文學社」的智囊人物，是臺灣現代派作家群中，至今仍然留在臺灣的唯一知名度較高的作家。假如說，那些已在美國定居了二、三十年的臺灣現代派作家，早已躋身於「海外作家群」，那麼王文興是他們中堅守陣地，至今毫不含糊地屬於臺灣現代派作家的人。

王文興，原籍福建省福州市人，一九三九年生。一九四七年去臺灣。一九五八年中學畢業後考入臺灣大學外文系，和白先勇、陳若曦、歐陽子等爲同班同學。大學三年級時和白先勇等共同發起創辦「現代文學社」和《現代文學》雜誌。白先勇說：「王文興主意多，是『現文』編輯智囊團的首腦人物。」王文興在回憶起創辦《現代文學》雜誌的情況時說：「這恐怕得感謝當時臺大的課太輕、太壞了。基於對於學校課程的不滿，我們才投入寫作。如果那時學校的課程排得好，我想《現代文學》大概會晚幾年誕生，甚至根本不誕生了。」①六十年代初臺灣現代派小說作家群的崛起，和《現代文學》雜誌的誕生，雖然有其歷史和時代背景，但王文興之所說，當時臺灣大學外文系課程設置的「太輕鬆、太壞」，恐怕也是導因之一。否則，學生們一天到晚忙得昏頭昏腦，這批作家的崛起時間和方式恐怕要另受歷史選擇了。王文興之踏上文學之路，進而成爲現代派之名家，看來具體原因是「基於對於學校課程的不滿，我們才投入寫作」的結果。王文興和白先勇不同，白先勇從小就受到中國傳統文學之薰陶，並如飢似渴地讀中國古典小說，而王文興：「他看的書幾乎百分之百是小說，尤其是西方小說，他很少看中國書。」②因而王文興不但中國文學基礎比較薄弱，不能和白先勇相比，而且對他因教學需要不能不涉獵的少數古典名著，也以不屑一顧的態度對之。比如，他在臺灣大學曾開過一門《紅樓夢》的專修課，並不是因爲他喜歡這部巨著，而是被迫而爲。他說：「我開《紅樓夢》的課，一大半原因是爲學生需要，因爲他們在中國小說方面始終沒有看過一部重頭的著作。我不覺得《紅樓夢》的文字很好。但它的確是部很好的小說，我承認其價値，但懷疑它是否對我有影響……我讀《紅樓夢》看到衆多婦女的人力浪費，彷彿發現了一座婦女的千人冢，閉目都會看到成千成百的美麗幽靈的眼睛對我一眨一眨飛來飛去，這是一本極美麗的書，也是一本恐怖的書。」③這段話告訴我們，王文興對中國傳統文學似乎既不感到太大興趣，也不怎麼重視。因而他懷疑《紅樓夢》對他是否會有影響，的確是心裏話。和對中國文學的態度相反，王文興對西方文學佩服得五體投地，他甚至認爲不向西方學習就不能做一個夠格的作家。他在《新刻的石像》小說選序文中說：「今後我國的作家，如欲達到夠格的水準，惟有向西方學習，思想和技巧一律學習。我曾聽見有的人說：『思想我們是有了，該向外國作品學習的就是技巧而已』。這話證明他毫無思想。」別人說自己有了思想，只需要向外國學習技巧，就被王文興判爲毫無思想，豈不就等於說，沒有思想，需要向外國學習思想的人，才算有高深的思想嗎？按照王文興這種，有思想就是毫無思想，沒有思想，才有高深思想的邏輯，中國人豈不都應該是「沒有思想」的人才對？一個民族沒有了思想，不能承認自己有思想，一概要從西方拿來，那還算得一個民族嗎？這種從思想到技巧一律西化的理論，恐怕沒有多少具有民族自尊和民族情感的中國人肯苟同。出於這種觀點，《現代文學》創刊後的西方作家專號，大都是在王文興的策劃和支持下推出的。介紹西方文學，學習西方作家無可厚非，但作爲實現全盤西化主張之步驟和措施，卻不免被人非議了。王文興對小說的認識，也與衆不同。他無視小說的思想內容諸要素，而依照西方理論家的主張，把屬於表達形式中的文字，強調到了無以復加的地步。甚至認爲，文學就是一切。他說：「對於一個受過寫作訓練的人來說，寫作除了文字，別無其他。外國作家Stein曾說過，寫作就是把恰當的字放到恰當的位置。我想，我還可以加上一句：把恰當的標點放到恰當的位置。我經常爲了找一個恰當的字找遍了它的每個同意字。運氣好，找到了我想要的，運氣不好，甚至可以發明一個字。」④正是出於這種理論，王文興的作品中到處都是自己新造的字、詞。文字是人類歷史發展中的社會文化現象，它的出現和形成是約定俗成，有較強規律性和穩定性，它不是一種個人行爲，因而不能隨意改變和創造，否則，每個人都根據自己的需要和愛好創造文字，它便失去了傳達和交流工具的作用了。因而王文興在文字上的「創新」，實則是應該大打折扣的。誠然，文字對於小說創作是相當重要的，缺少文字修養的人，是很難寫出好小說的。但是，文字對小說來說決不是：「寫作除了文字，別無其他」那麼重要，否則，凡是具有文字知識的人，都是小說家了。傳說中古之蒼迹，應該是歷史上最偉大的小說家了。每一個文字學家，都同時應該是小說家了。遺憾的是情況並非如此。因爲文字學和文學，文字學與小說創作，除了有某種相同的東西之外，它們是屬於不同的學科，它們有著不同的特性。在主題表達、性格塑造、形象描繪諸方面，都不是文字技巧可以容納的。王文興小說觀念中的另一個値得商榷之點，是否定文學作品的社會功能。前面我們已經引述過王文興的文學「快樂」觀之說，在有人對《家變》的主題作出評價時，王文興這樣說：「我不反對別人對我的作品作這些解釋，但是我是在寫作時絲毫沒有想到要替現代社會看病或找出病根來。我主要是寫生活的本質，而不是想去解決一個問題或發覺一個問題。這本書可以說是社會性很弱的，假如是有的話，也是其他的人附會上去的。」由於王文興固執的文學觀使他固執地否認自己作品的社會意義。「我主要是寫生活的本質」這句話假如眞是王文興的創作動機和追求，那麼王文興的作品就絕對逃脫不了對社會生活的判斷和褒貶，既對社會生活進行判斷和褒貶，作品的社會意義就只能是被別人說破而不是由別人附會了。王文興大學畢業以後，於一九六二年赴美留學，在愛荷華「作家工作室」進行創作研究，獲藝術碩士學位，回臺灣後任臺灣大學外文系教授和系主任至今。

第二節　築在沙盤上的文學之路

王文興雖然文學理論和小說創作雙管齊下，但這種探索和實驗西方現代派小說的道路，是一條沒有民族基礎，缺乏生活實踐，構築在茫茫沙盤上的道路。寫出來的作品十分脆弱，像空中樓閣，經不起敲擊。從王文興的自白中發現，他寫小說，猶如擺積木，做疊文字的遊戲，作品理想與否，關鍵看是否把每個恰當的字和每個恰當的標點，擺在每個恰當的位置上。他說：「到寫《龍天樓》，我才知道怎樣把握住自己的風格，知道怎樣安排句子，甚至標點符號。因此從《龍天樓》之後我就寫得慢了。

曾經有一、兩年的時間我一天只寫三十個字。最近我漸漸習慣這種寫法了，但也快不到早期寫作的速度了，現在我一天大概寫一百字。如果上午沒課，我就在家寫，如果上午有課，我就下午寫。」⑤一個作家一天快則寫一百個字，慢則只寫三十個字。一部十餘萬字的長篇小說寫一、二十年，而且並非出類拔萃之作，假如靠稿費爲生的作家，早就餓掉了大牙。以這樣的寫作速度和水平，要想以慢而知名則易，要想以著作之豐而成爲大家則沒有希望。王文興寫小說十分注意「精省」。他說「嚴格說來，中國至今還沒有幾個短篇小說算得眞正的短篇小說。最主要原因在我們從不知道『精省』爲何物。短篇小說，無論如何，必須作到文字、人物、事態、結構情節減至少而又少，只夠基本需要的地步。『精省』幾乎是一個短篇小說家的人格，這點如有瑕玷，其他概不必論」。⑥王文興的創作「精省」原則，多數方面是作到了。比如篇幅、人物、結構、情節等。他早期的小說《最快樂的事》只有三百字左右，人物只有一個，情節極爲簡單。主人公男青年離開床上的女人，呆望天花板良久，之後隔窗垂視大街，額頭抵住冷玻璃，街上是灰濛濛的一片。一切皆是痲痺狀態。最後該青年自殺身亡。這到底寫的什麼呢？假如不畏懼戴上「附會」的帽子，可以說作者以詩之筆，用象徵手法，來暗示天空是昏濛即社會之昏暗。主人公因想以性放縱來擺脫社會黑暗之苦悶，但是終卻擺脫不了而自殺。但作者又反對將他的作品連繫社會。如此，作者到底表現了什麼樣的「生活本質」呢？精省倒是精省了，但卻不像一篇小說，缺乏生活細節和人物思想情感的表現。如果用象徵手法來分析，作品還具有一定的價值，標題《最快樂的事》還含有某種反諷之意。如果反對象徵伸延聯想，這作品毫無意義。有些作品，作者在許多方面作到了「精省」，但在文字上卻弄巧成拙，反而使人感到囉嗦難耐。比如《家變》就是這種典型。王文興的早期創作，主要是短篇小說，共有三個短篇集：《玩具手槍》、《龍天樓》和《十五篇小說》。實際爲兩個集子，《十五篇小說》是前兩個集子的合集。一九七二年《家變》在《中外文學》上連載，一九七三年四月出版單行本，一九八一年四月出版長篇《背海的人》。統觀王文興的這些作品，基本上是一個對西方現代派作品的模仿和實驗過程。上面我們舉出的《最快樂的事》，就彷彿是對西方某篇現代派小說的縮寫。那氣氛，那物象，那人物彷彿都沒有半點中國味，似乎和臺灣的生活也有一段距離。因而不像生活中擷取的，倒像從西方哪本書中摘來的，不像一顆帶露的紅蘋果，倒像一枚裝在玻璃袋內的杏乾。由於王文興無時無刻不在學習和模仿西方，因而一些具有突出鄉土特色的題材，也被他弄得洋味十足，面貌全非。比如《海濱聖母節》本來是描寫臺灣東部海濱，在媽祖誕辰之日，一個漁民，在舞獅子的過程中死了。但王文興不寫成媽祖生日，或媽祖誕辰，而稱「海濱聖母節」給中國的神也披上西方聖母的袈紗。臺灣東部海濱的景象，我們在臺灣本土女詩人夐虹的詩中，看到的是青草、藍天、藍色的大海，明亮的露珠，而在王文興的《海濱聖母節》中，卻是「一座灰色的漁港，灰得像化石一般，灰得像風化中的古老城墟……」王文興描寫的並非臺灣東部海濱的實景，而是經過他的「西化」意識處理過的想像。難怪臺灣青年評論家高天生說：這一切都讓我們覺得該港是位在遙遠的異國，而非近在咫尺的東部大荒山。王文興的「每一篇小說都跟西方小說維妙維肖，縱使一個有濃厚民族風格的題材，在王文興的妙手處理下，也呈現一種異國情調。」《家變》是王文興中近期的長篇小說之一，也是王文興創作的高峰。這部作品中范曄尋父有西方名著《尤里西斯》中史蒂芬·迪達拉斯尋找漂泊的布魯姆的影子，雖然結果不同，但卻不能排除其中的啓迪和影響。這部作品中的主人公范曄的家庭觀、倫理觀、人生觀等和中國的觀念格格不入，完全是西方的，至少是西化了的。王文興另一部長篇小說《背海的人》中，描寫一個醉酒後的流浪漢，夜間爆發出內心深埋的人生觀念和對週圍環境的批評。作者以意識流手法，追求狂放，仿如書法的狂草。但由於王文興的畸形追求，使他的第二部長篇小說不但沒有超過第一部《家變》，而且顯出很大倒退。正像高天生所說：「當我們耐著性子讀完《背海的人》，卻不得不對王文興表示失望，一則是文字被弄得不忍卒讀，一則是它似乎淪爲『脫衣舞孃以及春宮照片的水準』。小說末尾將近兩萬字幾乎讓人懷疑是某一册黃色小說的片斷，甚至還更加精彩萬分呢！」⑦從王文興粗略的創作歷程看，他是以創作實踐在塡補和證實他的「西化」理論。在這種對自己民族的文學、文化懷有鄙睨和戒心，一心模仿和追求西方的崇洋心理作怪下，是很難寫出好作品的。有人貿叫一聲，說《家變》「這部小說是五四運動以來中國最偉大的小說之一」。這種評論是出自「西化」評論家之口，如果把這句評語中的「最偉大」改爲「最西化」三個字，這位評論家將會獲得絕大多數中國讀者的喝彩。很難設想，一個對中國文學沒有興趣，一心全盤西化的作家，能夠寫出中國「最偉大」的作品。豈不令人瞠目？王文興的作品不僅是他的文學西化觀的實驗品，也是他的政治西化主張的印證。他認爲：文化侵略和政治侵略不能算侵略；他認爲，反對西化就是反對文化。他說：「我堅決相信，世界上只有軍事侵略，才會造成亡國、文化侵略和政治侵略不能算是侵略，都不會危害到國家的安全。」⑧一九七七年的鄉土文學論戰中，王文興扮演的角色，是和他的這種政治、文化、文學全盤西化主張分不開的。因而他的政治、文化、文學觀念和他的文學創作四位一體，表現出了驚人的一致性。王文興創作過程也是他的政治、文化、文學西化觀念的體現過程。他的創作道路是建立在西化沙漠上的，是一條充滿荊棘、前途暗淡，愈走愈窄，終臨斷崖之道。王文興寫了《家變》，又寫了一部失敗之作《背海的人》，之後，什麼東西也寫不出來了，這就是走上斷壁絕崖的證明。

第三節　《家變》所體現的創作成就

雖然王文興對給他的作品作出社會評價的人們扣上「附會」的帽子，但我們還是要對他作品中客觀存在的社會意義作出評價。文學作品中形象大於思想，作品的客觀意義超出作者的主觀意識的事情是常有的，《家變》就是這樣一部較爲典型的作品。《家變》的故事和人物都非常「精省」。父親范閩賢和母親秋芳對小兒子范曄（毛毛）從小視爲天之驕子，關懷照料，無微不至。但范曄大學畢業當了助教後，卻對這個曾留學法國而退了休的父親，怎麼看都不順眼，原來都習以爲常的生活中的小事，現在卻突然變得彆扭起來。「在這一段時間裏，他驀然發現他之父親原來是個個子奇矮，並而且他一生以來首一次察覺到他的父他原來是個拐了隻脚的殘廢。他驚訝於他自個兒竟然這麼的這麼久沒有發現牠。」，「他的父母親的小時候稱讚他的很會讀書其實也是對他的一項侮蔑，分明他們以爲他原就該生來是一位，和他們一樣的，低智庸常的人物。」連他父親從小教他的用熱毛巾捂臉，用涼水漱口等健身之法，彷彿都變得荒誕可笑了。由於范曄對父親的情感發生變化，進而對父親進行虐待，粗暴地命令父親不准吃飯，將父親關禁閉等，逼得父親離家出走。作品採取倒述的方式，開篇便是范閩賢離家出走的鏡頭，接著是范曄四處尋父的過程，直到全書結束，尋找了三個月而沒有找到而終止了尋找活動。

這部作品無情而眞實地解剖了臺灣在由農業社會向資本主義社會轉型階段，在西方意識向東方意識強烈地侵入過程中，金錢和道德發生劇烈對撞的情況下，臺灣家庭形態的演變情況。范曄的家庭，本來就不是一個典型的由儒家思想統合和結構成的封建型的家庭。他父親是留法學生，娶過兩個妻子，秋芳還懷疑他有外遇。家庭中的氣氛也並不那麼森嚴。因而范曄對父親的虐待、對家庭的挑戰，並不具備任何反封建的性質。只是由於受到西化之風的影響和地位變化之後，他自己的家庭觀念，道德觀念發生了變化，才招至了「家變」。「家變」的動因在范曄，而這個「家變」並不具有先進的「革命」性，而是一種頹廢和自私思想支配下的行動。范曄一方面叫喊：「家！家是什麼？家大概是世界上最不合理的一種制度！」，「我幾來，我現在發誓，我不要結婚！假使我或者背叛了是一誓矢的話，我也一定斷斷不會去生養小孩子女生出來！我是已經下定了決心不再去延續范姓的這一族線的族流傳了……」另一方面，范曄卻又在極力維護這個家庭。父親的出走既是他的所爲，也是他的願望。但令人費解的是范曄連連在報上刊登這樣的廣告：「父親：您已經離家××月了，請歸來，一切問題當照尊意解決。子曄」這不是明明以具體行動在維護這個家？而且范曄在家庭中又靠其母侍候，享受著家庭的溫暖。所以范曄之逼走父親，要取消家庭並不是他口頭上講的「如果我們開眼看一看人家其他的異種西方國家文明，看看其他的高等文明，就知道根本就不認爲什麼孝不孝是重要的東西……」而是他道德淪敗，被拜金主義懾住了靈魂；信奉誰賺錢誰就是統治者，誰不賺錢誰就應當被奴役的結果。范曄叫喊要取消家庭，只是要取消家庭中的「孝」，取消自己贍養老人的責任；而他並不主張取消其他家庭成員給自己的方便，並不主張取消自己在家庭中的享受。他一方面虐待老人，但另一方面又怕承受社會輿論的壓力，因而這是一個在臺灣西化中產生的典型的以自我爲中心的西化胎兒。這個形象在臺灣現實社會中具有較典型的意義，一定程度上反映了臺灣社會生活某個側面的本質。這個形象反映出來的思想在臺灣具有較爲普遍的意義。作品中有這樣一個鏡頭，當范曄尋父到一個廟宇時，一個老和尚對他說：「兩天前一個與你很相像的年輕人上這兒來。同樣的在尋他父親。我也曾帶他到這房裏看過，——他也說不是其父。因爲口音不一樣。」這個小小的鏡頭透露出多少不幸的老人在臺灣「家變」中，遭受池魚之殃。「家變」，擴而大之，也可以看作是臺灣社會之變，看作是臺灣價値觀念和人心之變。《家變》寫得深刻之處是它的結尾。范曄三個月沒有找到父親而終止了自己的行動。這說明「家變」不但沒有停止，而且還在發展。假如讓范曄找到了父親，以大團圓收場，來個范曄痛改前非，作品的思想性就一落千丈了。我雖然並不同意顏元叔《家變》「這部小說是五四運動以來中國最偉大的小說之一」之說，但卻認爲《家變》不是五四運動以來中國之最糟的小說。這部作品在結構上頗有特色。採取時空交錯，過去和現在平行發展交替前進。現在時，用英文字母分段，交待父親離家出走和范曄尋父的過程，各段之間以《尋父啓事》進行連接；過去時，以阿拉伯數字編序，講述范曄的成長過程和家庭之變遷歷史。全書結構清晰嚴謹、井然，表現出了王文興很強的梳峻、思辨和駕馭才能及卓然的清晰思路。採取時空交錯平行發展結構的雖然尚有前例可尋，比如聶華苓的《桑青與桃紅》等，但運用時空交錯平行發展結構來體現王文興所要表達的題材和人物，卻是達到了天衣無縫、爐火純青之境。這種結構方式對於體現王文興一再強調的「精省」原則，有著重要作用。《家變》中作者採取反襯的藝術手法，也收到了良好的效果。作品的前半部，作者極力描寫范曄的父母對少年時的范曄的百般寵愛，而作品的後半部又極力誇張長大後的范曄對老父的殘暴虐待，使讀者一路讀來強烈地感到范曄的忘本，從而對范閩賢寄以深切地同情。或許，這種效果並不是作者所追求的，作者心目中的好漢也許是范曄，但作品的客觀效果乃告訴人們，中國傳統的尊老愛幼觀念比西方的遺棄父母的行爲還是要高尙得多。此外，本人對張漢良教授所說：「《家變》最成功的地方便是文字的運用」⑨的話，也不敢苟同，不但不敢苟同，而且認爲《家庭》最糟的地方是它的文字，好像是老外在講漢語。《家變》文字的缺點至少有以下幾點：1.囉嗦重複造成文字上的不少浪費。請看這樣的句子：「在他的離家之後的過了一年，居意的是還是他的父親自動的寫了一封信去寫給他（寫到他的辦公的地方去），乃算是他的對到他（二哥）的表示發出的他一著讓步。」像這樣的句字，我們只能從小學的作文本上找到，而且是要挨板子的作文。2.語法錯誤，造成語言的混亂。例如：「叫他更加更更的難過。」「更加」是強調性的副詞，而副詞後面再來個「更更」便成了更加的補語。只能用「更更更加難過」而不能用「更加更更難過」。再如：「固固然他們泰半都陷大陸，但而也就，父親，他向來就沒曾設想去與他們書信一書。」這一句中的「但而也就」和「書信一書」均不合語法。「書信」是名詞，「一書」是動詞，這裡把動詞和賓語相顚到使人無法理解其意。3.大量生造字、詞，破壞了約定俗成的原則。這種例子極多。比如：「嗚」，「㗼」，「嚩」，「嗲」等等。

附註：

① 《命運的迹線——王文興訪問記》（夏祖麗）。
② 《命運的迹線——王文興記問記》（夏祖麗）。
③ 《命運的迹線——王文興訪問記》（夏祖麗）。
④ 《命運的迹線——王文興訪問記》（夏祖麗）。
⑤ 《命運的迹線——王文興訪問記》（夏祖麗）。
⑥ 《新刻的石像》序。
⑦ 《現代小說的歧途——試論王文興的小說》（《文學界》第一集，一九八二、一、十五）。
⑧ 《鄉土文學討論集》第五四二頁。
⑨ 《中國現代作家論》第三八二頁。

第八章　游仞於現實和超現實之間的七等生

第一節　卓然不群的創作和人生

他是比現代派還要現代派的作家，但他並不屬於臺灣「現代文學社」那個作家群體；他是一個超現實的作家，但他的作品中卻具有強烈的現實感；他描寫臺灣城市的題材，但他卻隱遁在臺灣的鄉間。七等生的名字，據說是崇拜和效仿魏晉「竹林七賢」的標誌。也是臺灣現代派作家的馬森，對七等生的人品有過這樣的評價：「七等生給人的印象一直是一個不諂世、不媚俗，不搞小圈圈的很有風骨的作家。來到小鎮的亞茲別就是十分落落寡歡的人。」①

七等生，原名劉武雄，臺灣省苗栗縣通霄鎮人，一九三九年出生。大甲中學畢業後，進入臺北師範學校藝術科。該校畢業後曾任小學教師及電力公司、廣告社、報館、文藝沙龍、皮鞋店等的職員和店員。七等生出生在一個窮苦的農民家庭裏。臺灣光復後，父親失去鄉公所職員之職，家境更爲困難。中篇小說《隱遁者》，是其自傳體小說。書中寫的魯道夫即七等生的自畫像。他出於氣憤，一天跑到湯阿米女老師家詢問父親爲什麼被解職，正好遇上當初迫害他父親，而今與湯阿米老師相戀的陳甲先生。由於湯阿米老師坦誠正直地告訴了魯道夫其父被解職的眞實原因，引起了阿甲一陣暴跳，並大打出手。七等生在他的年表的「民國三十五年（一九四六）八歲」一欄中塡寫道「父親失去鄉公所職位，失業在家，家庭陷入窮困……」可見《隱遁者》中寫的是眞有其事。一九六五年二十七歲的七等生和許玉燕小姐結婚。之後，他們夫婦一起進皮鞋店工作，生活雖然清貧，卻也相當幸福，生有二子一女。七等生多才多藝，旣寫小說，寫詩，也寫散文。他二十四歲登上文壇。這一年他開門大吉，一下創作發表了十三個短篇小說和一篇散文。從此，他的創作如衝決地殼之湧泉一發而不可收。臺灣文壇門戶林立，但七等生除了文藝界朋友的互相幫助和正常交往外，絕不拉幫結派，互相攻訐。大約是爲了避開臺北大城市的人事干擾和市聲喧囂，一九七〇年三月二十九日，七等生作了「隱遁者」，他帶領妻子兒女由臺北市回到自己的家鄉，苗栗縣通霄定居。一面在鄉間小學教書，一面進行創作。自一九六二年發表作品以來，七等生出版的著作有：短篇小說集：《僵局》、《石蟹集》、《來到小鎭的亞茲別》、《我愛黑眼珠》、《譚郎的書信》、《散步去黑橋》、《老婦人》，中篇集有《放生鼠》、《沙河悲歌》、《隱遁者》，長篇《瘦削的靈魂》、《城之迷》，散文集《耶蘇的藝術》、《銀波翅膀》，詩、文集《情與思》，詩集《五年集》等。七等生的作品，曾在臺灣多次獲獎。例如：一九六五年獲第一屆臺灣文學獎，一九六六年獲第二屆臺灣文學獎，一九七六年獲臺灣聯副小說獎，一九八五年獲《中國時報》小說獎等。

七等生的創作在臺灣文壇上具有很特殊的地位。早期他曾參與發起和創辦《文季》，不少重要作品均發表在《文季》上，後因「不能冒然依從某種文學的主張」而和「文季同仁們疏遠」。他的另一些重要作品發表在《現代文學》雜誌上，但他卻有意「表明自己不是《現代文學》同仁，也不是朋友，只是一個投稿人，用以界別議論。」七等生的作品絕對「忠於我的靈性。」他說：「我從實際生活和閱讀中獲得一些很怪異的啓示，因此我開始採用追隨我的心思的起伏的一種自動即興式的寫作，把現實的善惡的區別觀念完全摒棄，讓良知和自由的靈魂人物展現出來。我認爲這種人物是每一個最原初的形體，但卻被抑於現實生活的意識底層，這種原我像囚犯一樣地被拘禁被束縛，他們的唯一願望是爭取活躍的時空。而人類在各種禁忌和僞善之下委屈的生活正是這些肉眼非見的痛苦幽靈的象徵，我們的知覺和夢不能否定他們的存在。」七等生的追求「原我」也好，忠於「我的靈性」也罷，其目的都是尋求內在的自我，追求沒有被社會世俗所汚染，所扭曲的最原始的意識。也就是沉潛於原我和意識背後的潛意識。他的這種挖掘人物的「原我」和「潛意識」就是佛洛依德倡導的用「自由聯想」即意識流的手法去表達被現意識掩蓋著的「潛意識」學說。也就是白先勇、歐陽子、王文興等「現代文學社」「現代派作家群所一致追求，但卻各有表現特點的意識流。因而，盡管七等生表明他只是一個《現代文學》的投稿人，但在創作方法上，他卻和這個作家群的作家們同屬一個流派。不過，七等生作品的超現實成分超過任何一個現代派作家，同樣的，他小說中的現實成分，也是任何一位現代派作家所不及，因而七等生在臺灣現代派作家中既是最超現代的，也是最寫實的。

第二節　在現實之中超現實

這個命題表明七等生既是超現實的，但又沒有離開現實的基礎，他是現實基礎上的超現實。因而七等生的作品雖然是超現實的，但卻具有較強的現實性和思想性。那麼，七等生小說對現實的批判揭露是以怎樣的方式表現的呢？一、作品立意。七等生不少作品的涵意都意味著和現實的不可調和。《隱遁者》之所以要由城鎮而到鄉下去隱遁，是由於「城鎮在隱遁者魯道夫牢固的觀念中是群魔群鬼聚居的處所。城鎮內裏有數不盡的混亂傾軋」，再加上愛情的失敗，他感到和那城鎮格格不入，他要堅強地守護住人類剩下的那片純淨的心靈之地，才「隱遁於沙河對岸的森林」。沙河對岸的森林也正是七等生一九七〇年隱遁於苗栗縣通霄農村的別名。《精神病患》中的精神病患者賴哲森，在精神病院求醫期間遇上了在冰果店工作的童年伴侶阿蓮，他們經過戀愛而結婚了。不久阿蓮因受到賴哲森梅毒的遺傳而流產，幾乎使阿蓮喪命。當阿蓮第二次懷孕後，賴哲森不忍看到阿蓮再次痛苦的模樣，而將阿蓮掐死，警察將他逮捕。賴哲森的精神病，其實也是心理病。他尋找治療精神病的良藥，實際也是尋找治療社會病藥，因而，他的精神病似有似無，似假似眞。社會是一個囚籠，精神病院是囚籠中的囚籠。最後，他終於被關進了眞正的牢籠。他的精神病，是社會逼迫的產物。比如作品中描寫那位作家因受到社會的誣陷突然失踪的事，不能不令人心悸。但他的精神病在那誣陷成風，好人難爲的社會裏，有時也不失爲一種抵抗邪惡，自我防身的手段。《精神病患》，我們不妨反觀之，即社會是一個眞實的精神病患者，而作品中的精神病患者賴哲森是一個心有餘而力不足的精神病醫生。《放生鼠》立意的社會批判性也十分突出。作品前面那個寓言導出了該小說的題旨。陳屍河中的那隻大灰鼠的遭遇和命運，也就是羅武格的遭遇和命運。羅武格雖然是個畫家，但他卻被拒於畫壇大門之外；他雖然想爲教堂做點事出點力，卻被神父轟趕出來；他追求愛情，和女學生同居卻被女學生家長斥爲騙姦痛打一頓；他和有夫之婦鬼混，卻不過作了她們的玩物而已。總之，他想追求理想，理想對他關閉大門；

他想投入社會，社會卻無意接納他；他想追求愛情，愛情卻對他翻臉。他被否定，被驅趕，被放逐。但也正是因爲被驅趕，被排斥，被放逐，他才成了一個不受約束，沒有責任，沒有義務的自由人。作品的結尾令人深思：「臺上牧師大聲喚叫著：『請走過來，不要猶疑，感謝主……』羅武格繞過椅背，向中央走來，但他並沒有由中央走道向前走去，他由大門走出，馬上來到街上，心中唸著：主啊，寬恕我，對於我，唯有在我的心中能找到你……」羅武格不接受牧師的指使，拒絕主的恩點，不走向主，而走向自由的天地。「唯有在我心中能找到你……」這實際上是七等生忠於「我的靈性」的一種反映。不過羅武格果能進入「天高任鳥飛，海濶憑魚躍」的自由天地嗎？否，那隻大灰鼠放生又陳屍的寓言彷彿也在無情地制約著羅武格的幻想和行動。二、通過人物的口表達對社會的不滿和憤怒。七等生所有作品中的人物，都是和他們生存的社會格格不入的。不但格格不入，而呈現尖銳的對抗。《精神病患》中的賴哲森在和現實的對撞中葬身魚鱉，《放生鼠》中的羅武格被現實一次又一次地推向無奈；《隱遁者》中的魯道夫終於離開充滿欺詐的城鎭到森林中去隱遁；《來到小鎭的亞茲別》和現實難以調適。他們生活苦悶，經濟窮困，希望破滅，愛情碰壁。他們的心中都有一座對現實不滿的火山，只要有一點縫隙，那火苗便順著縫隙向外噴射；他們每一個胸腔，都是一個易燃的油庫，只要有一粒火星濺入，便有大火冒出。在《精神病患》中，我們看到這樣的話：「出於意料地使我萬分驚異，他的這一次遭遇使他懷著極大的恐懼勸告我不要去開罪那些有權勢的人，不要用我們的坦誠去交換懼怕，除了管理自己的利益外不必太關心世事……他被對方誣告許多莫須有的罪名而憤怒顫抖。」在《隱遁者》中，我們從魯道夫的口裏聽到這樣的話：「而在我們的城鎭裏欲加某一個人一種不幸，是不缺乏理由的。」三、通過作品情節和作者敍述，直接對社會的不公進行抨擊。比如，《隱遁者》中魯道夫一天去到湯阿米女老師家裏詢問其父當年爲什麼被免除鄉公所職員職務。正碰上當年陰謀策劃陷害他父親，而今是湯阿米女教師的戀人的陳甲。當湯阿米向魯道夫講出了事實眞相時，陳甲大打出手，湯阿米挺身而出保護魯道夫，並不顧老來愛情之破裂，將陳甲轟出家門。陳甲被轟走後，湯阿米對魯道夫講：「我在這裡住不下去了。我要到美國投靠我的兒子。我現在坦白地告訴你，你的父親就是他們幾個人商議把他踢除的，你的父親像你一樣都是耿直善良的人，並沒有做錯什麼事，他只是不合群，不懂險惡的人情世故……」因爲說出了歷史上一件事情的眞相，湯阿米老師便在那裡呆不下去了，僅從這件事便可體會到作品的含意。《隱遁者》中湯阿米老師，是七等生小說中精神境界最高，最能爲眞理而犧牲，在事實面前不殉私情而受人尊敬的人物。這個形象雖然著墨不多，但卻異常鮮活，她代表的精神和思想，是社會中一抹東方曙色。

分析了七等生小說中的現實性和思想性之後，我們有權毫不含糊地說，七等生的超現實小說是建立在雄厚的現實生活基礎之上的。他以自己在生活中的實際經歷和體驗，將生活的原汁深深地注入了那些帶有自傳色彩和自我投影的人物身上，因而，七等生作品中的每一個人物，都帶有生活的烙迹和思想的啓迪。盡管七等生爲了強化作品和人物的藝術性，爲了淡化作品和人物的現實性，以逃避某些不必要的麻煩，給作品和人物釀造了一種似有似無，似幻似眞的超現實氣氛，像《西遊記》中的孫悟空，當取徑回來修成正果之後，頭上閃著一道人撲朔迷離的光環，但，孫悟空畢竟還是孫悟空。七等生小說中的人物，還都是他們自己，那精神病和隱遁行爲，只不過是孫悟空頭上的那道光環罷了。七等生作品和人物身上的超現實色彩並沒有改變他的作品和人物的強烈的現實感和社會性。

第三節　富於獨創的小說藝術

七等生的小說創作，從來不逃避對作者自己內心中醜惡東西的揭示，不管是光明的和黑暗的，優越的與醜惡的，只要是眞實的，他都一一進行描述，因而他的小說達到了相當高的眞實。他在《我年輕的時候》一文中說：「我的寫作一步步地揭開我內心黑暗的世界，將我內在積存的汚穢一次又一次地加以洗滌清除。」這種自我暴露、自我清洗的眞誠態度，保證了他作品藝術上的眞實性和獨創性。凡是研究七等生小說的人，大概都不會放過他作品中始終彌漫著的那種濃郁的超現實的幻境，更不會放過鼎鼎有名，爭議不休的短篇小說《我愛黑眼珠》。這篇小說敍述了男主角李龍第在下雨的日子裏，帶著雨衣、香花和麵包去城裏接他下班的妻子晴子，兩人準備去看電影。但當他冒雨到達晴子工作的商店時，老板告訴他晴子已經離開了那裡。當李龍第置身於那些身體淋透、四處奔逃的人群中時，他想「即使面對不能逃避的死亡，也得和所愛的人抱在一起啊」，但是時間剛剛過去那麼一小會，李龍第在豪雨中遇到了一個患病掙扎的妓女，他從水中把妓女拉上屋頂，和妓女摟在一起，將給妻子準備的麵包餵在了妓女口裏，將給妻子準備的雨衣穿在了妓女身上。此刻，他的妻子晴子在河對岸的屋脊上看見了他，並呼叫他。他矢口否認他有妻子，他的妻子被人們當作瘋子。爲了得到他，他的妻子跳進洪水想泅渡過來，卻被洪水沖去，他也無動於衷。此時妓女問他的名字，他不承認叫李龍第，而說叫亞茲別。他和妓女熱烈地擁抱著，吻著，當雨停水退後，李龍第把給妻子準備的香花插在了妓女頭上。妓女棄他而去後，他才又「想念著他的妻子晴子，關心她的下落」。這篇小說分爲三個階段。第一階段和最後一段，建立在現實的基礎上，中間發大水的一段是一種幻境。在現實中李龍第愛他的妻子，思念他的妻子；在幻境中，李龍第的精神陷入迷幻和游離狀態，因而他忘記了自己的妻子。整篇作品由現實和幻境兩種情節構成。當進入現實時，一切都是眞實的，李龍第的精神和意識處在正常狀態中；當進入幻境時，李龍第的精神和意識處於非正常狀態中。作者設置虛幻之境是爲了追尋李龍第的「原我」和潛意識，是要眞實地表現李龍第沒有經過僞裝的內心世界。這種「原我」和眞實的內心世界，也在虛幻的境遇中得到了充分的體現，幻境在《我愛黑眼珠》中起到了非常重要的作用。此外：幻境的設置還從另一個角度反射出現實的眞實，從而體現了作品社會批判的主題。由於幻境的設置，使處在現實中的晴子爲保護自己的婚姻和家庭進行呼喊，並泗水追回自己的丈夫而被洪水沖走，這種完全正常的自衛行動卻被虛幻世界中的人們視爲「瘋子」，而眞正處於精神錯亂狀態中的李龍第，卻被視爲正常人。有了幻境的設置便突出了這種顚倒現實中是非的效果。在《精神病患》諸作品中，也是現實和幻境交替出現的，賴哲森處於清醒狀態時，便進入了現實，而當他處於精神錯亂狀態時，便進入了虛幻。他將妻子阿蓮掐死便是虛幻狀態下進行的。在清醒的現實狀態下，他批判和詛咒現實，在虛幻和錯亂狀態下，他是現實摧殘的罪證。虛幻和超現實表現手法的熟練運用正好突出和反射出了七等生作品強烈的現實性。有一位臺灣文學評論家說：「幻想與現實同時存在於七等生的小說世界。若是現實已經勾劃清晰，則幻想擴張之，深刻之；若是現實僅見梗概——在一般情形下，七等生的現實相當隱晦——則幻想揭而顯之。幻想對七等生而言，只是手段而已，他通過幻想之運作開發探討他親身體驗思維的現實問題。」②

還是上面那位文學評論家又說：「七等生是臺灣三十年來最具哲學深思的小說家之一。」把哲理的深思與論辯和小說創作進行緊密結合，從而深化小說的主題和提升人物的層次，是七等生小說創作的另一個較顯著特徵。七等生的作品，大都是較熟練地運用象徵手法的典範，像《放生鼠》、《隱遁者》、《僵局》、《精神病患》等既飽含象徵，也深具哲理。放生和不放生，隱遁和難以隱遁，精神病患和非精神病患之間既存在著辯證的統一關係，又存在著奧秘玄機。假如沉靜的對每個題目和它所含納的內容以及可以引伸的東西進行思索，你會感到每一個題目背後都有多條曲折、幽深，但卻可以通向眞理的小路。這條條小路就是哲理。七等生作品中的哲理都是從生活中概括和升華出來的，因而有著鮮活、生動、樸素的色彩，而沒有那種純理論性的，令讀者生厭的高談濶論，有不少哲理用極生動的比喩變得形象化了。例如《我愛黑眼珠》中有這樣一段議論：「人往往如此無耻，不斷地拿往事來欺詐現在。爲什麼人在每一個現在中不能企求新的生活意義呢？生命像燃燒的木柴，那一端的灰燼雖還具有木柴的外形，可是已不堪撫觸，也不能重燃，唯有另一端是堅實和明亮的。」七等生小說中主人公身上表現出的哲理和他們口中說出的哲理，一般都符合他們的職業、水準和身分，都是他們現實行動的總結和概括，因而具有突出的生活哲理的性質。例如《隱遁者》中魯道夫身上有兩處。一次是魯道夫的思索：「魯道夫想著：一個未成長的人被排斥於團體之外，他將走往何處？他的第一個念頭一定是離開他生存的城鎭，如他還留在城裏，就會充滿犯罪的感覺。他的心中存在著別人以爲他是不良者的感想，當沒有人來安慰他時，他變得會自己嘲弄自己，或報復別人。但是他一定踏上離開的途程，在陌生的城鎮將永遠懷著緘默及自卑的態度。昔日，沙河對岸的那個舊城鎮，當人犯有罪過（多麼不適切的兩個字）而想要鎮壓一般群衆時，便用那種藉口，像宰殺一隻羔羊來驚惕其他的羊，那些就產生自保的心理而外在表示著服從。羊群是永遠沒有自主和自由的機會，他們只有一個委諸天命的想法；就是一生難逃被宰，只希望輪到最後被宰，所以便產生了一種超然耐性來支持他的性命。」這段生活哲理，不免把人民的力量看得太小了點，把命運看得太悲觀了點。不過這是處於當時社會情況下人民無端被宰割的眞實處境和忍辱負重的眞實情態，也是魯道夫思想所能達到的水準和魯道夫之所以要隱遁的實際思想。另一處是，一次瘦小贏弱的魯道夫和高大有力的鐵匠兒子在河畔比賽摔跤，魯道夫竟然贏了鐵匠的兒子。魯道夫的哥哥玉明在分析魯道夫獲得的奇迹時有這樣一段精彩的分析：「『他總比你有力氣，道夫。』『但是他看起來很笨。』，『他並不笨，他只是害怕。』，『爲什麼他要怕，他怕你嗎？』，『也許。如果不是我在這裡，你敢接受他的挑戰嗎？』，『我敢。』，『眞的，沒說謊？』，『我敢接受任何挑戰。』，『但你剛才的力量是來自有我作爲你的靠山。』，『我知道，有你在我似乎勇氣百倍。』，『他不敢再賽是他感到害怕。』玉明又說：『他不是怕你，你太瘦小，沒有人會怕　，而是我在你的旁邊……』魯道夫以弱勝強的原因是有哥哥玉明作後盾，對方感到膽怯，是因對方缺少後盾。力量的對比要看到交戰雙方以外的因素，這種分析既辯證又深刻。

附註：

①《七等生的情與思》。

②《七等生小說中的幻與眞》（《文學知識》第一〇七頁）。

第七編　臺灣愛情婚姻小說潮的湧起和發展

第一章　臺灣愛情婚姻小說潮的背景和傳承

第一節　臺灣愛情婚姻小說潮的背景

六十年代初，臺灣社會進入了西化期，在歐風美雨的吹淋下的社會風氣、婚姻觀念、家庭結構等，像氣候劇變時的寒暑表，迅速地發生了變化。臺灣著名青年女作家廖輝英，在談到臺灣社會轉型期變化中的社會情況時說：「隨著社會變化，兩性糾葛提早來到，我們往往驚心於十四歲的少女『爲愛』蹺家，十九歲的少年充當妓院老鴇、或威逼女友賣淫等恐怖事實！如今，男女問題的發生，似乎有年齡降低、影響面擴大的趨勢。更多愛悅多年的夫妻反目離異；更多『愛人結婚，新郎或新娘不是我』的愛別離傷感事件演出；許多單親家庭與二度單身者面臨困境；在主客觀因素限制下受到創傷的非貴族之單身族類增多；外遇氾濫相當程度地威脅著現代婦女；生存競爭尖銳殘酷；失婚女性情感錯置的問題嚴重；青年男女擇偶條件的物欲化；兩性關係的性愛化；婚姻制度的岌岌可危；家庭功能的退化、老年問題和兩代關係之棘手……一時之間，觸目所及，盡是在軌道外流離失所的男男女女，老老少少。」

①由於婚姻愛情觀念的變化，由於社會風氣的惡化，強姦、外遇、離婚事件層出不窮，大大地的損害了婦女的利益。尤其使較低下層婦女的利益失去了保障。在一片隱憂的氣氛中，引起了一些作家，尤其是女作家們對婦女問題的關注，激發了他們對愛情婚姻問題思考和探索的興趣。她們急欲通過愛情婚姻題材小說的創作，來探求婦女問題的出路，爲不幸的姐妹們鳴不平。這是進入六十年代以後，臺灣的愛情婚姻小說潮迅速湧起達到高潮，並持續發展的重要原因之一。

愛情的觀念和內涵，愛情的發生和發展，是隨著社會的演變而演變的。如果說六十年代初期，即臺灣剛進入資本主義社會的愛情和婚姻，還處於傳統和現代的過渡時期。那時的愛情婚姻小說，比如瓊瑤、玄小佛等人的作品，傳統的成分還相當濃烈，現代的因素還比較少。七、八十年代，到了李昂、蘇偉貞、楊小雲等女作家的筆下，愛情的含意和形式，都有了巨大變化。如今，有的臺灣學者，已經在探討「後現代愛情」。臺灣學者孟樊說：「在後現代的新紀元裏，最美麗、最迷人也最通俗的愛情究竟呈現了什麼樣的面貌？首先，愛情兩字的含義已有所改變，它不一定再理所當然的指男女之愛或異性之愛了，同性戀已爲愛情一詞增加新義，因而AIDS便冠冕堂皇地出現在『後現代愛情篇』裏。古希臘同性戀的神話，在後現代社會中復辟。其次，由於後現代文化是喪失歷史感的文化，男女之愛時間的短暫，對雙方本身均不構成『必然結合』的命題，一拍即合者有之，交往幾千幾百個日子到頭來烟消雲散者亦有之，時間在後現代裏已失去意義，愛情的濃度不和時間的長短成正比。失去時間意義的愛情，顯現出來的是一種缺乏深度感的情愛，不僅柏拉圖式的精神之愛因而不可能存在，精神因空虛、薄弱的結果，導致感官性需求的擡頭，性愛便順理成章地在雙方交往的過程中，占了一個主要